大学教师发展制度创新研究

姜超◎著

上海人民出版社

序

姜超是我 2004 级的硕士研究生。在高校工作了一段时间以后,又于 2013 年回到华东师范大学课程与教学研究所跟我攻读博士学位。因为工作期间的经历和思考,他选择将教学学术、大学教师发展作为读博期间的主要研究方向,希望能够将课程与教学基本理论和大学教学的热点问题相结合,进行一些理论创新。本书即是在他的博士论文基础上修改完成的。

大学教师发展的研究和实践,最早兴起于 20 世纪 70 年代的美国,从西方发达国家的历史经验来看,进入高等教育大众化阶段以后,大学教师发展问题逐渐进入教育改革的中心。21 世纪以后,大学教师发展在我国也逐渐成为高等教育领域的一个热点问题,这与我国高等教育进入大众化乃至普及化阶段以后,所面临的功能转换、现实困境及其对教育教学质量的期待密切相关,富有创造力的教师队伍是大学的核心竞争力。近年来,在国家实施的"双一流"建设的推动下,高校将师资队伍建设置于更加重要的位置,在高水平师资引进和创新团队建设方面的热情空前高涨,推出大量激励措施和建设项目,投入了巨大的资源。与此同时,关于大学教师发展的理论研究也日益增多。

作为一个实践性非常强的教育研究领域,大学教师发展研究存在多种进路,有的关注以"青椒"(高校青年教师)为主体的大学教师生存状态，有的研究大学教师学术职业生涯的成长规律，还有的思考传统知识分子精神的回归。本书则着眼于制度研究，将如何有效处理政府、高校和大学教师的关系作为研究的主要关注点。之所以选择这一视角，首先源于姜超的工作感悟。他觉得，当前高校以资源配置为主的教师发展举措，固然在短期内能够提升高校的整体师资水平和学术声誉，但从长远来看，这种依赖资源配置型的教师发展制度，和学术发展的内在规律并不完全一致，在激活教师可持续的知识生产能力方面效果有限，而且还会挤占其他教师的原本相对稀缺的资源，反而影响了高校学术水平的整体发展。基于这一直观认识，他有意从制度的视角来研究大学教师发展问题，选择了以《大学教师发展制度创新研究——基于新制度主义的视角》为题目撰写博士论文，并在最终修改后形成此书。

与先前已有的同类研究相比，本书旨在解读制度与大学教师发展之间的关系和相互影响机制，为大学教师发展研究提供新的方向，具有一定的创新性。作者认为，长期以来，人们习惯于将政府作为制度的主要供给者，也将政府作为"制度失灵"的主要责任人。事实上，大学教师发展作为学术场域的一项基础性活动，具有其自身的稳定性和以"高深知识"为操作对象的独特性，存在着政府始终无法触及的地方。这促使我们进入大学教师发展场域的内部，去理解其中的各类主体和他们的行为，而不是简单依赖或归咎于政府的政策。因此，作者从政府、高校和大学教师三方主体关系的角度研究大学教师发展制度创新，在分析传统制度创新"单主体困境"的基础上，提出了"三元主体协作"制度创新路径。

相对于基础教育领域的教师专业发展而言，大学教师发展研究成熟度相对较低，还没有形成比较完整的概念体系和知识谱系，相关基础学理研究滞后于高等教育改革发展的需要。近年来，国家相继提出教育评价改革"破五唯"、教育科技人才一体化发展和建构中国自主知识体系等战略部署，大学教师发展研究又面临新的课题和挑战，需要持续深入的系统研究。在姜超的专著即将付梓出版之际,我作为他的导师,感到由衷的欣慰,希望他能够继续扎根实践土壤,潜心研究,取得更多的学术研究成果。

是为序。

吴刚平

2023 年 9 月

于华东师范大学课程与教学研究所

目　录

第一章

导　　论

大学教师是大学的基本组成要素,是大学的核心。一所大学的教学质量、科研水平和办学声誉虽然会受到多种因素的影响,但教师始终是其中最重要的因素。大学教师的思想信仰、价值倾向、学术水平和精神状态将直接影响高等学校的效率和效益,也从根本上影响高等教育系统的学术生产力。如同美国学者唐纳德·肯尼迪(Donald Kennedy)所说:"从历史的角度和它们现在的核心价值来看,高等学校是教师和学者集中的地方。从运作方式来看,大学在很大程度上等同于教师。"①因此,大学的发展依赖于大学教师的发展,大学教师发展制度是保证现代大学发展的基本制度。特别是在我国当前"双一流"建设的背景下,如何更加全面地理解大学教师发展,揭示大学教师发展中存在的问题和困境,进而为大学教师发展提供有效的制度安排和适宜的职业环境,已经成为一个备受关注的研究议题。

---

① [美]唐纳德·肯尼迪:《学术责任》,阎凤桥等译,新华出版社 2002 年版,第31 页。

一、研究的缘起

(一) 大学教师发展:以制度创新为着力点

20 世纪 60 年代开始,关于大学教师发展的研究在美国率先兴起,并逐渐扩展至其他国家。我国学者通过分析中外相关文献后认为,关于大学教师发展的研究主要表现出四种进路:知识分子的研究进路、学术职业的研究进路、学术制度的研究进路和生存状态的研究进路。[②]其中,知识分子的研究进路寄望于传统知识分子精神的回归,这在大学与市场关系日益紧密的今天显得有些"无可奈何"和"不合时宜",而生存状态的研究进路又常常局限于青年教师或边缘群体,很难成为大学教师发展的主流研究进路。因此,从学术职业和学术制度的角度研究和理解大学教师发展,在现时显得更具普遍意义。

特别是进入 21 世纪以后,我国高等教育经历了各种国家战略的推动和以市场化为取向的改革,高校的学术环境和制度体系都处于深刻的变化之中。在这种背景下,我们不仅要思考大学需要怎样的教师,还需要思考大学如何创建有效的制度环境来发展教师。需要根植于大学的学术本性和我国的高等教育传统,建构有效的大学教师发展制度,并提出适切的理论解释。唯有如此,通过教师发展来实现学术职业乃至高等教育系统整体改观的目的才能真正得以实现。

从实践的角度来看,大学教师发展制度创新是建设世界高水平大学的要件。当前,在国家启动"双一流"建设的背景下,政府和高校对引进高水平教师的热情都空前高涨,设立了各类人才项目,投入了巨大成

本,导致教育部不得不多次重申"不鼓励东部高校从中西部、东北地区高校引进人才"。有些地方政府也牵头本地高校签订"承诺书",保证"不互挖墙脚"。事实上,高水平教师的引进固然能在短期内提升高校的整体师资水平和学术声誉,但未必能支撑高校的长远发展。因为资金的投入和人才的引进都属于资源配置层面的问题,要让资金和人才充分发挥作用,还需要更为基础的制度安排和运行机制。如果高校现行的教师发展制度与学术发展的内在规律相悖,那么制度不仅会束缚高水平教师的知识生产能力,还会挤占原本相对稀缺的其他教师的资源,反而影响了高校学术水平的整体发展。换言之,即使一所高校在资源和教师的投入方面暂时不足,但如果形成了符合大学精神内核的教师发展制度,也能够激活教师的学术生产力,形成一支富有创造力的高水平教师队伍。

从长远发展来看,高等学校之间的竞争,乃至各国之间高等教育的竞争,表面上是资源和人才的竞争,而实质上是更为基础的发展制度的竞争。资源和人才都是可以流动的,制度才是培育和吸引人才、促进资源流动并充分发挥人才和资源作用的最为核心的要素。从这个意义上讲,没有一流的大学教师发展制度,就没有一流的大学教师队伍,也就难以建成一流大学。

长期以来,我国的大学教师发展制度建设一直滞后于国家的高等教育发展战略,缺乏系统性、全局性和战略性。一方面,政府及作为其代理人的高校频繁出台各类教师(人才)发展项目、计划和工程,使大学教师受到各种制度的多重约束,倍感困扰。另一方面,大学教师在其发展过程中又很少得到实质有效的制度支持,使其学术发展表现出明显的个人主义倾向。因此,关注制度创新,真正形成大学教师发展制度供给与制度需求之间的良性均衡,就找到了改变大学教师发展中长期以来在投入和政策上低效率运作的着力点。

(二) 国际背景:政府作为利益相关者的介入

20 世纪 60 年代到 70 年代,西方国家先后进入高等教育大众化阶段,大学教师发展问题逐渐进入教育改革的中心。为了提升教学质量和学校的办学声誉,欧美各高校都设置了多种旨在提升教师教学技能的机构和项目,有组织地支持大学教师作为学者、教学者等多种角色的发展,并且基于各自国家的高等教育管理体制和学术传统,形成了具有自身特色的大学教师发展制度。但总体来看,这一时期的大学教师发展主要属于教师个人和大学组织的范畴,政府并没有过多地介入。

进入 21 世纪以后,随着知识经济、高等教育国际化和教育信息化等多种因素的影响,世界各国的高等教育都进入了新一轮的深层次变革阶段。大学教师面临更加复杂和困难的发展局面,他们的身份、地位和职责的内涵开始发生变化。特别是随着世界高等教育质量保障体系重心的转移,高校内部的自我发展和自我评估被置于中心地位,大学教师发展不仅是高校实现各类"卓越"的基础性工作,也成为各国构建高等教育质量保障体系的基础。各国政府重新审视大学教师发展的投资与收益关系,认识到大学教师发展已不仅止于大学教师的个体回报,而是与整个高等教育质量,乃至与整个国家的经济、技术竞争相关。这种认识在新自由主义思潮的推动下,促使政府以财政紧缩为手段,进一步强化了对高等教育系统的问责,强化了政府在大学教师发展中利益相关者的角色,推动大学教师发展从学校的组织目标进一步跃升为国家的战略目标。

美国是最早开展大学教师发展实践的国家。自 20 世纪 60 年代以来,受到专业标准与市场机制之间的二元张力推动,逐渐形成了在市场指导下,以学术专业自由自主为特征的大学教师发展制度。2004 年,美国教学委员会发表了《教学处于危机之中:教学改革势在必行》的报告。这份报告被认为是 20 年前影响深远的《国家处于危机之中:教育改革势在必行》的"姊妹篇"。在报告中,教师质量被上升到美国国家发展战略的高度,提出"美国的国家地位正在受到威胁,而教育系统不能提供高质量的教师,是造成这一结果的主要原因之一"。③正是在这种

---

③ 郭元婕:《教师质量:美国教改的下一个重心》,载《中国教育报》,2007 年 3 月 12 日第 8 版。

国家战略思想指导下,美国的大学教师发展运动进入了新阶段,新教员培训、卓越大学教师培养和指导教师学会在学术界生存等问题成为教师发展的重要主题。作为组织和推动美国大学教师发展的主体,美国大学的教师发展机构也逐渐从大学的边缘走向中心,成为院校治理体系中的重要组成部分。④

　　英国大学教师发展运动的兴起与美国几乎同步。在 1972 年《詹姆斯报告》(*The James Report*)的推动下,英国逐步建立了现代教师教育体系,开始创建大学教师发展中心。在 20 世纪八九十年代,英国政府进一步介入教师发展,以法案和报告的形式强调教师发展的重要性,将竞争机制和教师流动机制引入大学,并号召大学自身出台促进大学教师发展的政策建议。⑤进入 21 世纪以后,英国更加重视大学教师发展机构的建设和发展资源的整合。2003 年,英国教育与技能部发表《未来高等教育白皮书》(*the White Paper of the Future of Higher Education*),提倡建立知识交流中心和教学卓越中心。2004 年,英国成立高等教育学会(the Higher Education Academy,简称 HEA),统筹教师发展行动,指导各大学的教师发展中心根据自身办学理念与学科特色,开发并实施适合本校教师发展的有效策略。⑥在逐渐强化的中央政府干预与英国大学长期以来的学院自治传统的相互作用下,英国的大学教师发展制度体现出理性务实的特征,既能体现政府在大学教师发展中的一般规划,又保持了英国大学的办学传统。

　　与英国、美国等国不同,德国的大学教师发展制度深受国家主义传统和传统讲座制度的影响,是在高级教授和政府官员的共同塑造下形成的,具有鲜明的"学术政治阶层"烙印。就其特点而言,自柏林大学创

---

④　参见刘之远:《治理视角下的美国研究型大学教师发展组织变革:路径与借鉴》,载《现代教育管理》2018 年第 3 期。

⑤　参见涂文记:《剑桥大学教师发展政策及其对我国的启示》,载《集美大学学报(教育科学版)》2012 年第 1 期。

⑥　参见郭婧:《英国大学教师发展的经验及启示——以诺丁汉大学为例》,载《黑龙江高教研究》2013 年第 11 期。

立以来，德国就被认为是研究型大学的"堡垒"，形成了重视科研甚于教学的风格。不过，自 20 世纪 90 年代末开始，随着欧洲博洛尼亚进程的推进，欧洲高等教育区内开展广泛交流和合作，德国的大学教师发展进入了新的变革进程。德国在吸收盎格鲁—萨克逊教育体系先进元素的基础上，开始拓展自身的改革，形成了两个主要动向。第一个动向是大学教师发展的主题范围从高校教学扩展到高校管理和质量管理。大学教师的发展不仅关乎"教师个人能力的提升"，而且关乎学术管理、学制改革等"教与学的结构性条件"。[7]第二个动向是重视大学教师发展的标准化建设。受博洛尼亚框架协议中学业项目设置标准的影响，大学教师的培训和继续教育也走上了标准化建设的道路。2005 年，德国高校教学研究会（原高校教学工作组）公布了《关于高校教学法继续教育标准化和认证的指导方针》，将教师发展与高等教育领域的最低标准和认证制度结合起来。[8]这两个方面的动向相互结合，促使了大学教师发展项目的扩张和更加网络化。在德国联邦科研促进计划中，联邦预算通过一项质量协定对教学法和教学项目进行资助。这些项目不仅关注个人学术发展，而且关注创新性的教学，同时对教学进修也提出了要求。[9]

亚洲国家开展大学教师发展研究和实践始于 20 世纪 80 年代。1991 年，日本文部省提出了《大学本科设置基准》"大纲化"的政策，对教师的课程开发能力和自我评价能力提出了更高的要求，"揭开了 FD 制度化建设的序幕"[10]，并引发了学界的积极研究。进入 21 世纪以后，随着日本高等教育向普及化方向发展，尤其是在国立大学法人化改革之后，日本大学教师发展在整个高等教育领域迅速铺开。[11]2005 年被许

---

⑦ ［德］玛格雷特·比洛-施拉姆、刘杰、秦琳：《德国大学教师发展：培训与继续教育》，载《北京大学教育评论》2014 年第 2 期。

⑧⑨ 同前注⑦，玛格雷特·比洛-施拉姆等。

⑩ 孟凡丽：《日本促进大学教师专业发展的 FD 制度及其启示》，载《高等教育研究》2007 年第 3 期。

⑪ 参见王符：《日本大学教师发展的制度化及其启示》，载《现代教育论丛》2014 年第 4 期。

多学者认为是日本大学教师发展的重要时间节点,教师发展由原来的"准制度化"转向"制度化"。[⑫]日本中央教育审议会在《新时代的研究生院教育》报告中指出,"鉴于有组织地开展教育课程的重要性……各研究生院有必要在课程目的、授课内容以及方法等方面实施有组织的FD"。根据这一报告的精神,日本文部科学省在 2007 年修改了《研究生院设置基准》,规定各研究生院必须有组织地实施教师研究和研修计划。[⑬]在随后修订的《大学设置基准》和《短期大学设置基准》中,要求大学和短期大学也必须开展大学教师发展活动。[⑭]由此,日本的大学和短期大学也走上了大学教师发展制度化的道路,又被称为"FD 义务化"。

韩国也在进入 21 世纪后的短短几年中,相继出台了"新大学地方创新工程""大学重构计划""第二轮 21 世纪智慧韩国计划""世界高水平研究中心大学计划"等培育世界级高水平大学的计划,并且将建设高水平的大学教师队伍作为提升大学教学和科研水平、建设高水平大学的重要内容。例如,在 2006 年开始实施的"第二轮 21 世纪智力韩国计划"(Brain Korea 21,下文简称 BK21 计划)中,以培育世界一流水准的研究生院为目标,为入选研究生院的教授群体设置了"研究生院专职教授职位"(Graduate School exclusive Professorship),享受减少课时量、减少讲座数量、减少指导研究生数量等各种优惠待遇。[⑮]在 2008 年发布的"世界高水平研究中心大学计划"(Word Class University,下文简称 WCU 计划)中,专门提出了海外学者的引进方案,并确定了与国内教授共同研究、授课的具体类型和支持方式。[⑯]

⑫　参见施晓光、夏目达也:《日本"大学教师发展"的经验及对中国的启示:基于名古屋大学的个案》,载《清华大学教育研究》2011 年第 4 期。

⑬　参见李文英、陈君:《日本大学教师发展制度化探析》,载《保定学院学报》2010 年第 1 期。

⑭　同前注⑪,王符。

⑮　参见连进军:《韩国的世界一流大学建设:BK21 工程述评》,载《大学教育科学》2011 年第 2 期。

⑯　参见张雷生:《韩国高等教育政策改革最新动向》,载《现代教育管理》2010 年第 8 期。

(三) 回归学术"原点":透过主体关系
对制度创新的重新检视

我国当前的大学教师发展制度创新与西方发达国家的做法似乎表现出一种"共同的特征",那就是随着大学在国家参与国际竞争中的重要性日益突出,各国政府都将大学教师发展由原本的个人和组织目标上升到国家战略。政府强化了其作为利益相关者的角色,都以绩效和问责为主要手段,越来越深地介入大学教师发展当中。但如果仔细检视这些"介入"背后的制度背景和运行机制,则会发现巨大的差异。

对于西方国家而言,政府对包含大学教师发展在内的高等教育的介入是以学术场域中教师及其学术共同体权力"趋强",而政府和大学组织的行政权力"趋弱"的基本权力格局为基础的。政府以削减公共预算、加强绩效考核为手段介入大学教师发展领域,实际上是对长期以来高等教育系统过于散漫、低效的不满,是对三者之间关系的一种"纠偏"。总体来看,西方国家的政府、高校和大学教师之间长期以来形成了比较稳固的学术发展环境,各方对学术自治、学术自由等核心价值有着基本共识和保障。也就是说,不管政府如何介入,学术自治、学术自由始终是大学教师发展中最大的制度。

此外,西方政府作为利益相关者介入大学教师发展领域,是受到20世纪80年代以来新自由主义思潮影响下的公共管理改革的推动,其基本思路是在强调效率的前提下充分发挥市场的作用。如同阿普尔(Apple)所指出的,这种改革反映了国家角色改变后带来的策略变换。政府将教育的责任转移到自由市场,但并没有完全退出,反而借由对品质的保证和绩效的要求,间接且更加严密地监控了高等教育的发展。⑰换言之,西方国家的绩效问责是由政府和市场共同完成的,政府的直接介入程度和影响力与我国相比仍然有着巨大差异。

---

⑰ 参见 Michael W. Apple, *Comparing Neo-liberal Projects and Inequality in Education*, 37 Comparative Education 409—423(2001)。

大学教师发展场域中不同的主体关系和权力分配,会从根本上影响制度的变迁方式、运行机制和实施效果。即使采用同一项制度安排,最终结果往往也大不相同。也正因如此,在与国际接轨的制度设计思路下,我国直接引进的关于大学教师发展的具体制度安排,如"非升即走"制度、成立大学教师发展中心等,在具体的实施过程中都发生了变化。以"非升即走"制度为例,美国式的"非升即走"是以大学教师为本,与终身教职制度相配套,根本目的在于鉴定出优秀的科研人员,给予这部分科研人员不受干扰、不受解聘的权利,根本目的在于"升",在于保护。

因此,有效的大学教师发展制度创新,必须以有效处理各类主体之间的关系为基础,建立在主体之间合理的权力格局之上。否则,仅从具体制度的设计和实施等技术层面研究和思考大学教师发展的制度创新,我们很难得出正确的结论和取得令人满意的预期效果。甚至制度创新越多,与西方学术制度的接轨越多,可能距离正确的道路反而越远。由于各方主体都是带着各种利益诉求和价值观念进入大学教师发展场域,要想有效处理错综复杂的利益关系,则需要寻找一个更加上位、能够为各方都认可和接受的价值基础,以此作为判断主体关系是否合理、制度创新是否有效的基本尺度。这种价值基础的确立,就要回归到大学使命这一基本原点,重新确认大学以及大学教师的本质属性。事实上,如同加塞特所说,"大学改革的实质是为了能够系统完整地体现其目标",如果大学不能"明确无误地、坚决果断地、名副其实地重新认识其使命",所有出于好意而付出的努力都将"化为乌有"。⑱

针对上述问题,本书将以大学教师职业的学术本性作为制度创新研究的价值基础。确切地说,是将大学教师看作一种学术职业(academic profession)来思考它的发展问题。这种职业绝非一般意义上的职业,而是类似于马克斯·韦伯在其演讲中所说的"以学术为业"⑲,准确来

---

⑱　[西班牙]奥尔特加·加塞特:《大学的使命》,徐小洲、陈军译,浙江教育出版社2001年版,第46页。

⑲　参见[德]马克斯·韦伯:《学术与政治》,冯克利译,外文出版社1997年版,第1页。

说是一种"志业"。这种学术职业带有"天职"的含义,在尚未"祛魅"的时代,体现了上帝的安排和对宗教的献身;在科学取代宗教信仰的"祛魅"之后,则体现为"为科学而科学"的献身精神,强调了与政治和社会功利的相对独立。与韦伯所处的时代相比,今天的学术职业已经与经济和政治活动紧紧地纠结在一起,其内涵更为复杂。赖特(Light)认为,学术职业是与学问有关的职业(a scholarly profession),其核心是知识的拓展。同时,它又以大学教师的角色呈现。也就是说,所谓的学术职业应包含两个条件:一是从事某一学科专业的研究工作,二是具备大学教师身份。⑳因此,学术职业的合法性地位实际上来自两个方面,一是由外部专业组织或学术共同体对其研究活动的认可,二是大学机构对其教师身份的赋予。其中,前者的重要性尤为研究者和"以学术为业"者所看重。因为"正是研究工作的纳入才赋予了现代学术职业以地位、声誉,乃至相对独立,不甘于也不屈从于外部介入的自主和自由等内涵"。㉑也正是由于研究工作的纳入,使得学术自由和自主成为学术职业的核心价值。"以学术为业"者因为有了学术共同体的认可,才有了摆脱和对抗大学机构控制的底气。正如亨克尔(Mary Henkel)所说,无论在宏观还是微观层面,尽管内涵和意义有所不同,但学术自主的价值仍然处于强势地位,它构成了学术职业的核心。㉒

基于对学术职业核心内涵的理解,是否维护了学术职业的自由和自主,是否有利于学术的长远发展,成为判断制度创新是否合理的基本价值标准。否则制度创新越多,则可能对学术职业核心价值的损害越大。至此,在学术职业与社会经济政治活动已高度联结在一起的现实背景下,研究大学教师发展制度创新中所应回答的一个有意义问题是:

---

⑳ 参见 Donald Jr. Light, *Introduction*: *The Structure of the Academic Professions*, 47 Sociology of Education 2—28(1974)。

㉑ 阎光才:《我国学术职业环境的现状与问题分析》,载《高等教育研究》2011 年第 11 期。

㉒ 参见 Mary Henkel, *Academic Identity and Academic in a Changing Policy Environment*, 49 Higher Education 155—176(2005)。

如何通过有效的制度创新而达成一种包括学术自身以及其他利益方的共赢？也就是说，如果各类非学术力量对大学教师发展的介入已经不可避免，那么我们应如何处理他们之间的相互关系？这些行动主体应以怎样的合理方式介入制度创新活动？各类主体如何界定各自的权力和地位边界，如何有效化解相互之间的矛盾，协调彼此的利益诉求，并确保大学教师发展始终遵循其内在学术逻辑？

二、问题的提出与研究意义

（一）问题的提出

1979 年 12 月 6 日，《人民日报》发表了复旦大学校长苏步青、同济大学校长李国豪、上海师范大学校长刘佛年等人呼吁"给高等学校一点自主权"的文章，我国由此开始了高校自主权的建构。㉓四十余年来，"进一步扩大高校办学自主权"也成为我国高等教育和学术体制改革的基本取向。但与之相悖的是，在强调放权、宏观调控和市场取向的改革背景下，我国的大学教师发展制度体系不仅没有越来越宽松，没有给予大学教师更多的自由和自主发展空间，反而形成了更大的束缚，大学教师在发展中陷入了对组织的被动和依附状态。虽然传统的刚性控制手段和"单位体制"已经逐渐消解，但政府设计出来的各项工程、计划、人才项目给大学教师正常发展所带来的压力和干扰并不比计划经济时代的直接管理有较大弱化。这背后隐含的一个根本问题就是，政府还没有找到大学教师发展的宏观调控手段。与此同时，高校、大学教师及其学术共同体也没有获取与其自由自主精神相匹配的主体地位。各种要

㉓　参见张应强、程瑛：《高校内部管理体制改革：30 年的回顾与展望》，载《高等工程教育研究》2008 年第 6 期。

素纠结在一起,使得政府、高校和大学教师关系在当前大学教师发展场域形成了一幅复杂的图景。

因此,本书将大学教师发展制度创新中如何有效处理政府、高校和大学教师的关系作为主要关注点。政府的过度介入和直接管理固然饱受争议,但一味反感政府的工具理性,陷入对学术自治和学术自由的"文化乡愁"中也同样不可取。有效的大学教师发展制度创新,应是政府、高校和大学教师三方合力完成的结果。基于学术职业的核心价值和大学教师发展的内在逻辑,本书从揭示和梳理政府、高校和大学教师三类主体之间的关系入手,提出如下几个维度的问题。

第一,如果学术职业的核心内涵是自由自主,那么这种自由自主的特征应体现在学术共同体和教师个体等不同的层面,且不随着国家和体制的差异而有别。那么在我国,政府应在大学教师发展的哪些具体领域退出,从而为高校和大学教师的自主发展留出空间? 换言之,应如何确定政府、高校和大学教师在大学教师发展场域的权力边界?

第二,政府、高校和大学教师一旦确立了各自的角色权力和地位,需要解决的问题就是如何行使各自的角色权力。也就是说,各类主体应当如何介入大学教师发展的制度创新当中,他们介入的方式和重点是什么?

第三,依据新制度经济学关于制度创新的解释模型,制度创新都是对潜在利益的追逐。如果以学术职业的核心价值为基准,那么政府、高校和大学教师从各自的利益诉求出发,三类主体之间的利益也存在冲突之处,并不完全一致。三类主体应如何交换各自的利益诉求,如何协调相互之间的利益关系?

(二)研究视角的切入

从政府、高校和大学教师三方主体关系的角度研究大学教师发展制度创新,实际上意味着本书的视角实现了由外到内的转变。长期以来,人们习惯于将政府作为制度的主要供给者,也将政府作为"制度失灵"的主要责任人。事实上,大学教师发展作为学术场域的一项基础性活动,具有其自身的稳定性和以"高深知识"为操作对象的独特性,存在着政府始终无法触及的地方。这促使我们进入大学教师发展场域的内部去理解其中的各类主体和他们的行为,而不是简单依赖或归咎于政府的政策。如同克拉克所说:"当我们从内部去研究行动和政策的形成时,我们就不能冒昧地说'社会'或'社会力量'决定高等教育""有必要进入有组织的高等教育的'黑箱'内部""去研究学者们实际在做什么""他要求分析者从主角的角度去观察情况",这种观察既包括自上而下的观察,也包括自下而上的观察。[24]这虽然是对高等教育系统的总体研究的表述,但对大学教师发展制度创新研究同样适用。

　　从内部理解大学教师发展制度创新,隐含了"制度内生性"的基本假设。对于制度究竟是内生性的,还是外生性的,新制度主义和旧制度主义之间有着不同的观点。凡勃仑作为"制度外生性"观念的代表人物,就始终强调周围的制度环境对处理人类行为的重要性。新制度主义者在承认技术、资源等外生变量的前提下,则更加关注制度的内生变量。[25]本书将采用新制度主义的视角来研究大学教师发展制度创新,分析制度创新过程中政府、高校和大学教师等各类主体作为"经济人",在实现各自利益的过程中如何行动,分别形成了怎样的相互关系,进而共同塑造了怎样的大学教师发展的制度体系。在庞大的新制度主义理论体系中,本书主要借助新制度经济学的制度创新分析模型和斯科特(Scott)关于制度基础性要素的划分搭建分析框架,并主要从以下三个方面确立适切的研究视角。

1. 采用方法论的个人主义分析各类行动主体

　　个人主义是新制度主义所公认的方法论立场。"社会科学理论中允许存在的仅有外生变量是自然的心理上的给定量。所有社会或集体

---

　　[24]　参见[美]伯顿·克拉克:《高等教育新论——多学科的研究》,王承绪等译,浙江教育出版社 2001 年版,第 105 页。
　　[25]　参见康永久:《教育制度的生成与变革——新制度教育学论纲》,华中师范大学2001 年博士学位论文。

现象,诸如制度,都有待内生化,有待用人类个体行为来解释。所以重点在于个人行为如何产生制度和制度变迁。"㉖据此,在新制度主义者看来,制度创新是与个人理性相联系的,制度归根结底来自个人的利益诉求和理性计算。"这种个人利益不一定是制度制定者个人的私利,而可能是参与制度博弈的个人利益的协调。但它始终是一种利益而不是某种非人格的力量在起作用。"㉗就大学教师发展中的政府而言,同样也不是一个外在的非人格客体,而是带着各种利益诉求进入这一场域,而且这些利益诉求有时代表整体、全局利益,有时代表局部的、部门利益,有时代表长远的国家公共利益,有时代表近期的战略竞争利益。这些利益诉求对大学教师发展的制度创新会产生不同的影响。

2. 解释制度创新中"看不见的手"

新老制度主义都承认制度既可能被精心设计,也可能是"自发的"演化。这种自发演化被哈耶克称为"人类行为但非人类设计的结果",也被斯密形象地称为"看不见的手",以表明"个人的自我利益带来未预期的社会利益"。㉘在许多新制度主义者看来,制度的演进是理性设计和"看不见的手"共同作用的结果。但这一演进不是独立于人的意志的,而是各类行动主体围绕利益分配制定规则的过程。理性设计和自发演化是相互影响的,单纯地强调某一方面,都会导致对制度创新的认识简单化。从这个意义上讲,制度创新就是自上而下的制度设计和自下而上的制度演变共同作用的结果。

相对于制度的理性设计,本书将借助新制度主义理论,对制度创新中的"看不见的手"给予更多关注和解释。长期以来,包含大学教师发展制度在内的各类教育制度都被认为是政府制定出来的,教师只要严格按照已有的制度行动,就能实现预期的目的。这就导致了一个悖论:教师学术发展的制度是在学术场域之外被"精心设计"的,而对于大学

㉖ 〔英〕马尔科姆·卢瑟福:《经济学中的制度:老制度主义和新制度主义》,陈建波、郁仲莉译,中国社会科学出版社1999年版,第33页。

㉗ 同前注㉖,康永久。

㉘ 同前注㉖,〔英〕马尔科姆·卢瑟福,第33页。

教师发展至关重要的学科规训、组织文化等因素却被精心设计的制度排斥在外。新制度主义理论则帮助我们更好地观察和理解"看不见的手"，用以解释各类主体是怎样共同形成制度、惯例和规则的，以及这些规则又如何反过来塑造主体行为和主体之间的关系。

3. 关注非正式约束

新制度主义者普遍认为制度是规则的集合，这些规则既包含法律、法规等正式规则，也包含惯例、习俗等非正式规则。描述非正式规则比描述正式规则困难得多，但它们却是普遍存在且非常重要的。诺思（North）认为，在社会生活中，"支配结构的绝大部分是由行事准则、行为规范以及惯例来界定的""同样的正式规则和宪章，加诸不同的社会，往往得到不同的结果"。[29]前面我国高校"非升即走"的例子，就是如此。

新制度主义理论对非正式规则的关注和解释对于本书有着非常强的适切性。因为大学教师发展制度创新不仅是纠正和改进现有制度中的"显性"弊端，更重要的是改变那些人们已经习以为常、根深蒂固的违背学术职业发展内在逻辑的"常规"，同时还要发现学术职业中客观存在但又通常被正式制度忽视的，有助于大学教师发展的规范、惯例和习俗。例如，克拉克认为，"大学教师靠他们工作系统所固有的许多亚文化过活"，特别是学科文化的作用在近几十年来明显地升高了。[30]而且对于以学术为业的大学教师来说，他们更看重的并不是大学内部的身份，而是所在专业领域的学术认可和专业认可。[31]这些学术系统的亚文化、学术共同体的认可规范等，在新制度主义理论中大多是以规范性制度、文化—认知性制度等非正式约束的形式出现的，能够得到很好的解释。

㉙　［美］道格拉斯·C.诺思：《制度、制度变迁与经济绩效》，杭行译，格致出版社2014年版，第43—44页。

㉚　同前注㉔，［美］伯顿·克拉克，第17页。

㉛　参见 Shirley M. Clark，*The Academic Profession and Career：Perspectives and Problems*，14 Teaching Sociology 24（1986）。

（三）研究的意义

1. 深化对大学教师发展及其制度创新的理解

长期以来，大学教师研究所有的学科，唯独没有研究自己。即使在西方发达国家，在 20 世纪 70 年代以前，大学教师的发展问题也很少得到研究者的重视与关注。研究者关注更多的是学术管理、学生以及高等教育系统等其他主题。

我国学界对大学教师发展的研究相对较晚，直到 21 世纪初期才有学者开始介绍国外的"大学教师发展"理论和实践。目前，国内关于大学教师发展的研究主要分为三类：第一类是大学教师发展的比较研究，主要是对西方国家，特别是美国大学教师发展的研究和介绍；第二类是从技术层面关注大学教师发展的现实问题，包括我国大学教师发展的现状、问题、改进措施等；第三类是从基础理论层面研究大学教师发展的基本问题，运用哲学、教育学等理论，研究大学教师发展的内涵、意义、价值和方向等。除此以外，还有部分学者运用制度分析的方法，对大学教师发展制度进行了历史研究和现状分析。但这些研究还不够丰富，没有形成统一的概念体系。

本书首先对大学教师发展理论研究进行完善。从推动大学教师发展制度创新的目标出发，能够从制度层面获取对大学教师发展的一种新的理解，解读制度与大学教师发展之间的关系和相互影响机制，为大学教师发展研究提供新的知识基础，并推动研究视域的拓展。此外，本书还对大学教师发展制度的内涵、外延和功能，以及大学教师发展制度创新的主要目标和动力机制等基本理论问题进行了系统梳理。这些研究将为我们思考什么是大学教师发展制度、我们需要怎样的大学教师发展制度以及如何推进大学教师发展制度等问题，提供更加丰富的意义理解。

2. 以新的研究视角进行制度分析，采用新的分析框架和学科方法论

在我国当前并不丰富的大学教师发展制度研究中，仍然采用了明

显的外部视角,视大学教师为规制对象,视制度创新为外部设计过程,研究目标主要是为政府和高校"出谋划策",体现了自上而下的实践进路。

有鉴于此,本书借助新制度主义理论契入大学教师发展制度创新研究,不仅有助于丰富和拓宽大学教师发展研究的问题领域,还代表了研究视角的转换,这种研究视角的转换具有两个方面的意义。

第一,研究视角的转换意味着采用了不同的选题角度和论题契入方式。制度既为教育改革提供环境和基础,又是教育改革的归宿,体现了教育改革最后阶段的持续状态。如果说大学教师发展的基本原理、内涵、方法和有效性等研究代表了一类相对传统的研究视角,那么从制度的角度解读大学教师发展中组织和个体的各种行为、现象则是另外一种视角。不可否认,许多学者已经认识到从制度的视角理解和分析大学教师发展的重要性,并取得了一定的研究成果。但由于新制度主义分为许多不同流派,且研究者选取的制度分析角度也各不相同,所以研究目标和研究内容显示出很大的差异。本书在将新制度主义和大学教师发展研究相结合的基础上,针对当前大学教师发展中制度供需失衡这一基础性问题,将重点聚焦到制度创新这一主题上,以对制度创新主体的研究为切入点搭建分析框架,丰富理论研究中对制度创新的多元主体以及主体之间关系的关注度和敏感度。

第二,研究视角的转换意味着采用了不同的学科方法论。学科只是观察同一现实的不同方法,如同其他社会建制一样,从政治、经济、组织、社会结构、文化、科学或政策定向的观点等不同学科出发,高等教育将呈现不同的景象,这些学科研究也许会在已知智慧的三维模式中彼此聚合。本书从新制度主义的视角出发,以新的视界原点对大学教师发展及其制度创新进行审视和反思,不仅有助于纠正大学教师发展制度研究中部分重物不重人、重政府主体不重教师主体、重外在安排不重内在生成等偏差,还能够通过历史研究的方法归纳出大学教师发展制度创新中的规律,与大学教师发展的其他视角研究相互契合,形成支撑和印证。此外,本书还在大学教师发展领域对新制度理论进行验证,有助于丰富对"谁推动制度创新""如何实施制度创新"等问题的理解,促进制度理论的发展。

3. 提出大学教师发展制度创新的行动策略和实践模式

自从 20 世纪末我国开始逐步进入国际公认的高等教育大众化阶段后,就一直面临着从数量扩张向质量提升的新的发展任务。大学教师作为高校发展最为依赖的主体,其生存状态和发展方式开始受到前所未有的重视。正如潘懋元先生在 2006 年厦门大学"高校教师发展与高等教育质量保障"国际学术研讨会上所指出的,"中国以往的教师进修和培训,已经难以满足当前教师继续提高的需要。要提高教师水平,保障高等教育质量,必须在高校中引入'教师发展'这一概念及其新理念,在学习国外高校教师发展方式的基础上,建立我国的高校教师发展制度"。㉜

从我国高等学校的实践来看,为了使每位教师能最大限度地发挥潜能、履行职责,许多大学纷纷开展了岗位聘任制度、薪酬分配制度、绩效考核制度和职称评定制度等多方面的改革。其中,尤以 2003 年北京大学人事制度改革为标志性事件。这次改革的方案一经推出,便引起了激烈论辩。论辩的一方认为,北大只有寻求学术制度(包含教师发展制度)与国际接轨,才能成为中国内地大学向世界一流水平迈进的领头羊。论辩的另一方则质疑了这种单纯与国际接轨的改革道路,强调大学制度要植根本土。㉝值得注意的是,这场激起广泛辩论的学术制度变迁虽然最终似乎不了了之,但其改革的基本精神乃至操作细则却在随后的十余年里落地于全国各类高校。

当前,这种以激励学术产出为目标,以量化评价为手段的学术制度已被各类高校所接受和应用,对大学教师的聘任、考核、发展等行为产

㉜　乔连全、吴薇:《大学教师发展与高等教育质量——第四次高等教育质量国际学术研讨会综述》,载《高等教育研究》2006 年第 11 期。

㉝　同前注㉜,陈先哲。

生了极大的影响,而且这一制度变迁实践必将随着"双一流"工程的实施被推向新的高度。与之相比,相关的理论研究却非常滞后,对高等教育分类管理和学术职业分化背景下的制度创新实践,缺乏有效的解释、指导和预测。

因此,本书将在把握大学教师发展内涵的基础上,通过历史研究归纳出我国大学教师发展制度创新中的规律,分析制度创新中存在的困境,在综合考虑各种影响因素的基础上,提出积极有效的行动策略和实践模式,为当前大学教师发展制度创新提供借鉴。

三、研究思路与研究方法

(一)研究思路

本书借助新制度主义视角,按照方法论的个人主义,将主体置于制度创新的核心地位,作为理解制度创新机制和划分制度创新类型的关键。以学术职业的核心价值为基准,以处理政府、高校和大学教师三类制度主体之间的关系为目标,寻求大学教师发展制度创新的有效策略模式。本书的主要思路为:界定主体关系——分析主体矛盾——激活主体活力。

1.界定主体关系

将政府、高校和大学教师确定为大学教师发展制度创新的三类主要主体。根据新制度经济学的制度创新分析模型,这三类主体可被划分为第一行动集团和第二行动集团。在行动集团理论下,三类主体之间的关系转换为两个集团之间的"两两关系",由此界定在不同的制度创新类型中,各类主体应具有怎样的角色定位,如何处理与另一行动集团中主体的关系。

2. 分析主体矛盾

大学教师发展制度创新的低效乃至负效,最终表现在各类主体的行为和相互关系上。通过对照制度创新理论中主体关系的"应然"要求,确定当前的"实然"状态。依据新制度主义的分析方法,对主体间的各种矛盾关系进行解释。

3. 激活主体活力

引入新制度主义关于制度创新主体理论的最新研究进展,重新确立制度创新的主体结构,形成符合学术职业发展核心价值和内在逻辑的协作关系。以化解主体之间的矛盾、激发主体活力为目标,探讨规制性、规范性和文化—认知性制度要素及其关系的合法性构建,探讨各类主体的行动路径。

(二) 研 究 内 容

根据研究思路,本书主要包括以下几个方面的内容。

1. 理论界说

在第二章围绕研究目标对新制度主义和大学教师发展两方面的研究进行梳理的基础上,于第三章进一步厘清两个方面的基本问题。第一,什么是大学教师发展制度,明确它的基本概念、层次划分和主要功能,确立本书的价值和研究边界。第二,如何理解大学教师发展制度创新,在新制度主义的视角下,它的实质、主体和动力机制是什么,为后续研究提供基本的理论支撑。

2. 历史梳理

本书第四章的内容主要是以新制度主义理论的视角,验证和揭示在中华人民共和国成立以来的大学教师发展制度史上,在多大程度上存在自上而下与自下而上两条主线。这两条主线在历史演进中,各自遵循着何种制度逻辑和扩散机制,经历了怎样的"主次""明暗""显隐"和"多寡"的转换,在相互交织中如何塑造大学教师发展的实际效果。

3. 制度分析

在本书的第五章,以考察主体的行为、主体之间的关系和主体与制度的关系为脉络,反思当前大学教师发展制度创新中存在的困境、表现和功能缺失。基于前述历史和现状的考察,寻求对制度创新理解上的转向和实践诉求。

4. 实践构想

基于大学教师发展研究和制度研究的新进展,在第六章提出新的大学教师发展制度创新策略模式。分别探讨规制性制度、规范性制度和文化—认知性制度等不同的制度形式,在新的策略模式下的合法性构建路径,并以大学教师教学发展为例,提出具体的制度创新实践策略。

(三) 研 究 方 法

1. 以制度的三大基础性要素作为研究的逻辑起点

对制度基础性要素(或称制度结构)的划分往往构成制度研究的导引。换言之,研究者如何理解制度的基本构成,决定了后续展开讨论的思路和框架。虽然在新制度主义者那里,对制度的界定和理解从最初的随意、混乱逐渐走向一致,普遍聚焦于制度的几大基本要素,但研究者在制度基本要素的划分,以及对各要素之间相互关系的认识上仍然存在差异。有的将其划分为规制性制度、规范性制度和文化—认知性制度[34];有的将其划分为正式规则、非正式规则和实施方式三大部分;[35]有的则将其划分为法律、规章、习惯和潜规则四大要素。[36]这些划分虽有相似之处,但又存在一定的不同,其背后反映了研究者对不同制度要素的强调。

为了使研究过程更加简洁明了,研究思路更加清晰,本书引用斯科

[34] 参见[美]W·理查德·斯科特:《制度与组织——思想观念与物质利益》,姚伟、王黎芳译,中国人民大学出版社 2010 年版,第 59 页。

[35] 同前注[29],[美]道格拉斯·C.诺思,第 5 页。

[36] 参见辛鸣:《制度论:关于制度哲学的理论建构》,人民出版社 2005 年版,第 11 页。

特关于制度三大基础要素的划分作为本书的逻辑起点，在研究中主要以这三大基础要素在秩序基础、扩散机制和合法性基础等方面的差异为依据进行相关的分析。之所以采用斯科特关于制度基础要素的划分方式，是因为这种划分相较于正式规则和非正式规则的简单二分法更加具体，构成了一种更加有力的分析框架。这一框架既能容纳各种要素，又能分别体现各种要素的独特力量，还能够凸显各要素之间的关系模式。

2. 注重制度之间的相互联系

作为一种跨学科的研究方法，制度分析“不把制度及其运行作为一个孤立的、抽象的、可以随心所欲操纵和设计的物件，而是将其视为经长期历史演进而形成的一种社会文化存在”。㊲因此，本书将坚持整体联系的视角，在我国社会发展的大背景下理解大学教师发展制度变迁，分析制度创新中各类主体之间的角色关系和相互影响。同时，本书不是将大学教师发展制度看作孤立的制度，而是以制度的三大主要类型和大学教师发展的四项核心内容为依据，将其看作一个由多重维度共同组成的制度网络或制度矩阵。在具体的制度分析中，既分析大学教师发展制度的不同表现形态，又分析教师准入制度、职称晋升制度、考核激励制度等相关制度的影响。

3. 坚持历史与逻辑相统一的方法论

历史与逻辑的统一问题是由黑格尔就哲学史的研究最先提出的。他认为，“如果我们能够对哲学史里初选的各个系统的基本概念，完全剥掉它们的外在形态和特殊应用，就可以得到理念自身发展的各个不同阶段的逻辑概念了”。恩格斯进一步深化了对这一方法的理解和运用。他认为，“在研究历史的时候注重逻辑推演与思辨，可以避免陷入历史的迷茫之中，达到从理论高度审视与反观历史的境地”。㊳

㊲ 林义：《制度分析及其方法论意义》，载《经济学家》2001 年第 4 期。

㊳ 朱炎军：《大学教师的教学学术——理论逻辑与制度路径》，上海大学出版社 2017 年版，第 12 页。

因此,本书将以历史与逻辑相统一作为重要的方法论,在梳理中华人民共和国成立以来大学教师发展制度创新的基本路径中,在把握学术活动的不同历史形态中,都始终关注和辨析其背后的逻辑演进,归纳其背后合乎逻辑性的动态规律,进而为现实分析和实践构想确认必然性依据。当然,归纳的缺陷在于容易先入为主地形成假设或理论指导,从而导致无法得出客观的历史真相。为了避免这一缺陷,本书将借用历史制度主义研究方法论,注重历史关键事件,重在分析历史的深层次结构,解释制度创新中的动力机制和路径依赖。

4. 具体研究方法的选择

第一,历史分析法。"任何类型的大学都是遗传与环境的产物。"[39]历史分析法是考察大学教师发展制度发展和变迁的基本方法。正如伯顿·克拉克(Burton R. Clark)所说:"一个人如果不理解过去不同时代和地点存在过的不同的大学概念,他就不能真正理解大学。"[40]本书将先搭建历史分析的框架。一方面,以对制度创新主体的研究为切入点,梳理出中华人民共和国成立以来,我国大学教师发展制度创新中存在的不同主线及其相互作用。另一方面,重视历史进程和历史事件对大学教师发展制度的影响,揭示出制度创新的不同历史阶段及其制度逻辑的转换。通过历史分析,能够更加清晰地理解在特定历史、政治、经济背景下大学教师发展制度演进的内在脉络和规律,为理解现实问题提供启发。

第二,文本分析法。本书选取的文本主要包括政策文本、相关历史文献、回忆录、统计年鉴等。文本来源主要包括《中华人民共和国重要教育文献》、国家部委的文件选编、有关网站及相关著作的引介等。通过政策文本的变化了解大学教师发展制度的基本规则、制度内容、实施方式和实施载体等,探寻影响大学教师发展的各方参与者的权力分布、

---

[39]　[英]阿什比:《科技发达时代的大学教育》,滕大春、滕大生译,人民教育出版社1983年版,第7页。

[40]　同前注㉔,[美]伯顿·克拉克,第49页。

运作机制、制度假设和角色期待。通过分析相关的历史文本,可以大致探寻大学教师发展制度的演变、历史背景等,也可以获得关于组织文化、观念、习俗等非正式规则的直观理解。

第三,成本—收益分析方法。新制度经济学以"经济人"作为最基本的人性假定,赋予其追求利益的基本属性。运用成本—收益分析方法分析大学教师发展制度,就是将其中的各类主体的行为看成一种务实的、追求利益最大化的"经济"行为。没有预期利益,就没有大学教师发展的制度创新。这一分析方法既能够有效解释具体的制度成效和主体行为策略,也有助于为建构新的制度创新策略模式提供合法性支持。

第二章
研 究 综 述

本书主要以大学教师发展的制度创新为研究对象,运用新制度主义理论的相关假设和分析框架,对大学教师发展制度创新的路径、效果及其演变过程等进行分析,并为改进当前的大学教师发展制度创新探寻新的策略模式。因此,本章首先对大学教师发展的相关研究进展进行概述,明确大学教师发展的基本概念、主要内容和主要方式等,然后介绍新制度主义的主要观点,特别是新制度主义关于制度创新的研究成果。在此基础上,评析运用新制度主义视角在大学教师发展领域已经开展的相关研究,确认本书的主要生长点。

一、大学教师发展

关于大学教师发展的研究历史要比它的实践历史短得多。盖夫(Gaff)和辛普森(Simpson)认为,大学教师发展这一概念可以追溯到20世纪50年代[41],目前众所周知的学术休假制度就是在这一时期得到

---

[41]　参见 Jerry G. Gaff & Ronald D. Simpson，*Faculty Development in the United States*，18 Innovative Higher Education 167(1994)。

了快速的发展。但一直到 20 世纪 70 年代,美国才率先提出了大学教师发展的概念,并逐步确立其主要的研究范式,有目的地开展大学教师发展研究与实践。几十年来,人们对这一领域的了解和研究逐渐增多,研究的重点和热点问题也随着大学职能的扩展和大学教师工作范围的扩大而不断转换。结合研究目标,本部分主要围绕大学教师发展的定义、主要内容、发展形式和有效性等方面进行总结和评述,回答什么是大学教师发展、主要发展什么、如何发展和如何有效发展等基本问题。

(一) 大学教师发展的多样定义

1. 大学教师发展的用词表达

研究大学教师发展,通常要先对这一概念进行定义。但事实上,研究者对这一概念的理解非常多样,并且一直与大学使命的变迁、本国的高等教育历史传统紧密相连。以至于自这一概念提出之后,经过近几十年的发展,不仅未形成统一的理解,甚至连其用词和语义等都还不明朗。

在美国,大学教师发展一般被称为"Faculty Development"(下文简称 FD)。"早期也曾经出现过'Staff Development,Teacher Development,Professional Development'等词汇,但都不占主流地位,并且随着研究的深入,最终被'Faculty Development'取代。"⑫英国主要采用的是"Staff Development"(下文简称 SD),并且之后也被澳大利亚和德国等国所用。与 FD 只把大学教师当作发展对象相比,SD 包含大学教师和职员两个对象。但从发展内容来看,SD 近似于狭义的 FD,主要指"大学通过自身努力达到开发人力资源及增强活力的目的"。⑬日本在20 世纪 80 年代同时引入和使用了 SD 和 FD 两个概念,进入 90 年代以

————————

⑫　王立:《美国大学教师发展研究:历史的视角》,华东师范大学 2012 年博士学位论文。

⑬　[日]有本章:《大学学术职业与教师发展(FD)——美日两国透视》,丁妍译,复旦大学出版社 2012 年版,第 110 页。

后，FD 概念的使用越来越频繁。2007 年政府规定任何大学都有义务实施 FD，日本所称的 FD 主要是指教学发展，SD 也被用来专指大学教师以外的其他职员的发展，二者的概念内涵都与最初的原型有了差异。

2. 大学教师发展的多样定义

大学教师发展不仅在不同国家有不同的用词和含义，而且即使在同一国家也难以取得统一的定义。即使在大学教师发展研究的发源地美国，也可以说有多少提倡者，就会存在多少种定义。但从历史的发展脉络来看，这些定义在呈现多样化特征的同时，仍然表现出一定的逻辑线条。

20 世纪 70 年代，尽管克罗（Crow）、密尔顿（Milton）等人已经将大学教师发展定义为"大学教师作为个体、专业人员、学术共同体成员的全面发展，并且包括教师和个人的发展"。[44]但大学教师发展在这一时期明显是以教学发展为主，一般的教师发展案例都是先注重教学过程，主要体现在关注教学方法和技术、课程发展和学生教学评价等方面。在一篇商榷性的论文中，菲利普斯（Phillips）干脆将大学教师发展定义为"提高大学教学效能的过程"。[45]因此，相关定义主要是沿着帮助教师缓解工作压力，有效提升工作胜任能力的路向进行。弗朗西斯（Francis）将大学教师发展定义为"为了满足学生、院系和大学教师自身需要，在院系层面开展的一系列改善大学教师态度、技能和行为的活动，以使他们能够更好、更有效地胜任工作"。[46]盖夫认为，大学教师发展是提高教师的能力，扩大教师对教学的兴趣，提升他们教学能力的过程。也就是说，大学教师发展是促进教学专业化和个人成长的过程。[47]

---

[44]　［美］索尔奇内利：《大学教师发展：从历史迈向未来》，周军强译，北京师范大学出版社 2016 年版，第 1 页。

[45]　转引自林杰、李玲：《美国大学教师发展的三种理论模型》，载《现代大学教育》2007 年第 1 期。

[46]　Francis John Bruce, *How Do we Get there From Here?*: *Program Design for Faculty Development*, 46 The Journal of Higher Education 719(1975).

[47]　参见 Jerry G. Gaff, *Toward Faculty Renewal*: *Advances in Faculty*, *Institutional*, *and Organizational Development*, San Francisco: Jossey-Bass, 1975, p.2.

到了 20 世纪 80 年代,大学教师的多重角色问题开始引起关注。纳尔森(Nelsen)将大学教师发展定义为"以提高大学教师履行各个学术角色绩效为目的而设计的各种行为。大学教师的学术角色包括:学者、指导教师、学术领导者或组织决策者等"。[48]斯帕克斯(Sparks)也持类似的观点,将大学教师发展定义为引导教师学习新的知识、态度和技能的行为,以便能够更好地履行教师职责。[49]

进入 20 世纪 90 年代,对大学教师发展的理解呈现出更加多维度的特征,相关研究也明显增多。特别是在博耶(Boyer)"多元学术理论"的影响下,学者们开始重视学术职业分化对大学教师发展的影响。布拉韦尔(Brawer)认为,大学教师发展主要是为了提升他们的教学能力和其他学术能力。[50]蒂洛伦佐(Dilorenzo)等人也将大学教师发展看作是在士气、教学、研究和个人等 4 个方面促进教师学术发展的过程。[51]

进入 21 世纪以后,大学教师发展研究的文献经历了先升后降,随后又逐步回升的过程,发展目标和项目更加趋向综合化和复杂化。[52]菲斯特凡(Festervand)和蒂勒里(Tillery)认为,大学教师发展包含推动知识生产的一系列行为,其发展的效果依据大学教师的教学、科研和服务情况来进行评价。[53]阿蒙森(Amundsen)和麦克尔平(McAlpine)在《大学教师发展综述:描述思考与实践》一文中指出,大学教师发展通常指设

---

[48] William C. Nelsen, *Faculty who stay: Renewing our most important resource*, 1983 New Directions for Institutiona Research 67(1983).

[49] 参见 Georgea Sparks, *Systhesis of research on staff development for effective teaching*, 41 Educational Leadership 65(1983)。

[50] 参见 Florence B. Brawer, *Faculty Development: The Literature. An Eric Review*, 18 Community College Review 50(1990)。

[51] 参见 Thomas M. Dilorenzo & P. Paul Heppner, *The Role of an Academic Department in Promoting Faculty Development: Recognizing Diversity and Leading to Excellence*, 72 Journal of Counseling & Development 485(1994)。

[52] 同前注[41], Jerry G. Gaff & Ronald D. Simpson。

[53] 参见 Festervand, et al, *Short-term study abroad programs: A professional development tool for international business faculty*, 77 Journal of Education for Business 106(2001)。

计好的用以改进教学的行为和项目。[54]2011 年,美国高等教育专业与组织发展联盟(Professional and Organizational Development Network in Higher Education)进一步提出,大学教师发展重点指的是那些关注大学教师个体发展的项目。这些项目可分为三类:作为教学者的项目、作为学者和专业人士的项目,以及作为个体的人的项目。[55]

通过上述梳理可以看出,大学教师发展定义一直与实践密切相关,但从未形成一个严谨的、受到广泛认同和接受的定义。正如伯奎斯特(Berquist)所言,大学教师发展是一个涵盖了多种目标、理论和实践的术语,在不同学者的论著中有着不同的表述。[56]尽管如此,通过上述定义的历史演进和多样化表述,我们仍然可以窥视出美国大学教师发展的总体趋势,对这一概念形成以下几个层面的理解。

第一,对大学教师发展的理解从狭义逐渐走向广义。从最初相对聚焦于教学方面的发展,逐渐转向教学、科研、社会服务等各方面的发展。从广义上看,大学教师发展就是以教学和科研为基轴,旨在提高学术职业素质的运动。[57]

第二,大学教师发展兼顾学术目标和组织目标两个方面。大学教师发展旨在提高教师的学术职业素质,这里的教师既指教师个体,又包括教师群体。教师既是独立的个体,又是学术共同体的成员,还是大学组织机构内的成员。因此,大学教师发展不仅关注教师的学术职业发展,还开始关注组织学习、组织绩效等要素,同时兼顾组织发展和学术职业发展。

第三,大学教师发展是高校、政府乃至社会组织的责任,需要强有力的外部推动。这里的推动者既包括大学教师所在的学术组织,也包

---

[54] 转引自吴振利:《美国大学教师教学发展研究》,东北师范大学 2010 年博士学位论文。

[55] 参见 POD NetWork, *Faculty Development Definitions*, POD NETWORK (Nov.30, 2011), http://www.podnetwork.org/faculty_development/definitions.htm。

[56] 转引自徐延宇、李政云:《美国高校教师发展:概念、变迁与理论探析》,载《黑龙江高教研究》2010 年第 12 期。

[57] 同前注[43],[日]有本章,第 90 页。

括政府机构和其他一些社会组织或个人。在具体的表现形式上,它既包括相对特定的发展项目,又包括持续稳定的支持和服务。

3. 我国学者对大学教师发展的定义

我国的大学教师发展研究既受到欧美的影响,又基于固有的高等教育背景形成了"师资队伍建设"这一特殊概念。这一概念又与大学教师发展存在共通之处,也包括两个方面的内容:持续推进大学教师队伍总体素质的优化和促使教师个人能力水平不断提高。[58]

2003 年,在"自我发展规范管理——国外高校'教师发展'的经验和启示"一文中[59],谢安邦较早地介绍了发达国家的大学教师发展情况,但仍然是以为我国的大学教师培训提供借鉴作为落脚点。2006 年,厦门大学以"大学教师发展"为主题举办了第四次高等教育国际学术研讨会,大学教师发展自此开始引发更为广泛的关注。在这次会议上,我国有一些学者对大学教师发展的内涵进行了探讨。例如,潘懋元先生将大学教师发展分为广义和狭义两种理解。"广义的大学教师发展,包括一切在职的大学教师通过各种途径、方式的理论学习与实践,使自己的专业化水平持续提高,不断完善。狭义的大学教师发展,特指初任教师的培训、教育,以帮助初任教师更快更好地进入角色,适应教师专业化工作,并且敬业乐业。"[60]

2006 年,我国学者王春玲、高益民在研究美国高校教师发展问题的过程中,认为大学教师发展是旨在开发和提升高校教师专业能力的活动。[61]卢辉炬、严仲连的研究相对更为复杂,他们给出了大学教师发展的三个定义,定义一指由指导者实施的专业训练过程;定义二指为了使教师改进教学内容、方法而采取的组织努力的总称;定义三则直接采用了潘懋元的广义与狭义定义方法。[62]

[58] 同前注[43],[日]有本章,第 111 页。

[59] 参见谢安邦:《自我发展规范管理——国外高校"教师发展"的经验和启示》,载《中国高校师资研究》2003 年第 3 期。

[60] 同前注[32],乔连全。

[61] 参见王春玲、高益民:《美国高校教师发展的兴起及组织化》,载《比较教育研究》2006 年第 9 期。

[62] 参见卢辉炬:《中美日大学教师发展之比较》,载《改革开放与中国高等教育——2008 年高等教育国际论坛论文汇编》。

周海涛、李虔等人在整合不同角度的说法后,对大学教师发展的内涵和外延进行了界定。[63]他们认为,从内涵的角度看,大学教师发展的对象既可以限定为从事学术职业的大学教师,也可以宽泛到大学组织中与教育教学相关的任何人。大学教师发展内容可以理解为教学发展、专业发展或组合发展。概言之,大学教师发展指教师个体或群体力图改变自身的态度、技能和行为,以更好地满足学生需求、服务院校宗旨与使命的政策、组织、活动、过程的统称。从外延的角度看,大学教师发展与教师培训、教师学习共同体和教师队伍建设等概念既有联系又有区别。教师培训是大学教师发展的组成部分,教师学习共同体是大学教师发展的组织载体,而大学教师发展又是教师队伍建设的关键环节。

通过我国学者对大学教师发展概念的定义可以看出,我国对大学教师发展研究的认识深受美国的影响,在发展对象、发展内容等方面都与之具有共通性。作为一个原本就是从美国引进不久,与传统教师队伍建设相类似的新概念,在我国目前已被广泛使用,拓展和丰富了人们对提升大学教师专业水平的认识。总体上讲,我国的大学教师发展研究还处于起步阶段,特别是缺乏实践经验和研究的支撑。对大学教师发展概念的定义除了借鉴和综合美国学者的研究外,更多体现出思辨特征,与实践领域的联系相当松散。

(二) 大学教师发展的主要内容

将大学教师发展的内容和定义分开表述,本身就具有一定的风险。因为作为一个具有多样化定义的概念,许多学者就是通过大学教师发展的内容构成来定义大学教师发展的,即强调大学教师发展包括哪些内容,大学教师发展一般都发展哪些方面的能力和技能。尽管如此,鉴于二者之间存在明显的区别,本书还是试图将定义和内容分开梳理,以

---

[63] 参见周海涛、李虔:《大学教师发展:内涵和外延》,载《大学教育科学》2012 年第 6 期。

期对大学教师发展形成更加清晰的图景。

从前文对于大学教师发展的定义中就可以发现,对大学教师发展内容的研究非常广泛,是一个重要的研究主题。因为只有在解决"发展什么"的问题后,才能进一步思考"如何发展"和"发展的怎样"的问题。从已有的文献来看,关于大学教师发展内容的研究,主要遵循两种思路。第一种思路是从大学教师学术职业发展和生涯发展所涉范围的维度确定发展内容。第二种思路是从教师个体素质结构组成部分的维度确定发展内容。

依据教师的学术职业和生涯发展确认大学教师发展内容的方式更为常见。早在 1977 年,伯奎斯特和菲利普斯就提出,现实中的大学教师发展活动不可能是孤立存在、独立进行的,如教学发展包含在专业发展之中,个人发展和共同发展都关注教师个体的利益。[64]博耶在其《学术再检视》的报告中对此作了更加具体的说明,他认为教师可以对自己未来 3—5 年内的学术工作的重点作出决定。例如,在五年以内主要从事科研工作,次要从事教学工作,而在五年以后,可以适时转变学术工作的重点,转向学术应用和社会服务。[65]

在 1989 年,森塔(Centra)将大学教师发展的内容归纳为个人发展、教学发展、组织发展和专业发展四个方面。[66]他的这一归纳得到了美国教育协会的认可。1991 年,美国教育协会在《大学教师发展:增强一种国家资源》(Faculty Development in Higher Education: Enhancing a National Resource)报告书中提出了一个关于大学教师发展颇具权威的界定,在随后二十多年的发展中被广泛接受。书中指出,大学教师发展应在内涵上更加丰富,以适应多元学术发展的需要,应包含教学发展

---

[64] 参见林杰、李玲:《美国大学教师发展的三种理论模型》,载《现代大学教育》2007年第 1 期。

[65] 参见张焱:《诱惑、变革与守望:我国学术场域中的大学教师行为研究》,南京大学出版社 2014 年版,第 18 页。

[66] 参见 K.T. Centra, *Faculty evaluation and faculty development in higher education*. In J.C. Smart eds., Higher Education: Handbook of Theory and Research, New York: Agathon Press, 1989。

（Instructional Development）、专业发展（Professional Development）、个
人发展（Personal Development）和组织发展（Institutional Development）
四个维度。[67]

从教师个体素质结构组成部分的维度确定发展内容，聚焦到技能、
方法等更为细化的层面。这种划分思路虽然给人以琐细的感觉，在逻
辑层面也还存在一些问题，但对丰富我们对于大学教师发展的理解却
非常有益，有助于我们对大学教师发展的方方面面有更加直观的了解。

2008 年，阿蒙森和麦克尔平在《大学教师发展综述：描述思考与实
践》中研究了大学教师发展的基本内容，指出了大学教师发展的五个中
心，分别是以技能为中心、以方法为中心、以过程为中心、以学科为中心
和以组织为中心。[68]通过这五个中心的划分确定了大学教师发展项目
和行为的五个关注点。其中以技能为中心重点关注可观察的教学行为
或技能；以方法为中心主要关注开展合作学习、基于问题的学习等教学
方法和方式的改进；以过程为中心更加重视小组合作，关注教师在教学
实践中的反思；以学科为中心主要关注大学教师对学科知识的学习以
及对学科发展的理解。以组织为中心则意味着重视组织建议对教师发
展的作用，关注以策略化的计划促进组织人力资源发展。

斯坦纳特（Steinert）等人仅以大学教师的教学发展为研究对象，在
对 38 篇研究论文进行分析的基础上，将美国大学教师教学发展的内容
总结为以下 20 个方面[69]：(1)发展相关教学知识；(2)发展相关教学技
能；(3)转变教学态度与合作态度；(4)提高关于教学、研究和管理的知
识和技能；(5)在课程开发、教育管理上改进行为；(6)转变教育角色与
责任；(7)提升教学效率；(8)提高教学的激情和亲和力；(9)改进教育技
术；(10)增长进行合作教学的能力，开展以学生为中心的教学；(11)更
加熟悉教育概念；(12)改变教学方式与领导角色；(13)提高对教学能力

---

[67]　参见 National Education Association，*Faculty Development in Higher Educa-
tion：Enhancing a National Resource*，Washington，D.C. 1991。

[68]　同前注54，吴振利。

[69]　同前注54，吴振利。

的意识,改变对教学与评价的态度;(14)改变教学哲学和教学激情;
(15)有效分析教学和教学方法;(16)获得课程开发的技能;(17)在教学
决策上增长能力与自信;(18)更加清楚个人的优势、劣势和局限性;
(19)改善学习氛围;(20)改善教学绩效。

(三)大学教师发展的实施方式

大学教师发展的实践远比理论丰富,其实践的形式和类型多种多
样,研究者对其进行总结分类的角度也各不相同。依据划分角度的不
同,可以将这方面的研究统归为两种类型:发展范式说和组织方式说。

1. 发展范式说

2009年,帕梅拉·亚当斯(Pamela Adams)指出了大学教师发展的
三种理论基础,分别是理性主义(rationalism)、行为主义(behaviorism)
和建构主义(constructivism),认为大学教师发展的基本范式就是以上
三种,并对三种范式的基本特征进行了列表分析(见表2-1)。[70]

表2-1 三种大学教师发展范式的特征

理论基础 范式特征	理性主义	行为主义	建构主义
教学和学习的核心假设	以单向传递为特征的知识吸收过程	外部可以有目的地观察与评价,能被控制的知识与技能的获取过程	先在经验与知识被重构,同时获取新的理解,新建构的知识引导行为
意义或主导权的位置	掌握在外部专家手中,专家决定内容和过程	以问责假设为基础,过程经常由专家决定,参与者也有一些责任采取行动掌握技能系统	尽管意义创生与理解是参与者的事,但过程由外部决定,对于每个个体而言,成功经常由外部决定
基本传递方法	辩证传递,被动参与	指导、同伴咨询、强调反馈的个性化教学	共同调查、合作决议是最好的实践,反思贯穿始终
典型行为	教授、阅读、记忆和零星的工作坊	观察与评价、教学技术工作坊、训练与练习、教学示范	案例研究分析、集体问题解决、实例分析、反思与分享

---

⑦ 同前注⑭,吴振利。

根据这种划分:理性主义发展范式更加依赖确切知识的传递,通常以专家讲座的形式进行。行为主义发展范式则强调教师行为的变化,通常由专家观察并评价教师掌握和运用某项教学技术的情况,为其及时提供反馈并鼓励不断尝试,以确保最终掌握了该技术。建构主义范式更加重视讨论、习明纳尔等形式,关注知识是如何在大学教师头脑中建构起来的。发展者往往会有意制造一种认知冲突,吸引并支持大学教师参与到讨论和问题解决中,以便形成新的理解并对其进行检视和澄清。

2. 组织方式说

我国学者周海涛、李虔等人在综合了各国的大学教师发展方式研究后,按组织方式将其归纳为自上而下、自下而上和上下融合三种方式。⑦其中,自上而下是指由大学或学院进行决策,负责配置资源和协调各种关系。自下而上则正好相反,由大学教师个人或基层组织负责决定发展内容和发展方式。上下融合方式则致力于寻求二者的优势结合。

坎宁翰(Cunningham)和帕内尔(Parnell)将自上而下的组织方式称为管理模式,将自下而上的组织方式称为民主模式,并对比了两种模式的不同特点(见表2-2)。⑦总的来说,自上而下方式在实践中更为流行,虽然具有强制性,但秩序井然;自下而上的方式更为灵活,但由于教师需求的多样性,在实施中更易出现争议,难以协调。

表2-2 管理模式和民主模式的比较

管理模式	民主模式
"专家"决定教师所需	教师觉得自身所需
周密安排、预设流程	现场构建、日常安排灵活
传递信息——宣传	分享信息——互动
注重责任、标准和考核	注重同行评价和集体性

---

⑦　参见周海涛、李虔、年智英、杜翔云:《大学教师发展:理论与实践》,教育科学出版社2015年版,第32—38页。

⑦　同前注⑦,周海涛等,第33页。

（续表）

管理模式	民主模式
有时候领导会让教师觉得自己像个大小孩	在互敬、互惠的基础上，领导将教师视为专业人员
上层想、下层做	上层鼓励下层想、下层做
鼓励服从	鼓励合作
以管理者、专家为中心	以每个教师为中心
形成直线的、等级制关系	建立多维关系

卡法雷拉（Caffarella）等学者也从组织方式的维度对大学教师发展进行了划分，但更加强调组织活动的特征。依据自我—同行—大学—社会这一从小到大的排列顺序，他们将美国大学教师发展区分为自我主动式发展、同行协作式发展、大学指引式发展和社会参与式发展四种主要类型，并对每一种类型的适用条件、表现特征和子项目等进行了阐述。[73]例如，自我主动式发展是大学教师个体明确发展的目标和方向，并采取相应行动的过程，又分为绝对主动发展和相对主动发展。同行协作式发展又分为基于人员的协作和基于话题的协作两种类型。大学指引式发展则是带来大学内部真正变革的必要途径，从内部看，包括开展职业规划和再培训行动等项目；从外部看，主要包括提供校外实践、大学教师交换项目等条件。社会参与式发展的范围更加广阔，主要是大学的社会部门通过确定大学教师发展政策，从而促进大学教师发展。通过这类发展方式，既可以让大学教师发展得到社会的重视，又能获得来自整个社会的各种资源的支持。[74]

我国学者在反思传统的教师培训和进修制度的基础上，也结合现状对我国大学教师发展的主要方式提出了思考和建议。潘懋元、罗丹将西方（主要是美国）大学教师发展的方式总结为三类：围绕课堂教学

---

[73] 参见 Rosemary S. Caffarella & Lynn F. Zinn, *Professional Development for Faculty：A Conceptual Framework of Barriers and supports*, 23 Innovative Higher Education 241(1999)。

[74] 参见熊华军、丁艳:《当前美国大学教师专业发展类型》，载《比较教育研究》2012年第9期。

基本技能开展的训练、学校或院系组织的各种教师发展研讨活动、向教师普及现代技术和提供工具性平台。提出希望以此为借鉴改进我国大学教师发展中存在的无法调动教师积极性、缺乏实践针对性等问题。⑦

(四) 大学教师发展的有效性研究

有效性研究也是研究者关注的一个重要议题,体现了对"如何提升发展效果"这一问题的思考和建议。综合已有的研究,这些思考和建议可以分为"战略层面"和"操作层面"两大类,但都具有明显的实践导向,是针对当时的实践特征提出的。

在战略层面,研究者主要提出了大学教师发展应遵循的基本原则和主要特征。早在 1978 年,森塔(Centra)在对当时大学教师发展情况进行调查后,提出了建立一个有效的、可比的测量和评估系统对改进发展效果的重要性。⑦1993 年,卡罗尔(Carroll)依据成人学习理论,提出了有效的大学教师发展的四条基本原则:(1)大学教师应知道他们为什么要学习这些内容;(2)强调大学教师在学习中的自我引导;(3)要将大学教师的经验与学习资源相结合;(4)大学教师发展应该以任务为中心。⑦2005 年,美国药科大学协会(American Association of Colleges of Pharmacy)指出,有效的大学教师发展项目应具备以下三个主要特征:一是大学教师自身要对发展项目负责;二是教师发展项目要能灵活地适应不同水平教师的需要;三是要有组织资源的投入。⑦2006 年,雷可瑞塔(Legorreta)等人认为,有效的大学教师发展应该与大学的使命和学生的学习效果相联系。也就是说,要从有利于学校实现办学使命的角度,从有利于学生成长成材的角度考虑设计和考虑大学教师

---

⑦　参见潘懋元、罗丹:《高校教师发展简论》,载《中国大学教学》2007 年第 1 期。

⑦　参见 John A. Centra, *Types of Faculty Development Programs*,49 The Journal of Higher Education 151(1978)。

⑦　参见 R.G. Carroll, *Implications of adult learning theories for medical school faculty development programs*,15 Medical Teacher 163(1993)。

⑦　参见 Bradley A. Boucher etc, *A Comprehensive Approach to Faculty Development*,70 American Journal of Pharmaceutical Education 2(2006)。

发展问题。⑦

在操作层面,研究更加关注实践中各环节的有效开展。1998 年,卡罗尔在《大学教师发展的有效途径》一文中指出了有效实施大学教师发展项目的十个步骤,分别是:(1)确定大学教师的个人发展目标;(2)确定组织的发展目标;(3)确定大学教师的发展需求;(4)确定组织的发展需求;(5)确定并去实现某项需求;(6)确定实现该需求的有效方式;(7)执行这一有效方式;(8)从过程与结果两个维度评估这一方式的有效性;(9)重新设计该教师发展项目;(10)实施新设计的步骤。⑧

2001 年,泰勒(Taylor)等人研究指出,如下一些策略(见表 2-3)可以更好地支持和促进大学教师发展,提高大学教师发展的有效性⑧:

表 2-3　提高大学教师发展有效性的策略

1	建立合作	9	以非威胁的方式提出新观念
2	沟通	10	确定期望
3	激发教学动机	11	形成联盟
4	理解文化与背景	12	有效开展小组工作
5	求助网络	13	确保自信心
6	模仿	14	信服以研究为基础的证据
7	评价需要	15	确保问题解决的取向
8	确定需求以激发行动	16	做一名诚实的经纪人

根据上述研究,为了提升大学教师发展的有效性,至少应关注以下三点:一是发展目标的清晰度,大学教师要清楚自我需求,清楚我的目标是什么;二是大学教师的参与度,大学教师要体现出发展的主体性,带着已有经验积极参与;三是发展形式的吻合度,发展项目的设计和组

---

⑦　参见 Leonardo Legorreta, Craig A. Kelley & Chris J. Sablynski, *Linking Faculty Development to the Business School's Mission*, 82 Journal of Education for Business 3(2006)。

⑧　参见 R.G. Carroll, *Implications of adult learning theories for medical school faculty development programs*, 15 Medical Teacher 163(1993)。

⑧　同前注㊹,吴振利。

织要体现发展目标的要求,有效开展沟通合作,与所处的文化背景相适应。这对我们今天构建和完善我国大学教师发展制度也具有启发意义。

二、新制度主义理论

新制度主义作为一种跨学科的研究取向和研究范式,在各个社会科学领域呈现出不同的面貌。各学科领域之间,以及学科内各种理论群体和流派之间在核心概念和主要观点上都还存在很大的分歧。尽管如此,新制度主义仍然可以对各种主要的制度理论群体和流派进行最大限度的整合,构建出一个具有包容性和涵盖性的分析框架。本部分在对新制度主义的产生、主要流派和各流派间的共性特征进行概述的基础上,重点对新制度主义中的制度创新理论进行介绍,为后续研究提供基本观点和理论框架。

(一) 新制度主义概述

1. 新制度理论的产生

既然称之为新制度理论,就必然有旧制度理论与之相对应。事实上,需要先指出的是,在经济学、政治学和社会学等各学科领域内,虽然新制度主义者的确在许多方面受到早期制度理论家的启发,但新制度理论和旧制度理论之间并不存在很强的知识"亲缘"关系。美国学者彼得斯将 20 世纪 50 年代之前归为旧制度主义时期,之后则是制度研究先被忽视,而后又在 20 世纪 70 年代新制度主义兴起的时期。[82]因此,新制度主义的出现主要不是源自对旧制度的反动,而更多是源自对 20 世纪 50 年代后占主流地位的行为主义和理性选择理论两个学科的

---

[82] 参见缪榕楠:《学术组织中的人:大学教师任用的新制度主义分析》,南京师范大学出版社 2008 年版,第 23 页。

"革命"。菲利普·塞尔兹尼克(Philip Selznick)在对新旧制度主义进行比较时就指出,"由于着眼于目标的多样性和复杂性,'新制度主义'有一定的'解构主义'成分"。㉝作为一个跨学科的研究取向和研究范式,新制度主义的这种解构与兴起在各个社会科学领域(尤其是政治学、经济学和社会学)呈现出不同的面貌。

"新制度主义"在当代政治学研究中的应用,主要来自詹姆斯·马奇(James March)和约翰·奥尔森(John Olsen)的推动。在某种程度上,政治学的新制度主义是对该学科中 20 世纪中叶仍处于支配地位的行为主义的反动,代表了制度和制度分析在政治学中的回归,重新成为政治学话语的核心。马奇和奥尔森倡导的新制度主义,提出要以集体行动制度分析的核心观念,取代政治学中行为主义和理性选择理论的背景论、化约论、功利主义、功能主义和工具主义特征。㉞与制度理论前辈不同,在经历了行为主义的历练后,新制度主义者对制度的理解更加复杂和多元,并且更加重视对历史的思索。例如,以马奇和奥尔森为代表的历史新制度主义学者认为,制度包括"正式结构和非正式规则,以及这种结构所传导的程序"。㉟他们大多采用一种社会建构主义的立场,认为个体偏好在很大程度上是被他们身处的制度所塑造。这样"制度很大程度上塑造了它的参与者,并为其参与政治活动及更广泛的社会生活提供了意义体系"。㊱

制度分析一直是传统政治学研究的核心,与之不同的是,早期的制度经济学在经济学研究中始终没有成为主流,受其影响的分支领域非常少。因此,新制度经济学很少反映老制度经济学家的思想,相反却反映了对手的很多思想。经济学中新制度主义的兴起源于各种不同研究线路的混合㊲,朗路易斯(Langlis)认为,这些研究线路(包括科斯的交

㉝ [美]B.盖伊·彼得斯:《政治科学中的制度理论:"新制度主义"》,王向民、段红伟译,上海人民出版社 2011 年版,第 2 页。

㉞ 同前注㉝,[美]B.盖伊·彼得斯,第 17 页。

㉟ 同前注㉝,[美]W·理查德·斯科特,第 38 页。

㊱ 同前注㉞,[美]B.盖伊·彼得斯,第 26 页。

㊲ 同前注㉞,[美]W·理查德·斯科特,第 33 页。

易成本与产权研究、熊彼特关于创新的研究、尼尔森的演化经济学等）多多少少存在着一些共同主题，都对新制度经济学的形成作出了重要贡献。诺贝尔奖获得者诺思等人的研究有力推动了新制度经济学的强劲兴起。[88]诺思认为，将制度引入经济史研究，源于新古典经济理论对社会变迁无法作出有效的解释，以及传统的理性假说置社会活动中人们的观念、意识形态和偏见于不顾，从而需要开发出一种制度视角作为分析框架，"用以说明为什么制度导致了这样的后果"。[89]

社会学的新制度理论与组织研究密切关联，把制度主张和组织的结构与行为联系起来考虑，因此又被称为组织分析的新制度主义。这一理论根源于认知心理学、文化研究、现象学和常人方法学等各种思想所组成的松散框架之上，研究路向更为多样。在引领和开创组织分析的新制度主义的过程中，斯科特总结了四种重要的努力：第一种是戴维·斯维尔曼（David Silverman）较早地试图把新制度主义引入组织研究中，提出组织现象学的观点，主张意义不仅是在个人思维中运行，也是存在于社会制度中的客观"社会事实"。第二种是皮埃尔·布迪厄不仅使用了"社会场域"的概念，还在社会结构的研究中极力强调文化规则的重要性。第三种是约翰·迈耶（John Meyer）和布莱恩·罗恩（Brain Rowan）把制度看作文化性规则复合体，认为组织是文化规则日益理性化的产物。第四种是迪马吉奥（DiMaggio）、鲍威尔（Powell）、迈耶和斯科特也为新制度理论引入组织研究作出非常重要的贡献，他们都把组织场域确定为一种新的分析层次，并提出了制度在组织场域的扩散机制和组织在结构上的同形（相似）机制。[90]

2. 新制度理论的主要流派

如前所述，新制度主义作为一种跨学科的研究取向，存在着不同的理论群体和研究流派。各种研究流派在解释制度由何构成、如何形成、

---

[88]　同前注[83]，[美]B.盖伊·彼得斯，第21页。

[89]　[美]约翰·N·德勒巴克、约翰·V·C·奈：《新制度经济学前沿》，张宇燕等译，经济科学出版社2003年版，第13—15页。

[90]　同前注[34]，[美]W·理查德·斯科特，第51页。

如何变迁以及制度和个人如何互动等问题中形成了不同的观点和关注点。在研究流派的划分上,有两种基本的划分方法:一种是从学科的视角进行划分,依据各学科在研究内容和基本假设等方面的基础性差异,分为经济学中的新制度主义、政治学中的新制度主义和组织社会学中的新制度主义。另一种是依据方法论和研究主题的差异进行划分。例如,霍尔(Hall)与泰勒在一篇评论中将其分为历史制度主义、理性选择制度主义与社会学制度主义。这一划分虽然是针对政治学研究领域的,但很快受到广泛认可,被应用到其他学科当中。

事实上,不论是依据学科视角划分,还是依据研究方法和研究主题划分,二者在很大程度上都存在内在的一致性。一般来讲,理性选择制度主义在制度经济学中得到广泛应用。这一流派尽管表现为委托—代理人理论、公共选择理论、博弈论、制度分析与发展(IAD)等多种分支,但仍然存在一些基本的共性,即都以个人作为基本的分析单元,假设每个行为者都是理性的,而且会努力实现自身利益的最大化。历史制度主义是政治学中的一种主流制度分析方法,甚至被认为是政治科学中出现的第一个新制度主义流派。^{这里应为引用}历史制度主义擅于解释制度(政策)的跨国差异和在一国内的历史演变。从 20 世纪 90 年代开始,这一领域的学者开始尝试用历史制度方法来分析一国内部制度效果随时间而发生的变化,其核心概念是"路径依赖"。此外,历史制度主义在经济学中也有广泛的应用,比如新制度主义的代表人物道格拉斯·诺思获得诺贝尔奖,就是因为他运用制度分析的方法对经济史的贡献。社会学制度主义主要反映了社会学中制度主义的进展,是在对传统组织理论反思基础上发展起来的。迈耶等人认为,社会学制度主义重视意义的建构和相关的价值,这对理性选择制度主义固有的个体最大化和功利主义价值观是极为有用的平衡。^{引用}

㉑　同前注㉝,[美]B.盖伊·彼得斯,第 70 页。

㉒　参见 J. Meyer & B. Rowan, *insititutionalizing orgnizations : formal structure as myth and ceremony*, 83 American Journal of Sociology 340(1977)。

结合上述关于新制度主义各主要流派的叙述可以看到,一方面,社会科学领域内各学科在分析方法上会相互借鉴,共享有关"如何解释集体行为"这一命题的基础性方法论和基本理论。另一方面,各学科基于研究主题、研究内容的不同,又会表现出不同的研究取向。本书从研究目标出发,将主要采用新制度经济学的人性假设和分析方法,研究大学教师发展制度创新的主要机制和主体行为。同时,在梳理我国大学教师发展制度的"过去的经验"和演变历程时,还会适度借鉴历史制度主义的相关方法和概念。此外,还将借鉴社会学制度主义关于制度不同基础性要素的划分方法,为解释大学教师发展制度中存在的常规、惯例、观念、习俗和组织文化等非正式约束和探讨不同制度形式的合法性构建提供分析框架。

3. 新制度理论的共性特征

虽然新制度主义的各个流派呈现出纷乱、多样的概念与主张,难以精选和浓缩出一套支配性的范式,但随着新制度主义理论和研究的相互融合和日益成熟,许多制度理论家都试图在整合各流派分歧的基础上,洞察和总结出新制度主义的一些共性特征。斯科特认为,从 20 世纪 80 年代到 21 世纪初的 20 多年间,新制度理论取得了实质性进步,并表现出以下特征[33]:

第一,对制度的界定从随意混乱走向严密和相对一致。早期的新制度理论从字面看"似乎什么都是制度",如今已经通过强调少量制度要素,以及研究它们相对独特的运行机制,形成了比较一致严密的概念。

第二,从决定论走向互构论。与早期新制度理论相比,新制度研究日益注重包含组织在内的各类主体具有的不同程度的能动性。他们不是简单被动地受到制度的制约,而是主动对制度采用各种策略和提出要求。

第三,从理论断言走向数据实证。新制度主义者开始重视设计各

---

[33]　同前注㉞,〔美〕W·理查德·斯科特,第 223—225 页。

种复杂的方式(尽管其设计和测量还远谈不上完美),通过数据对理论断言进行检验。

第四,从以组织为研究中心走向以场域层次为研究中心。随着对组织环境重要性的认识日益加深,许多新制度学者的分析层次开始从组织层面上升到组织场域层面。

第五,从对制度稳定的研究走向对制度变迁的研究。既包括对制度趋异性变迁的研究,也包括对趋同性变迁的研究。这二者自 20 世纪 90 年代开始交汇,使得制度变迁研究更加丰富。

第六,不再简单的预设制度会制约理性行动,而是更加强调主体的互动及他们"集体理性"的建构,以加深对社会建构信念、规则与规范框架的过程的理解。

上述新制度理论的最新进展和主要特征,为本书构建分析框架提供了重要支撑。本书将基于新制度主义对基础性制度要素的理解,分析大学教师发展制度创新的历史样态及在历史进程中各类主体间的互动关系。在此基础上,为当前大学教师发展制度的创新提供新的策略模式。从这一目标出发,本书接下来将主要对新制度理论中关于什么是制度和如何推进制度创新两个主要问题进行阐述。

(二)制度及其构成

1. 制度的定义

几乎所有的学者在论及新旧制度理论的区别时,都会首先提到二者对制度的理解不同。经过 20 世纪 50 年代后行为主义和理性选择理论的历练,新制度主义者对制度的理解更加复杂和多元,以至于每个新制度主义者都会在其论著中首先对这个问题作出某种概述或说明。

诺思在其《制度、制度变迁与经济绩效》一书的一开始,就明确他对制度概念的理解:"制度是一个社会的博弈规则,或者更规范一点说,它们是一些人为设计的、形塑人们互动关系的约束。"他还指出,

制度基本上由三个基本部分构成：正式的规则、非正式的约束，以及它们的实施特征。㉞

马奇和奥尔森也认为，制度不一定是正式的结构，而是规范、规则、协定和惯例的集合体，其中惯例尤为重要。他们给制度的定义是"相互关联的规则和惯例的集合体，它们从个体角色与周围环境的关系角度界定适当的行动"。㉟

柯武刚、史漫飞指出，"制度是人类相互交往的规则。它抑制着可能出现的、机会主义的和乖僻的个人行为，使人们的行为更为可预见并由此促进劳动分工和财富创造"。㊱

霍尔认为制度包括"正式规则、服从的程序和标准的工作习惯，它们构建了各种政治经济单元中个体之间的关系"。㊲

斯科特给制度作出了一个更加综合的定义："制度包括为社会生活提供稳定性和意义的规制性、规范性和文化—认知性要素，以及相关的活动与资源。"㊳

新制度学者关于制度的定义还可以不断列下去，但通过上述几个代表人物的定义我们已经可以看出，新制度理论普遍认为制度先是一种规则（或约束）。这些规则不仅包括正式规则，还包括规范、惯例等非正式的规则，甚至后者更为重要。正如制度经济学家青木昌彦所说："关于制度的定义不涉及谁对谁错，它取决于分析的目的。"㊴本书将对作为非正式规则的制度给予格外的重视，不仅揭示这类规则的创新路径，还寻求其有效的构建方式。

㉞ 同前注㉙，[美]道格拉斯·C.诺思，第3—5页。
㉟ 同前注㉝，[美]B.盖伊·彼得斯，第29页。
㊱ [德]柯武刚、史漫飞：《制度经济学》，韩朝华译，商务印书馆2000年版，第35页。
㊲ 转引自魏姝：《政策中的制度逻辑——美国高等教育政策的制度基础》，南京大学出版社2007年版，第28页。
㊳ 同前注㉞，[美]W·理查德·斯科特，第56页。
㊴ [日]青木昌彦：《比较制度分析》，周黎安译，上海远东出版社2001年版，第11页。

2. 制度的构成

对制度结构的剖析是制度分析的基本理论前提。通过前文的定义已经可以看出,制度总体上可以分为正式规则和非正式规则。在此基础上,诺思将制度分为正式规则、非正式约束和制度的实施方式三大部分。其中,正式规则包括政治规则、经济规则和契约,这些规则又从宪法到普通法再到内部章程分为不同的层次。[100]非正式约束是指人们在长期的社会生活中逐步形成的习惯习俗、伦理道德、文化传统、价值观念及意识形态等。诺思认为,正式规则与非正式约束之间只是在程度上存在差异,是一个从禁忌、习俗、传统到成文宪法的连续过程。[101]诺思将制度的实施方式作为制度第三个组成部分,是因为正式规则和非正式约束只确定了行为标准,但并不能自动实施。一个社会不仅需要完善的正式规则和非正式约束,还需要发展出有效的、低成本的实施机制。

斯科特在总结了不同的社会理论家的研究后,把制度分为规制性制度、规范性制度和文化—认知性制度三大基础要素,并且分别确立了这三大要素在基础假定、机制和指标上的差异(见表2-4)。在三大基础要素之间的关系上,斯科特的观点与诺思有相似之处,也认为这三大基础要素构成了一个连续体,其一端是有意识的、合法实施的要素,另一端是无意识的、被视为当然的要素。在他看来,这些制度要素"以相互独立或相互强化的方式,构成一个强有力的社会框架"。[102]

表 2-4 制度的三大基础要素

	规制性要素	规范性要素	文化—认知性要素
遵守基础	权宜性应对	社会责任	视若当然、共同理解
秩序基础	规制性规则	约束性期待	建构式图式
扩散机制	强制	规范	模仿

---

[100] 同前注㉙,[美]道格拉斯·C.诺思,第56页。

[101] 同前注㉙,[美]道格拉斯·C.诺思,第55页。

[102] 同前注㉞,[美]W·理查德·斯科特,第59页。

(续表)

	规制性要素	规范性要素	文化—认知性要素
逻辑类型	工具性	适当性	正统性
系列指标	规则、法律、奖惩	合格证明、资格承认	共同信念、共同行动逻辑、同形
情感反应	内疚/清白	羞耻/荣誉	确定/惶惑
合法性基础	法律制裁	道德支配	可理解、可认可的文化支持

（表格来源：[美]W·理查德·斯科特：《制度与组织——思想观念与物质利益》，姚伟、王黎芳译，中国人民大学出版社2010年版，第59页。）

此外，斯科特虽然没有像诺思一样将制度的实施机制作为一项基本构成要素，但他也强调了与制度相关的行动与物质资源的作用，提出要关注制度的生产与再生产活动。从社会学研究的角度出发，他指出"规则、规范与意义出现于互动之中，并通过人们的行为得以保持与修正"。[103]

虽然上述诺思和斯科特分别从经济学和组织社会学的角度对制度的构成进行了分析，但却表现出很强的共通性。由于斯科特对本书重点关注的非正式规则进行了更为详细的划分，并且分别提出了各类制度要素的基础假定和机制，因此本书主要以斯科特关于制度要素的分析为依据，构建大学教师发展制度分析的逻辑起点和分析框架。

（三）制 度 创 新

制度创新原本是新制度经济学中的一个概念，但在其他新制度主义者那里也普遍受到关注。因为新制度研究者们都注意到需要优先解决以下问题：制度从何而来、如何被建立、由谁建立？是什么因素促使了新制度的出现？新制度建立的机制是什么，等等。因此，新制度理论关于制度创新的研究视角和主题都非常广泛。鉴于新制度经济学在解释制度创新的动力、源泉和过程等方面形成了相对成熟的概念体系和解释模型，且为本书在之后的研究中所采用，因此这部分主要介绍新制

---

[103]　同前注㉞，[美]W·理查德·斯科特，第57页。

度经济学关于制度创新的主要观点，就什么是制度创新、谁来推动制度创新和如何实现制度创新这三个对本书最为重要的问题进行阐述。与此同时，为了更加全面的理解，本书将根据需要补充介绍其他新制度学派的主要观点。

1. 制度创新的涵义及其与制度变迁的关系

新制度经济学研究制度创新都是基于利益考虑，都是为了改善经济绩效。"创新"的概念和创新理论最初由熊彼特在1912年出版的《经济发展理论》一书中提出。在他看来，所谓创新，就是建立一种新的生产函数，把从没有过的关于生产要素和生产条件的"新组合"引入经济体系。[104]美国经济学家戴维斯（Davis）和诺思继承了熊彼特的观点。他们认为，所谓制度创新就是对现存制度的变革，包括制度创造、模仿和演进等，其目的是使创新者获得潜在利益。依据诺思的观点，制度创新之所以会出现，就是因为人们能够预期到创新的净收益大于创新的成本，而这些收益在现有的制度框架下是无法实现的。[105]拉坦（Rutton）也认为，所谓制度创新，是个人或一群人在响应获利机会时自发倡导、组织和实行的制度变革。[106]因此，提高获利能力和获利机会，被新制度经济学家普遍认为是制度创新产生的原因。

卢现祥在综合了新制度经济学家关于制度创新的论述后，总结出以下几个主要方面的内容，对我们全面理解制度创新的内涵有所启发[107]：

第一，制度创新作为一个行动者追踪利润的过程，包括三个方面的变化：一是主体行为的变化；二是主体与其环境之间关系的变化；三是支配主体行为与相互关系的规则的变化。

第二，制度创新是指行动者为获得潜在利益而对现行制度进行的

[104]　参见卢现祥：《新制度经济学》，武汉大学出版社2004年版，第144页。

[105]　参见文魁、徐则荣：《制度创新理论的生成与发展》，载《当代经济研究》2013年第7期。

[106]　同前注[105]，文魁、徐则荣。

[107]　同前注[104]，卢现祥，第144页。

种种变革措施和对策。

第三,制度创新是在一定的宪法秩序和行为准则下进行的,是制度供给主体解决制度供给不足的问题,从而扩大潜在收益的行为。

第四,制度创新不仅包括根本制度的变革,还包括对具体运行的管理体制模式的改变。

第五,制度创新包括制度的替代、转化和交易,是一个逐步演进的过程。

提到制度创新,往往会论及它与另一重要概念制度变迁的区别。斯科特对二者区别的解释是,将制度创新看作新制度的建立或创造的过程。在他看来,二者原本就是一个问题的两个方面。因为新制度并不会凭空出现,而是对现有制度的不断挑战、借鉴和逐步取代。"如果研究者主要关注新的规则、理解和相关实践的产生过程与条件,那么他们就是在研究制度的创造(创新),如果研究者关注的是既有的一套信念、规范和实践如何受到挑战、逐渐失去合法性或不能扩散开来,被新规则、形式和脚本所取代,那么他研究的就是制度的变迁。"[108]林毅夫在其《关于制度变迁的经济学理论:诱致性变迁与强制性变迁》一文中则直接表示这两个概念是可以替代使用的,"因为现有制度的修正同时也是一种创新活动,新制度的采纳也必须伴随着旧制度的改变"。[109]

总体来说,制度创新和制度变迁都是在特定的社会情景中体现的,当社会情境发生变化或人们的需求发生变化时,制度变迁或制度创新就会发生,二者都是在制度供给和制度需求不均衡的状况下产生的。因此,本书不对制度创新和制度变迁作出过于明显的划分,而是将制度创新纳入制度变迁的范畴当中。更确切地说,"制度创新是专指那些正向、积极、进步和有绩效的制度变迁,它所表征的主要是社会规范的前

---

[108] 同前注㉞,〔美〕W·理查德·斯科特,第103页。

[109] 〔美〕R·科斯、A·阿尔钦、D·诺斯:《财产权利与制度变迁——产权学派与新制度学派译文集》,上海三联书店1991年版,第371—403页。

进运动、择优汰劣和文明发展,它所表示的是对人的活动方式结构和交往关系作出调整,以利于人性的发展和人的主体性的发挥"。⑩

2. 制度创新的主体

新制度主义者普遍认为制度创新的主体是多元化和复合化的。戴维斯就指出,实现制度创新的主体可以是单个人、自愿合作的个人组成的集团或政府。"他们可以采用个人完全自主的形式、政府完全控制的形式或者居于这两个极端形式之间的半自愿的、半政府的形式,即自主合作的形式。"⑪

诺思将制度创新的主体直接划分为政府、团体和个人三种类型,并且依据各主体在制度创新过程中的不同作用,将主体划分成"第一行动集团"和"第二行动集团"。其中"第一行动集团"是指作出创新决定的主体,他们发起并主导了制度创新的过程;"第二行动集团"是指在这一过程中作出响应并帮助"第一行动集团"获得利益的主体,他们能够根据市场变化作出相关决定以影响"第一行动集团"的收益。他的这种划分方法能够有效解释制度的内在变迁机制,同时也促进了对制度创新理论认知程度的提升。

在诺思的主体理论基础上,我国学者在解释经济体制改革的过程中,又对其三种基本类型的主体划分进行了扩展,将地方政府同中央政府相区别,扩展为中央政府、地方政府、团体和个人四类制度创新的主体。⑫还有学者提出了制度变迁(创新)主体的狭义和广义两种划分方式。狭义的制度变迁(创新)主体是指制度的直接变革者或创新者。广义的制度创新主体是指所有与制度变迁(创新)相关、表示了相应态度、施加了相应影响和发挥了相应作用的主体,包括反对者、阻挠者。⑬

---

⑩　同前注㊱,辛鸣,第 183 页。

⑪　同前注⑮,文魁、徐则荣。

⑫　参见李怀、邓韬:《制度变迁的主体理论创新及其相关反应研究》,载《经济学家》2013 年第 9 期。

⑬　参见黄少安:《制度变迁主体角色转换假说及其对中国制度变革的解释——兼评杨瑞龙的"中间扩散型假说"和"三阶段论"》,载《经济研究》1999 年第 1 期。

与新制度经济学家相比,组织社会学家更注重从角色和功能的角度分析制度创新的主体。迪马吉奥和鲍威尔认为,在各类推动制度创新的能动者中,最为重要的是民族—国家和专业人员。其中,民族—国家是超越其他组织的特殊行动者,存在于"治理结构"之外。专业人员在现代社会中取代了早期的预言家、先知和哲人,在现代社会中的作用越来越重要。除此之外,协会、其他社会精英和精英组织、场域边缘博弈者,乃至普通参与者等,都参与了制度的创造过程。[14]

3. 制度创新的过程

在揭示制度创新的完整过程方面,诺思等人建立了较为完善的理论模型。在沿用了新古典经济学关于经济人的行为假设的基础上,诺思和戴维斯采用成本—收益分析方法,将制度创新视为制度均衡—非均衡—均衡的过程。所谓制度均衡,是指现存制度安排处于"帕累托最优状态"中,无论怎么改变都不会带来额外收入,人们对其处于一种满意状态。所谓制度非均衡则是人们对现存制度的一种不满意或不满足,包括制度供给不足和制度供给过剩两种主要情形。新制度经济学认为,制度均衡是一种偶然,是不能持久的状态。[15]

组织社会学家将制度创新过程概括为去制度化和再制度化的过程,并且在研究中表现出不同制度要素之间的差异。去制度化的原因很多,既可能来自外部的要求与压力,也可能与具有挑战性的替代性制度逻辑的出现有关。奥利弗将引起去制度化的外部要求与压力划分成三种:功能的、政治的和社会的。[16]功能的要求或压力可能来自绩效方面的问题,也可能来自消费者偏好的变化。例如,如果两所同类高校在教师的学术产出上产生明显差异(反映了绩效问题),或者社会对学生的某些能力(比如创新创业能力)产生强烈要求(消费者的偏好),都可能促使大学在教师发展制度上作出一定的调整。政治要求和压力则来

---

⑭　同前注㉞,〔美〕W·理查德·斯科特,第112页。

⑮　同前注⑩,卢现祥,第147页。

⑯　同前注㉞,〔美〕W·理查德·斯科特,第205页。

自基本权力分配的变化或政治集团对既有安排的支持度的变化。这种变化会削弱对既有制度安排的支持,从而为新的博弈者和利益群体进入场域提供机会。社会要求与压力则与群体的分化及其规范共识的片段化有关,并导致信念与实践的分化。例如,随着高等教育系统的分化,使得大学教师乃至高校关于"什么是好的教师"的共识日益弱化,对教学、科研和社会服务等职责的优先性不同形成不同的信念和实践,必然就会对原有的教师制度产生新的冲击。

制度化是新制度安排的形成及其在其他制度主体中扩散的过程。不同的制度要素在这一过程中表现出明显差异,具有不同的实现机制。例如,规制性制度的设计安排主要是一个精心设计的过程,规范性制度的设计则表现出某种自然主义的特征,是在主体间重复互动中产生的。斯科特在综合各种新制度主义研究路向的基础上,提出了制度扩散的三大机制:基于回报日益递增的制度化、基于承诺日益递增的制度化和随着日益客观化而日益递增的制度化。[17]这三种制度扩散机制分别强调了激励、身份和思想观念的作用,并且被认为分别在规制性、规范性和文化—认知性要素的制度化过程中发挥基础性作用。

与另外两个机制相比,思想观念的作用在新制度主义研究中格外受到重视。坎贝尔(Coburn)甚至指出,各种形式的思想观念都会发挥制度化作用,并且这些观念往往被作为教义或信念原则而接受,不容置疑。[18]我国的研究者也特别强调思想观念在各类制度创新中的作用,辛鸣在《制度论》中提出,"制度创新要以思想观念的更新为前提。思想观念的变革越彻底,创新活动就越顺利"。[19]

---

[17]　同前注㉞,[美]W·理查德·斯科特,第130—135页。

[18]　同前注㉞,[美]W·理查德·斯科特,第135页。

[19]　同前注㉟,辛鸣,第183页。

三、新制度主义理论在我国大学
教师发展研究中的应用

近年来,随着大学教师发展问题日益受到国内研究者的关注,从制度视角开展的大学教师发展研究愈来愈多。这些研究总体上可以分为两类:一是对我国大学教师发展制度的历史回顾和反思,二是对当前构建大学教师发展制度的审视和展望。本部分将围绕这两类问题进行阐述,梳理在本领域我国学者已经取得的研究进展和达到的理论认识水平,在此基础上确立本书的生长点。

(一) 中华人民共和国成立以来大学
教师发展制度的历史回顾

1. 我国大学教师发展制度的阶段划分

张德良从新制度经济学的视角将我国大学教师发展的制度历程分为三个阶段。[120]第一阶段,"以俄为师"的教师发展制度(1949 年—1966年);第二阶段,计划经济"齐步走"的教师发展制度(1978 年—1991年);第三阶段,市场经济"兼顾多元"的教师发展制度(1992 年至今)。其中,前两个阶段体现了激进式、线性的教师发展制度取向,第三阶段体现了渐进式、多线性的教师发展制度取向。

牛风蕊、沈红运用历史制度主义的分析框架,将中华人民共和国成立以来我国的大学教师发展制度分为四个阶段:"以苏为师"教师发展阶段(1949 年—1966 年)、以培训及学历提升为主的教师发展阶段(1978 年—1991 年)、多元并举的教师发展阶段(1992 年—2010 年)和

---

[120]　参见张德良:《高校教师发展的制度变迁与路径选择——基于课程与教学的视角》,载《现代教育科学》2013 年第 11 期。

组织建制的发展阶段(2011 年至今)。⑫

毛亚庆等人从组织社会学新制度主义学派的理论视角出发,对中华人民共和国成立以来我国的高校教师专业发展制度(以职称政策为载体)进行了考察,将其分为三个主要阶段,并从制度理念、管理方式和运作机制三个方面对每一种模式及其对教师专业发展的影响进行了分析。⑫第一阶段,作为政治控制模式的专业技术职务任命制(1949 年—1966 年);第二阶段,作为过渡模式的职称评定制(1978 年—1985 年);第三阶段,作为市场经济模式的专业技术职务聘任制(1986 年至今)。

王昕红从政策研究的视角出发,对我国 20 世纪 80 年代后的大学教师发展政策进行了三个阶段的划分,分别是:恢复教育地位、倡导"尊师重教"的流变初期(1985 年—1990 年),教师管理法制化、教师发展综合化的流变中期(1991 年—1997 年)和多元并举、促进教师全面发展的流变后期(1998 年至今)。

2. 对我国大学教师发展制度演变的反思

可以看出,我国学者对大学教师发展制度的历史阶段划分呈现出很强的一致性,都认为大学教师发展制度的变迁与社会宏观制度环境存在着紧密的耦合关系,且呈现出从计划经济模式向市场经济模式转变、从整齐划一发展向多元并举发展的趋势。在进行历史梳理和回顾的基础上,研究者还对我国大学教师发展制度演变的一些主要问题进行了反思。

第一,在制度变迁方式上部分重视强制性变迁,忽视诱致性变迁。⑬与此相对应,制度变迁的重点始终是正式制度,忽视了对非正式制度的关注。

第二,在制度逻辑上有时存在工具论主导现象。多以服从国家发

---

⑫　参见牛风蕊、沈红:《建国以来我国高校教师发展制度的变迁逻辑——基于历史制度主义的分析》,载《中国高教研究》2015 年第 5 期。

⑫　参见毛亚庆、蔡宗模:《建国以来高校教师专业发展的制度审视》,载《清华大学教育研究》2010 年第 6 期。

⑬　同前注⑫,张德良。

展为基本思想,对大学教师发展中的内在逻辑和规律考虑不够。

第三,在制度内容上,主要包括教学科研方面的发展,对教师的全面发展关照有些不足,忽视大学教师学术职业中可能出现的心理倦怠等问题。

第四,在制度演变过程中部分呈现出路径依赖的特征。例如,不仅依赖统一的、强制性制度变迁,还形成了资源分配的固化机制,在重点大学政策背景下长期实施教师发展的院校层级差异扶持。

(二) 制度视角下大学教师发展的现实审视与改革趋向

对历史经验的研究总是为了更好地理解和解决当下的问题。研究者在回顾和反思我国大学教师发展的历史演变后,也对改进我国的大学教师发展制度提出了许多新的审视和展望。

1. 重新理解大学教师发展制度

研究者从新制度理论视角审视大学教师发展制度,会形成新的意义理解。张德良提出,在经历了从激进式、单线性的发展制度取向到渐进式、多线性的发展制度取向演进后,我国需要将建构式、境域性作为理解高校教师发展制度意义新视角的基本考量。他认为这一视角既反映了新制度理论对旧制度理论的超越,又符合当今广受推崇的大学教师自主发展范式。[124]

姚秀群等人对大学教师发展制度的内涵及其作用进行了研究。他主张应从法律政策、高校、教师发展机制、组织保障、伦理和制度文化等六个方面来理解大学教师发展制度。姚秀群认为,制度在大学教师发展中主要发挥两大作用:第一,政策上主导教师发展,价值上引导教师发展和方法上指导教师发展;第二,从校—院—系(教研室)三个层面为大学教师发展提供三维支点。[125]

[124]　参见张德良:《从线性到域性:高校教师发展制度意义理解的新视角》,载《现代教育科学》2010 年第 3 期。

[125]　参见姚秀群、叶厚顺:《关于高校教师专业发展制度的思考》,载《现代教育科学》2009 年第 11 期。

陈仕华从制度、学校和教师个人三个层面对我国高校教师发展的策略进行了分析。她认为,鉴于教师发展包括任用、培养和继续教育三个主要阶段,相应的教师发展制度也应主要包括教师任用制度、培养制度和继续教育制度。[126]

2. 改进大学教师发展制度的总体取向

在思考大学教师发展制度的改革方向的过程中,我国学者最先关注的问题是大学教师发展的多元化和市场化取向,提出了制度创新中的政府放权、多元协商等问题。例如,牛风蕊等人认为,大学教师发展制度是由多元主体共同参与和博弈的过程。为了满足多元化的教师发展需求,她提出了推进高校教师发展制度变革的三个方面的建议:一是推进分权,构建多元共治的大学教师发展制度体系;二是改革评价制度,树立多元化的教师发展理念;三是增加投入,推进高校教师发展的市场化和均衡化。[127]此外,还有其他一些学者也从多元化的角度提出重新定义大学教师发展制度[128],实施个性化的教师发展项目以激发教师主动参与的积极性[129],根据教师职责的不同形成多样化的制度体系等观点。[130]

3. 构建大学教师发展制度的具体策略

张德良提出了高校教师建构性、境域式自主发展的三个主要路径:一是教学实践情境路径,引导教师在获取实践性知识的过程中实现自我发展;二是教师间合作的发展路径,将大学教师学习共同体作为教师自我发展的有效方式;三是教师行动研究的发展路径,强调教师在行动研究中不断地探索、改进和解决教育实际问题。[131]龚春芬从学术职业专

---

[126] 参见陈仕华:《我国高校教师专业化发展的策略——来自制度、高校和教师个人三个层面的分析》,载《当代经济》2011 年第 10 期。

[127] 同前注[121],牛风蕊、沈红。

[128] 参见张昊:《价值引导:高校教师发展制度的核心理念》,载《黑龙江教育(高教研究与评估)》2009 年第 9 期。

[129] 孙敬霞:《中美高校教师发展制度的比较及启示》,载《河南教育学院学报(哲学社会科学版)》2013 年第 2 期。

[130] 参见龚春芬、李志峰:《学术职业专业化视角下大学教师发展制度的缺失与构建》,载《教育发展研究》2008 年第 4 期。

[131] 同前注[124],张德良。

业化的视角,在制定相关的法律法规政策、设立层次化的大学教师证书体系等方面提出了建议。⑬

　　杨凤云则从制度实施方式的角度提出了建议。她认为,我国大学教师发展制度中存在的问题,既有制度本身的问题,也有制度执行方式的问题,不能简单地归咎于国家体制和制度逻辑。因此,她认为应以关注制度的实施方式为突破口,来解决当前大学教师发展制度中存在的问题,提出了制度规约与心理契约的耦合。"制度规约是大学教师发展的制度规范,心理契约则能够使制度规约与大学教师通过心灵对话达到双方共同约定与约束的目的。通过二者的耦合,能够实现正式制度与非正式制度相得益彰,达到教师发展自由性与受控性的对立统一。"⑬

4. 大学教师发展的组织建设

　　组织建设被认为是构建大学教师发展制度的重要内容。孙敬霞在对比中美大学教师发展制度后认为,在高校建立大学教师发展中心,推进高校教师培训体系改革,使其回到"学校本位"已成必然。⑭

　　李小娃从制度的角度对我国大学教师发展中心的建设进行了思考。他认为,我国的大学教师发展中心建设主要是在政府权力主导下自上而下进行的,仍然体现着供给主导型的特征,而不是大学自下而上的自发行为。他提出,教师发展中心建设应体现对国家、大学和教师等多方面诉求的整合,应在国家制度的总体框架下,以知识发展作为主要内容,满足不同大学教师的特殊性要求。⑬

（三）对制度视角下大学教师发展研究的综合评述

　　综合已有的文献可以看出,我国学者基于制度视角开展的大学教

---

　　⑬　同前注⑬,龚春芬、李志峰。

　　⑬　杨凤云:《大学教师发展的制度规约与心理契约》,载《现代教育科学》2012 年第1 期。

　　⑭　同前注⑭,孙敬霞。

　　⑬　参见李小娃:《高校教师发展中心建设的制度逻辑与理论内涵》,载《中国高教研究》2013 年第 12 期。

师发展研究已经取得了一些成果和共识,他们从不同角度所提出的改进大学教师发展制度的思考,也为本书提供了许多有益的借鉴和启发。但总体来说,这些研究还不够丰富,还没有形成相对成熟的话语体系和问题领域,大学教师发展制度中的行动主体、运行机制等许多关键问题还没有被提出或得到有效回答。

1. 已有研究的不足

第一,在研究倾向上,已有研究普遍表现出"新视角、老路径"。虽然研究者都采用新制度主义的视角审视当前的大学教师发展制度,并且得出了许多新的结论,但在研究路向上仍然表现出"旧制度"的特征。在大学教师发展制度的历史研究中,研究者大多只关注正式制度的变迁,极少有人研究非正式制度的形成和演变。在改进教师发展制度的实践构想中,虽然研究者也提出了对教师共同体、教学文化等因素的重视,但采用的仍是自上而下的视角。总体来讲,当前的制度研究过多地关注正式制度、忽视非正式制度;青睐"自上而下"的视角,忽略"自下而上"的视角;"热衷"于制度的外在的设计,未关注制度的内在生成性。

第二,在研究对象上,研究者目前对大学教师发展制度的内涵没有明确界定,缺少理论共识。大家都在谈论大学教师发展制度,但事实上谈论的并不是同一个对象。有的研究者将中小学教师专业发展的概念界定,简单移植到大学教师发展领域,忽视了大学教师学术职业的特殊性,进而影响了对大学教师发展制度的理解。也有的研究者将大学教师发展制度简化为职称制度,或泛指培训制度、进修制度乃至教师评价和聘任制度,甚至将大学教师发展的方式和规则相混淆。这种研究倾向既缺乏严谨性,又使研究者易于关注正式制度(正式规则),忽视规范、文化、惯例等非正式规则,而对非正式规则的关注恰恰是新制度理论中最具研究意义的内容。

第三,在研究层次上,较多地关注国家层面宏观制度体系的演变,对中观学校层面和微观教师层面的制度创新都缺乏系统研究,对近年来新制度研究中广受关注的组织场域或学术场域少有提及。虽然有学者就高校内部制度环境的建设和实践路径的改进提出了建议,但这些建议显得有些"随意",没有建立在对高校层面教师发展制度的要素结构、主体关系等深入分析之上。

第四,在研究的深入程度上,大多停留在理念探讨层面,缺乏对制度运行机制的探讨。例如,虽然已有研究者提出要重视大学教师发展中的专业逻辑和学术逻辑,但对于专业逻辑和学术逻辑的内涵、与其他制度逻辑的关系及其整合机制等,都还缺乏深度的揭示。又如,虽然研究者普遍认识到我的大学教师发展制度变迁中存在重强制性变迁、轻诱致性变迁的问题,但对于如何推进诱致性变迁缺乏深入的探讨。

2. 研究的主要生长点

第一,从多维度的视角理解大学教师发展制度。本书不是将大学教师发展制度机械地简化为一项或几项具体的教师制度,而是将其作为一个相互影响、相互关联的制度网络。采用新制度理论对于制度层次和制度基础要素的划分,从多维度构建对大学教师发展制度的整体认识,明确其内涵和外延,区别其不同的表现形态和背后各不相同的遵守基础、扩散机制等。

第二,基于内生性的认识揭示制度创新的过程机制。本书将对制度的认识从由外向内看转为由内向外看,首先承认制度创新并不是简单外部设计和安排的结果,而是一个内生性的过程,是行动主体间相互博弈和作用的结果。因此,本书将运用新制度主义的制度创新理论和分析模型,以行动主体及其角色关系为切入点,梳理制度创新的主要路径和动力机制。不仅关注自上而下政府主导的制度创新,同样也关注自下而上教师主导的制度创新。唯有如此,才能全面理解当前大学教师发展在制度创新中所面临问题的实质和背后的根源,从而找到改进路径。

第三,从互构论的关系假定,呈现制度的创新过程。诚然,我国大学教师发展制度在创新或者说变迁中表现出强制性变迁特征,反映了国家意志下通过法律法规实施的演变。但这种制度化的过程并不是简单的单向路的、影响与被影响的关系,而是双向互构的过程。因此,本书基于这种互构论的关系假定,关注自上而下和自下而上两种动力机制在制度演化中的相互作用,关注大学教师发展场域中决定制度创新的其他变量及其相互合作、竞争和位置的变化等,揭示出各自制度要素背后的逻辑及其相互融合的可能性与实现机制。

第三章
大学教师发展制度创新的理论界说

　　大学教师发展制度,顾名思义,就是关于大学教师发展这一实践活动的制度。但很明显,这一常识性的理解并没有揭示出大学教师发展制度的实质,无法满足研究的需要。在新制度主义的话语体系中,制度被发展成一个更为复杂的范畴,是一个存在于不同层面,具有多种表现形态的概念。同时,大学教师发展在我国也是一个相对较新的研究领域,人们对其发展目标、发展内容和发展方式等基本问题的理解也并未达成一致。因此,为大学教师发展制度作出明确界定,无疑是一个艰巨却又十分重要的任务。为此,本章先从新制度主义的视角出发,对大学教师发展制度的内涵、外延和分析层次进行界定,以表明本书对大学教师发展制度这一主要研究对象的理解,并确定本书研究的边界。同时,根据研究目标,本章还确定了大学教师发展制度变迁的主要分析框架,共同构成进一步研究的基础。

一、大学教师发展制度的概念诠释

(一)大学教师发展制度的概念界定

　　概念是人们思考、对话和讨论的基础。只有先界定清楚自己所使用的概念内涵,才能明确我们在谈论什么,要表达哪种观念。只有在同样的概念理解之下,我们才能保证不会误解别人的意思,并确保自己所表达的观念准确到达别人那里。因此,对大学教师发展制度进行研究和分析,理应先对这一概念的内涵进行明确的界定。

但围绕"大学教师发展制度""高校教师发展制度"等核心概念在中国知网上对相关文献进行查阅后发现,研究者中除了牛风蕊、沈红将高校教师发展制度定义为"现代大学制度环境下,高等教育参与主体遵循的有关高校教师发展的规章或准则"外[136],其他学者竟无一对所使用的核心概念作出明确界定。大家虽然是在使用同一概念,讨论的却是不同层面、不同范畴的问题。例如,张德良、贾秀敏在《高校教师发展制度变迁与重建》一文中,主要关注了国家宏观教育体制层面关于教师培训、聘任和师资建设、队伍建设的法律、条例和政策;[137]毛亚庆、蔡宗模在《建国以来高校教师专业发展的制度审视》中,将大学教师发展制度简化为职称制度,主要是对我国高校的职称政策进行了历史分析;[138]龚春芬、李志峰在《学术职业专业化视角下大学教师发展制度的缺失与构建》中,则是从教师教育进修方案、教师专业发展组织、教师发展保障体系和大学教师发展评价四个方面论述大学教师发展制度。[139]此外,上述研究者虽然在制度分析中大多引入了新制度主义的强制性变迁、诱致性变迁、路径依赖等概念,但普遍将分析对象限定为法律、法规、条例等正式的制度,忽略非正式的大学教师发展制度,这显然不是对大学教师发展制度的全面概括。

按照逻辑学对概念内涵和外延定义的规则,只有全面把握概念的内涵和外延,才能正确地对概念作出界定。因此,本书主要从以下三个方面来理解大学教师发展制度这一概念。

---

[136] 同前注[122],牛风蕊、沈红。

[137] 参见张德良、贾秀敏:《高校教师发展制度变迁与重建——基于新制度经济学的视角》,载《现代教育科学》2009年第11期。

[138] 同前注[122],毛亚庆、蔡宗模。

[139] 同前注[130],龚春芬、李志峰。

第一,从其内涵定义的属概念——制度来看,本书依据新制度理论将其界定为一系列规则。确切地说,是人为设计或达成的,形塑人们互动关系的行为规则。这些规则"界定人们的选择空间,约束人们之间的相互关系,从而减少环境中的不确定性,减少交易费用,保护产权,促进生产性活动"。⑭⑩

第二,从其内涵定义的种差来看,大学教师发展制度区别于其他制度的特有属性,主要体现在其特殊的功用上。也就是说,大学教师发展制度是为大学教师发展这一实践活动的目的和功能服务的。一方面,大学教师发展的目标内涵非常丰富,具有动态的历史演变特征。正如高益民所说:"在不同历史时期和不同情形下,高校教师发展或侧重提高高校教师的研究能力,或侧重提高高校教师的教学能力,甚或包括促进教师的身心健康,促进教师职业生涯的完善以及提升教师的生活品质。"⑭⑪但另一方面,大学教师发展的核心结构和内容又是可以把握和概括的。解德渤在对国内外大学教师发展的概念进行解读的基础上,认为"就其结构而言,大学教师发展是高校教师在知识、技能、态度、行为等方面全面提升的教育过程"。⑭⑫也就是说,与其他教师制度相比,大学教师发展制度旨在实现教师在知识、技能、态度和行为等方面的提升。就内容而言,这些提升主要集中但不限于学科专业发展、教育教学能力发展等领域。

第三,从概念的外延来看,大学教师发展制度不是某个单一维度上若干同类制度的简单综合,而是由多重维度共同组成的制度网络或制度矩阵。这一矩阵中的制度虽然都共享同一概念特有属性,但又表现为不同的形态和载体。它们相互作用、相互制约,共同约束、规范、协调、引导了大学教师发展活动中各类主体的行为,共同塑造了大学教师发展的实际效果。以制度的三大主要类型和大学教师发展的四项核心

---

⑭⑩　同前注⑩,卢现祥,第 114 页。

⑭⑪　同前注㉑,王春玲、高益民。

⑭⑫　解德渤:《再概念化:大学教师发展的历史与逻辑》,载《教育学术月刊》2015 年第 10 期。

内容为依据,大学教师发展制度可以划分为以下多种类型(见表 3-1)。

表 3-1 大学教师发展制度的多维划分示例

维　度	规制性制度	规范性制度	文化—认知性制度
教学发展	教师岗位培训制度、青年教师博士后制度	教学规范、教师荣誉评比	对教师身份的认同、教师图示
专业发展	学历进修制度 科研成果奖惩制度	科研规范、学术共同体规范和专业资格认可	对学术研究人员身份的认同、学者图示
组织发展	教研室、学科组等基层学术组织建设制度	团队活动规范、学术团体规则	对组织活动的思维定式、团队活动图示
个人发展	师德修养建设要求	对个人全面发展的期望	对职业生涯的总体认知

当然,上述只是对大学教师发展制度的简单划分,并不能完全反映实践领域的真实图景。就现实中客观存在的各类制度而言,往往涵盖大学教师发展的多个方面或维度。例如,某一项教师培训制度可能既会涉及教学能力的培训,也会涉及学科专业能力的培训;一个良好的学术团队文化和交往模式,可能会同时对其成员的教学发展、专业发展、组织发展乃至个人发展产生积极作用。同时,规制性、规范性和文化—认知性制度,往往彼此交织,形成以其中一种类型为主要特征,其他种类为次要或辅助特征的混合型制度。

在厘清了大学教师发展制度内涵和外延的基础上,本书首先对内容广泛的大学教师发展制度作如下界定:大学教师发展制度是关于大学教师发展的一系列规则体系。从内涵来看,它通过对相关活动主体权力、责任、利益的规定来约束和引导各主体的行为,调整活动主体之间的关系,从而实现特定的大学教师发展目标。从外延来看,它是由各种具体的制度组成的制度矩阵,每个具体的制度都有不同的关注重点和表现形态。

(二) 大学教师发展制度的层次划分

在大学教师发展制度的界定中,不仅涉及制度的视角和维度,同时还涉及制度的场域和层次问题。因为制度不仅在横向维度可以划分为规制性制度、规范性制度和文化—认知性制度,在纵向维度也可以从宏观层面到微观层面划分为多个层次。确切地说,制度是在不同层次上运行的,各种制度在其对应的层次上借助媒介发挥作用。脱离了具体的分析层次谈制度,同样会在观察者和研究者中引起混淆和矛盾。因此,在确定了大学教师发展制度概念的内涵和外延后,本书还需确定所要关注的主要分析层次,才能真正定位研究对象的准确坐标。

根据斯科特的研究,他将制度分为世界系统、社会、组织场域、组织种群、组织和组织亚系统六个层次。在他看来,各主要制度理论根据其研究对象的不同,被应用于不同的分析层次。例如,历史制度主义主要在社会、组织场域和组织种群三个层次得到应用,新制度经济学主要应用于组织和组织亚系统层次,新制度社会学则较多地应用于世界系统、社会和组织场域三个层次。[13]

具体而言,制度分析所确定的研究层次是由其关注对象决定的。"区分研究现象层次的关键维度是研究现象所涵盖的范围,包括所涵盖的空间范围、时间范围或影响人数的规模。"[14]本书主要关注的是大学教师发展实践的各主体共同处于怎样的制度环境当中,在这些制度环境中他们如何做出决定,又如何反过来影响和改变了制度环境。其中,大学教师是大学教师发展的最终落脚点和最主要的主体。换言之,本书更为关注教师在其栖身与发展之所——大学组织中的主要行为,所以将研究层次主要定位于高校中的大学教师发展制度。

在高校这一层次中进行制度分析,并不意味着仅分析高校内部的各项制度。高校作为一种社会组织,既要处理内部的权力和利益关系,还要协调其与外部社会之间的关系。如果将高校作为制度运行的中观层面,那么在更为宏观的组织场域——社会层面,仍然运行着各种制度。这些制度作为维持高校与外部关系的规则和规范,是社会政治和

---

⑬⑭　同前注㉞,〔美〕W·理查德·斯科特,第95页。

经济制度的缩影,体现出明显的时代特征和国家烙印,主要涉及政府、市场、社会与高校之间的关系。[⑮]所以,我们在分析大学组织层面各实践主体的行为时,必然要体现已有的外部制度环境的影响。

(三)大学教师发展制度与其他大学教师制度的关系

在我国现行的关于大学教师制度的论著、文章和讨论中,各种称谓可谓繁杂、多样。诸如大学教师制度、大学人事制度、教师管理制度、教师资格制度、教师聘任制度、教师工作制度、教师培训制度、教师继续教育制度,等等。这些称谓都是在不同历史时期,由不同的部门主体针对不同问题而提出的工作术语,往往缺乏准确的定义,对它们之间的关系更是缺少清晰和统一的认识。例如,同样是教师管理制度,有学者将其与教师工作制度、教师教育制度(不包括职前培养)一起,作为教师制度的三个基本组成部分。[⑯]但也有学者将大学的教师管理制度基本等同于人事制度,作为一个具有统领性的概念,"几乎涵盖了大学中对教师管理的各个环节"。[⑰]因此,在确定了大学教师发展制度的内涵和外延,并将其定位于高校层次之后,我们还需根据一定的逻辑对大学内部的一系列制度进行归纳,辨析大学教师发展制度与其他相关制度的关系,这有助于我们进一步明确研究对象,避免混淆和混乱。

本书认为,在大学内部关于教师的各项制度中,大学教师制度可以作为一个统领性的概念,它接近但不限于一般的大学人事制度。相对于大学的教学制度、科研制度、学生工作制度乃至后勤保障制度而言,大学教师制度与大学教师的关系最为密切,它是指关于教师学术职业行为的一套规则体系,用以明确教师的责任、权利和利益,更加有效地处理教师与同事、学校乃至社会之间的关系。在大学教师制度概念下,这一规则

---

⑮ 参见吴艳茹:《寻路——制度规约下的大学教师职业生涯研究》,中国社会科学出版社 2013 年版,第 40 页。

⑯ 参见赵敏:《教师制度伦理研究》,社会科学文献出版社 2016 年版,第 29 页。

⑰ 齐泽旭:《新制度经济学视野下美国高等学校教师管理制度研究》,东北师范大学 2008 年博士学位论文。

体系还可以按照一定的逻辑关系进一步划分,具体包括以下几类制度:

1. 教师资格制度

教师资格制度是大学教师制度的基础,是由《中华人民共和国教师法》《中华人民共和国高等教育法》《教师资格条例》等法律法规明确规定的。根据我国关于教师资格制度的法律法规体系,高等学校实行教师资格制度,在其中专门从事教育教学工作的中国公民应当具备相应的条件,依据规定的程序参加考试和认定,依法取得资格。

2. 教师专业技术职务聘任制度

这是涉及面广、受关注度较高的教师制度,通常又被称为"职称(即技术职务的称号)制度",其具体的称谓和实施方式在中华人民共和国成立后都经历了曲折反复的过程。我国现行的专业技术职务正式制度,以 1986 年发布的《关于实行专业技术职务聘任制度的规定》为依据,通行的具体做法是:高校在上级主管部门核定的专业技术职务结构比例范围内,结合本单位专业技术工作需要,设置专业技术岗位;专业技术人员通过评审委员会评审,取得专业技术职务任职资格;高校在获得任职资格的人员中聘任。聘任职务有任期,在任期内履行职责,并享受相应的职务工资待遇。[148]

3. 教师发展制度

教师发展制度是高校提高教师学科专业水平和教学专业水平的重要环节。虽然我国是在进入 21 世纪以后才引入大学教师发展的概念,但在实质内容上切合大学教师发展特征的实践活动却一直存在,与其相关的制度通常表现为教师培养和培训制度。从实施对象上看,既包括一般教师,也有针对性的面向新任教师、青年教师和学科带头人,具体实施方式也灵活多样。

4. 教师考核评价制度

教师考核评价制度是大学教师制度的重要组成部分,是对教师完成工作任务的数量、质量、效率及态度等方面的考查和评定的各项制度的

---

[148]　同前注[132],毛亚庆、蔡宗模。

总称,其核心是对教师学术能力、学术水平及学术道德的评价。大学教师的考核评价结果通常会作为续聘、解聘、职务变动和奖惩的主要依据。

5. 教师工资福利制度

这类制度以教师职务制度为基础,是学校对教师所作贡献的肯定和回报。具体而言,教师的奖励制度、休假制度、医疗制度等都可以归入教师工资福利制度的范畴。

在上述五类大学教师制度中,虽然教师发展制度相对独立,但其他四类制度都会对其产生影响。例如,教师职务聘任制度虽然不是以促进大学教师的发展为直接目的,但由于它与大学教师在大学中的地位和待遇挂钩,因此在客观上成为大学教师发展的主要驱动力。大学教师的考核评价制度也对教师发展具有导向作用,其考核的价值取向和具体方式会影响大学教师发展的行为选择。此外,教师工资福利制度不仅从物质上对大学教师发展起到激励作用,还会影响大学教师对其学术职业的整体信念、理解与认知。这些理解、信念与认知又会构成大学教师发展制度中文化—认知性基础要素的组成部分。反过来讲,大学教师发展制度也会对其他制度产生重大影响。大学教师发展是高校软实力建设的重点,日益成为影响高校乃至高等教育整体发展水平的战略性要素。因此大学教师发展制度是高校的基础性制度,决定了大学教师制度体系的整体质量与水平,关系到高校发展的长远大计。

二、大学教师发展制度的主要功能

从系统论的角度来看,功能是对系统的外部描述,是以系统与环境的相互作用来描写系统的行为。[14]如果把制度看作一套规则系统,那么

---

⑭　参见[美]冯·贝塔朗菲:《一般系统论:基础、发展和应用》,秋同、袁嘉新译,清华大学出版社1987年版,第243页。

制度的功能就是指构成这一系统的要素及其内部结构与外部环境的相互作用，所呈现的系统行为功效和能力。新制度经济学对制度的具体功能进行了许多详细的论述，比如降低交易成本、提供行动信息、创造合作条件、约束主体行为和提供激励系统等。这些关于功能的论述大多比较直观、形象，带有工具性、途径性的意味。⑩从更深层次的概括来看，制度主要有两大基本功能：规制功能和建构功能。具有规制性功能的制度会影响"以前就存在的各种活动"，通过操纵奖惩与激励的各种规则系统，影响行动者追求其利益的行为；具有建构性功能的制度则会"创造某种活动的可能性"，通过赋予行动者某种角色，许可他们从事某些类型的活动。相对于规制性功能，制度的建构性功能是在更深的层次上运行，涉及各种范畴的设计和各种典型的建构，其实质是在创造社会实在。

大学教师发展制度作为制度的一个亚类或子集，也同时具有规制教师发展和建构教师发展两种功能。这两种功能有时同时存在于同一项制度中，其中一种功能占据主导位置，有时则完全分开。即使同一项制度，在不同的情景中也会产生不同的作用。具体而言，大学教师发展制度主要通过以下四个方面来实现规制或建构功能。

（一）确定教师发展的现实空间

限制是制度最为基本的功能。根据新制度经济学的假定，人都具有为自己谋取更大利益的行为倾向。如果没有制度的限制或约束，人就会采取各种手段来追求利益，从而造成行为的机会主义和交易成本的上升。大学教师发展制度的首要功能就是为教师行为划定界限，规定教师可以做什么和不能做什么。换言之，这条界限标志着制度内相关主体共同认可的行为准则，它决定了教师可以在多大程度上自由开展教学发展、专业发展、组织发展和个人发展等各类发展活动。在界限以内，教师的行为会受到鼓励和保障，一旦教师出现超出行为边界的行为，则会受到谴责和制约。对教师某一类发展行为的约束不仅来自此

---

⑩　同前注㊱，辛鸣，第115页。

类制度本身,也同时来自其他相关的制度。例如,一名热衷科研的教师在自身学科专业方面的发展也许符合学校相关的制度要求,但如果这种"过于热衷"影响了教学方面的工作,则通常也会面临一定的舆论压力乃至强制性要求,从而迫使教师对原有的专业发展行为作出调整。可以说,是各种大学教师发展制度的规则,共同构成了大学教师发展的现实活动空间。

与制度的三种基本要素相对应,制度通过划定边界限制大学教师发展行为的途径主要有三种。第一种是依靠外部权威作出规定,以条令的形式要求教师必须执行和服从。例如,教师参与岗位培训,一方面能够依据培训安排参与各项活动,享受相应的资源,另一方面则必须遵守相关的培训纪律,以培训制度所限定的方式、时间和空间完成培训任务。第二种是依靠习俗形成道德律令和行为规范,以学术伦理的力量约束教师的行为。例如,教师加入某个学术组织和学术团队,在依据团队的力量促进教学、科研发展的同时,也必须遵守本学科专业的学术规范和团队活动规范,履行与自身团队角色相对应的职责。第三种是依靠文化的力量形成教师的信念体系,以内化为教师的认知图式的方式约束教师的行为。这种约束最为隐蔽,甚至难以察觉,但也最为持久。教师在一定的文化背景下,会就"什么是好的大学教师""如何成为好的大学教师"等问题建构出其自身的认知框架和行为模板,依据这些行为模板在发展活动中作出视若当然的选择。如果违背了这些选择,就会感到困惑、混乱和迷失等。

大学教师发展制度通过确定教师的行为边界,决定了教师在多大的程度或多大的范围内能够满足其发展需求。以科斯(Coase)为代表的新制度经济学派对此有更为形象的表述:在既定的制度下面,"每个人不过是一只拴在树上的狗"。[51]因此,制度决定了教师的行为选择空间。制度越宽松、越具有弹性,教师受到的限制就越少,其发展需求就能得到更大程度的满足。如果在已有的界限内教师的发展需求越来越

---

⑤　同前注⑭,卢现祥,第140页。

无法得到满足,则制度创新的过程就将开始。因此,理想的大学教师发展制度,应该尽可能的扩大行为边界,给教师发展的积极性、主动性和创造性以充分的空间。

(二) 促进教师在发展中的合作

制度使复杂的人际交往活动变得更易理解和预期,也就使得人们之间的行为更容易协调。[152]因为在制度的约束和规范下,人们就遵守某种规则达成了共识,行为者不仅可以确定自己的行动方式与行动界限,还可以预期他人的行动。"如果其中任何一个行为者单独采取与众不同的行动,不管是他本人还是其他人都不会得到好处。"[153]

高校是一个兼具人才培养、科学研究和社会服务等多重功能的组织,大学教师也承担着不同的发展目标和发展任务。与经济活动类似,大学和大学教师的学术活动也具有高度复杂的相互关联性。唯有在一定的制度框架下,大学、大学教师个体及其群体才能在权利和义务等方面得到相对明确的划分,使大学教师的发展目标、发展手段,以及相应的发展效果之间形成固定、客观的因果关系。这种可预见的因果关系构成了一种稳定的教育秩序,使大学教师的活动避免了从众和无所适从,也为大学教师在发展活动中的合作创造了条件。

制度能够最大限度地减少阻碍合作的因素、促进主体之间的合作,依靠的是通过规范主体之间的关系,形成相对稳定的秩序。从历史演进的角度来看,秩序可以分为两种较为典型的形态:一是等级—分层秩序,二是多元—分化秩序。[154]等级—分层秩序以主体的逐层服从和依附为特征,主体之间形成了严格的尊卑贵贱等级划分,他们之间的分工与合作是在资源和地位的不平等分配下进行的。多元—分化秩序则以主体之间的相对自由和独立为特征,主体之间形成的是多元共存和平等交往的

[152]　同前注⑯,[德]柯武刚、史漫飞,第142页。
[153]　[美]布罗姆利:《经济利益与经济制度——公共政策的理论基础》,陈郁、郭宇峰、汪春译,上海三联书店1996年版,第51页。
[154]　同前注㊱,辛鸣,第118页。

关系,他们之间的分工合作是在自主选择、公平竞争的情况下进行的。

因此,大学教师发展制度构建了怎样的教育秩序,决定了大学教师之间,大学教师与大学之间,乃至大学之间形成怎样的合作关系。长期以来,教育领域通过制度设计在大学之间、教师之间人为形成众多的等级秩序,处于较高等级的大学和大学教师掌握了更多的资源,并且在分工与合作中处于主导和有利地位。与此同时,多元—分化秩序则发育不足,难以为大学教师之间形成自主、平等的合作提供有力支撑。理想的大学教师发展制度,应以形成大学教师之间的多元—分化秩序为目标,鼓励大学教师基于各自的兴趣、需求自主实施发展活动,选择发展项目。

(三) 为大学教师发展提供稳定的激励

激励可以分为两种类型,一种是随意的、偶然的激励,一种是通过制度安排形成的稳定的激励,后者对整个社会的影响更为深远。例如,如果没有专利制度,技术创新的回报仅是偶然的,通常可以被别人无代价模仿,那么今天的技术进步就会缓慢很多。制度能够传递提倡什么、鼓励什么或压抑什么等信息,以此规定人们的行为方向,影响人们的偏好和选择。大学教师也是在制度限定的范围内,参照制度提供的信息,作出从事何种学术活动的选择。教师所要获得的知识、技能,以及学术的种类,就蕴含于制度所能提供的激励当中。如果特定的制度安排强调科研产出,那么教师就会在科学研究投入更大的精力;如果制度安排加强对教学成就的激励,那么教师则可能会对教学工作投入更大的精力;如果学校对科研产出和教学成就同时进行奖励,教师则会综合各种制度安排来判断自己采用哪种选择更为合适。

因此,制度的有效性决定了教师个人选择的有效性,决定了大学教师发展的方向和效果。在一定意义上讲,如果大学教师发展在一定时期内没有满足高等教育发展的需要,那么就说明当时的制度安排没有为大学教师的发展提供足够的、有效的激励,没有保证大学教师能够通过发展得到最低限度的精神和物质上的收益和好处。

与传统经济学中将人类行为界定为追求财富最大化相比,新制度经济学对人类行为的假定更为接近现实。制度作为影响人类行为的主要变量,既可以激励人们追求财富价值,也可以激励人们追求理想、信念、意识形态等非财富价值。人们总是在一定的制度环境中,在财富价值与非财富价值之间进行权衡,形成自己的偏好和选择。一般来讲,非财富价值往往具有集体行为偏好。⑬特别是当追求财富价值本身需要付出巨大的代价时,或者只需要很小的代价就可以表达个人的价值观念与偏好时,非财富价值在个人的选择与决策中就会占有更加重要的位置。反之,如果实现非财富价值总是以牺牲个人的财富价值为代价,则其对人类行为的影响则会小得多。

理想的大学教师发展制度,应该在物质财富的激励和非物质财富的激励上形成合力,而不是与其相悖。大学教师发展制度应具有明确的价值内核,反映出制度制定者的价值选择。这种价值选择直接关系着教师核心能力的生成,凝聚着学校的价值观念、大学精神和大学文化,以此唤醒教师的生命意识,实现自主发展的目的。⑭大学教师发展制度还需关注和保障教师的物质财富价值,一方面,通过制度设计降低大学教师发展的"成本"。另一方面,确保教师在践行大学精神与大学文化的过程中收入不会受到损害,甚至会有所收益。

(四) 塑造大学教师发展的基本模式

关注制度对大学教师发展行为模式的塑造功能,主要来自制度研究中对文化—认知性要素的强调,这也是新制度主义理论最显著的特征之一。如果说前面两种功能都是制度通过提供相应的信息,引导大学教师进行外在的"成本—收益计算"而实现的,那么制度对行为模式的塑造则是一种内隐的、难以察觉的过程,而且这种功能一旦得以实

---

⑬　同前注⑭,卢现祥,第3页。
⑭　参见张德良:《关于高校教师发展新范式制度体系重建的思考》,载《教育与职业》2009年第30期。

现,影响更为持久和深远。文化提供了关于思考、情感和行动的共同模式。人们之所以会在大多数情况下遵守文化—认知性制度,是因为人们难以想到其他的行为方式。从某种意义上讲,人本身就是文化的造物。正如露丝·本尼迪克特(Ruth Benedict)所说:"个体生活的历史中,首要的就是对他所属的那个社群传统上手把手传下来的那些模式和准则的适应。落地伊始,社群的习俗便开始塑造他的经验和行为。"⑱

大学教师作为一类以学术活动为根本任务的群体,也是浸润在特有的各类亚文化氛围中的,如教学文化、学科文化、团队文化和院系文化等。这些文化作为一种社会实在,是客观的、外在于教师的符号系统。这些文化中更具嵌入式的部分(相对其他"鲜活"的文化,这部分文化更加稳固、不需维护)作为外在的文化框架,会内化为教师的认知图式,成为一定范围内教师群体的共同理解,从而使教师的行为方式具备相对固定的样态。这一过程事实上就是所谓的文化的制度化过程,也正如伯格(Burke)和凯尔纳(Kellner)所说的:"事实上,任何人类制度都是意义的沉淀,或者从另一个角度说,都是意义的结晶化和客观化。"⑱

与其他个体一样,教师及其群体很大程度上都会受到各种信念体系和文化框架的制约,同时也会接纳各种信念体系与文化框架。因此,关注制度对大学教师行为模式的塑造功能,就是要关注和培育大学教师的主流文化。只有当教师的行为选择与其所处的主流文化信念相亲近时,他才有可能感觉到自己是真正正确且重要的。试想,如果在教师群体内部普遍存在重科研轻教学的文化信念,那么即使有某个教师希望在教学上有所建树,且受到某项制度的激励,他也一定会在群体中感到格格不入,甚至被其他教师视为"异类"。同样,在一个普遍不重视专业研究的文化氛围中,某位教师在专注自己的专业学术研究时,也会显得形单影只,近乎自绝于"同类"。

---

⑯　［美］露丝·本尼迪克特:《文化模式》,王炜等译,生活·读书·新知三联书店1988年版,第5页。

⑱　同前注㉞,［美］W·理查德·斯科特,第66页。

　　总体而言,制度作为构成人与人之间相互作用关系的约束,其主要功能体现为"调节行为,规范关系,形成稳定的社会秩序和整合统一的社会力量,从而促使现实向人所希望的方向发展"。⑮上述大学教师发展制度的四种功能主要是从一般性的制度功能引申出来的。如果考虑到制度的多重层次和大学教师发展的多维内容,那么大学教师发展制度的功能会更加丰富和具体。即使是同样的制度内容,在不同的历史时期,或者对不同的教师群体,也会产生不同的效果。此外,大学教师发展制度还会与其他制度因素相关联,使预期目标的实现产生变数。因此,某项制度的规则是确定的,但其实现功能的效果却是不确定的。当制度功能的实现面临困境,出现所谓的"失灵"和"异化"等问题时,对现实不满的主体就会提出制度创新的要求。

三、大学教师发展的制度创新

(一) 制度创新的实质

　　前面已经论及,新制度经济学将制度创新理解为对现存制度的变革,其目的是能使创新者获得潜在收益。依据戴维斯、诺思的观点,出现制度创新的原因,是人们通过计算,预期到创新的净收益将大于创新的成本,而这些收益在现有的制度框架下是无法实现的。也就是说,只有主动改变现有制度中阻碍创新的因素,才能获得未来的收益。⑯

　　因此,想要理解大学教师发展制度创新的实质,需要先明确人们希望通过大学教师发展活动获得哪些收益。如果回归大学教师发展的学

---

⑮　同前注⑭,卢现祥,第136页。

⑯　参见 L.E. Davis & Douglass C. North. *Cnstitutional Change and American Economic Growth*, Cambridge University Press, 1971, p.10。

术本原,那么大学教师发展主要有两个目标,其直接目标是"开发大学教师素质",终极目标则是建构学术职业的专业特性。[⑩]换言之,大学教师发展有两个层面的目标,一是大学教师的发展,包括大学教师个体和相关群体在能力上的提升;二是大学教师学术职业的发展。学术职业(academic profession)属于专业的范畴,表明大学教师是一个以学术活动为工作内容的专门职业。大学教师发展制度的创新也应以在这两个方面取得更大的收益为目标。良好的大学教师发展制度,既能够通过推动教师发展实现学术职业的整体提升,又能推动教师更好地投入学术职业当中,在对学术职业专业特性锲而不舍的追求中实现自身的发展。

但是在现实实践中,大学教师发展在更广阔的范围内与人们的诉求联结在一起。"大学教师发展既是目标,又是手段;既是过程,又是结果;既服务于教师个人,又有利于大学组织管理。"[⑫]一个由大学管理层设计的教师发展项目,可能是基于挖掘人力资源价值的考虑;一个学术团体设计的项目,则可能是侧重于提高教师对学术发展的适应能力。特别是随着外部政治制度、经济制度以及宏观教育制度的变化,政府、高校、大学教师以及其他利益相关者都会从自身利益出发,对大学教师发展提出新的要求,大学教师发展制度必然要进行相应的变革。

从一定意义上讲,是制度创新推动大学教师发展的目标和方式不断发生演变。大学教师发展制度创新的实质,就是通过调整、完善、改革和更替原有的制度,解决制度供给不匹配、不协调和不充足的问题,使大学教师在新的制度环境中能够更好地在知识、技能、态度和行为等方面得到提升,从而更好地履行学术职责,满足各类主体对学术职业的期待。需要看到的是,在不同的历史时期,各利益主体对哪些是大学教师的首要职责,如何才能更好地履行职责等核心问题会有不同的观点。即使在同一历史背景下,不同利益主体从自身立场出发,其观点也未必一致。因此,在制度创新的过程中,参与创新的各个主体基于自身立场

---

⑩ 同前注㊺,[日]有本章,(中文版序)。

⑫ 同前注㊆,周海涛等,第1页。

和观点的不同,存在着既冲突又合作的关系,这种冲突与合作恰恰为制度创新提供了空间和可能性。

(二)大学教师发展制度创新的主体

要想从根本上解释制度创新的内在机制,提升对制度创新理论的认知程度,首先要将制度创新的主体置于核心地位。任何制度创新都是特定的主体出于某种利益动机,在一定的思想指导下进行的。正是基于对制度主体的划分,制度创新(变迁)的过程被分为强制性创新(变迁)和诱致性创新(变迁),制度创新的主体还被进一步区分为"第一行动集团"和"第二行动集团"。

一般而言,制度创新的主体不外乎三种:政府机构、团体和个人。具体到大学教师发展的制度创新,依据各类主体在利益、权能和行为方面的差异,主体可以分为政府、高校和大学教师三个类型。这三类主体分别反映了制度创新的宏观、中观和微观三个层面,具有不同的行为特征,适用于不同的制度形式(见表3-2)。

表3-2 大学教师发展制度创新的三元主体

	政　府	高　校	大学教师
具体划分	中央政府/地方政府	重点高校/地方高校公办高校/民办高校	精英群体/普通教师不同学科、课程的教师不同学历教育层次的教师
规则制定者	政府官员、专家	大学校长、职能部门、院系领导、教师	学术精英、普通教师
制度形式	规制性制度规范性制度	规制性制度规范性制度文化—认知性制度	规范性制度文化—认知性制度
制度传递形式	法律、法规权力系统管理惯例	校内规定/规范性期待校内行政系统典型、管理惯例	价值观、认知图式权威系统、组织同形典型行为
创新路径	自上而下	自上而下自下而上	自下而上
首先受益者	全体教师	本校教师	教师本人及所在的团体

一是政府。政府又有中央政府和地方政府的层级。在我国的高等教育管理体制中,中央政府是制度创新的首要推动者,有着天然的优势。地方政府通常成为中央政府所制定制度的执行者。由于制度创新往往需要付出巨大的成本,或者在取得预期收益方面面临各种障碍,除了政府以外,其他团体和个人往往都难以承担这种成本和风险。此外,在理想状态下,政府通过推动制度创新所取得的收益也将由全体教师共同享有,而不是被特定区域、高校的教师或某些教师团体独占,这也增强了政府作为教师发展制度创新首要推动者的合法性。从中华人民共和国成立初期学习苏联模式,在高校内部建立了校(院)—系—教研室结构,形成了新的人事和教学科研制度,到 20 世纪 80 年代在重点大学建设高校师资培训中心,通过进修班、在岗培训和定向培养等形式开展教师培训,再到 20 世纪末出台"跨世纪优秀人才计划"和"高层次创造性人才工程",直至 21 世纪在高等学校推行教学发展中心建设,我国的大学教师发展制度创新始终表现出明显的政府主导的特征,是在政府的强制推行下完成的。

二是高校。高校作为一种典型的社会组织,是社会系统中的一个基本单元。追溯大学的起源,原本就是仿照工商业行会而建立的保护知识分子自由研讨的学术团体,因而又被称为"学者的行会"或"知识分子的城镇"。随着历史的演进,大学在规模、形态和功能等方面都发生了巨大的变化,其与外部的利益联系更加广泛和密切,内部各主体之间的矛盾和冲突也更加丰富、激烈。高校在大学教师发展制度创新方面既有自己的利益诉求,又被其他主体所期待。它既是大学教师发展制度创新的主要供给者,同时也是制度创新的需求者。从历史的经验看,经常出现以校长为代表的精英人物大胆推进某项制度,从而推动大学教师发展,乃至高校整体发展的情况。例如,19 世纪推动德国大学教师制度创新的洪堡、费希特等;20 世纪初为美国大学教师制度奠定基础的一批"巨人式"校长:约翰霍普金斯大学校长吉尔曼、芝加哥大学校长哈珀、哈佛大学校长艾略特等；20世纪上半叶对中国大学发展产生深远影响的蔡元培、梅贻琦、罗家伦等。⑯原华中工学院（现华中科技大学）校长朱九思在一篇回忆文章中也提到，在20世纪70年代"文化大革命"期间，学校顶着压力采取了"广积人"的措施，把大量用非所学，被闲置甚或受迫害、遭打击的教师和科技人员调到学校。这些人"来校都有了一展才能的岗位，很快成为教学和科研中的一支重要力量"，适应了"文化大革命"后学校发展的需要。⑯

三是大学教师。大学教师不仅是制度的被动接受者，同时也是制度创新的重要参与者。长期以来，大学教师被看作制度约束的对象，但事实上，大学教师在被约束的同时也在发挥主动性。他们与制度之间不是单向的约束关系，而是双向互动的。一方面，制度外在于教师而存在，限制了教师的行为边界；另一方面，这些外在的制度又成为教师参与制度创新的前提条件。当制度与教师的预期不符时，具有有限理性的教师会采用多种态度和方式来对待制度，甚至"操纵"制度。教师有意图行动所引发的各种意料之中或意料之外的后果构成了制度变迁的基础。⑯当制度环境发生变化时，教师的行动后果往往会成为各方推动大学教师发展制度创新的主要理由。例如，20世纪50年代，我国基本照搬了苏联的高等教育与科学研究相分离的模式，主要在科学院系统开展科研工作，大学的主要任务是从事教学工作。在随后持续不断的教育革命运动中，大学教师的科研工作更是几乎陷入了停滞。尽管如此，仍有大批教师出于报国之心和对科学的极度热爱，在极端困难的条件下开展了科研工作。在1978年召开的全国科学大会上，清华大学有77项科研成果获得国家级或省部级奖项，其中有些工作就是在"文化大革命"期间开始的。当时的华中工学院也在1971年到1976年间进行了393项科研项目，有25项填

---

⑯　同前注⑭，吴艳茹，第240页。

⑯　朱九思：《文革后中国第一所实行改革的大学》，载《高等教育研究》2003年第5期。

⑯　同前注⑭，吴艳茹，第241页。

补了国家空白,并在 1978 年的全国科学大会上获得了"全国科学研究先进集体"的称号。⑯正是由于大学教师在当时的主流政治高压下取得了这些科研成果,与改革开放初期对国外高水平大学的考察相互印证,促使一些高校认识到"科学研究要走在教学前面"。党和国家领导人提出了"重点大学既是办教育的中心,又是办科研的中心","高等院校,特别是重点高等院校,应当是科研的一个重要方面军"等重要观点,为恢复和加强高校科研工作奠定了基础。⑰

(三) 大学教师发展制度创新的动力机制

既然大学教师发展制度创新的实质,是解决制度供给与制度需求之间的不均衡问题,实现大学教师更高质量的发展,那么当相关主体对预期净利益产生新的期待,从而提出制度创新的需求时,这种需求如何转变为新的制度呢? 这事实上是大学教师发展制度创新的动力机制问题。

1. 推进制度创新的两种解释

新制度经济学对"制度创新"的分析都是围绕"获利"这个关键词展开的。事实上,由于制度创新"既是一个经济范畴,也是一个社会关系范畴。既包括经济领域或企业的制度创新,也包括整个社会的各个具体领域和各团体的制度创新"。⑱因此从更广阔的社会关系来看,制度创新所谓的"获利"绝对不仅限于对经济利益的重新调整,还涉及对人们的权力、价值、文化观念的重新调整。这种经济、权力、价值和文化观念的调整由谁提出和发起,成为搭建问题分析框架,解释制度创新动力机制的逻辑原点。

从学理的视角分析"制度创新何以发生"这个带有本原性质的问题,大致分为两类解释路径。一类解释路径认为,制度创新是制度主体

---

⑯　同前注⑭,朱九思。

⑰　参见顾建民、王爱国:《我国高校科研体制改革 30 年——成就与经验、问题与展望》,载《中国高教研究》2008 年第 9 期。

⑱　傅大友、芮国强:《地方政府制度创新动因分析》,载《江海学刊》2003 年第 4 期。

基于自身需要，自下而上提出并推动的。持这种制度创新观的人认为，制度创新是行动者出于应对那些没有"预定"方案但又重复发生的问题的需要才精心制定的。这类制度创新通常被称为需求主导型制度创新。另一类解释路径则与此相反，认为制度创新是由政府或其他"占据制度化角色"的行动者自上而下设计和推动的，通常又被称为供给主导型制度创新。例如，供给主导型制度创新的首要推动者是政府。上一级政府作为制度的发起者和制定者，承担改革的风险，而下一级政府及行动者只是制度的组织者、实施者和承担者，不具有主动性。又如，在一些专门的行业领域，特定的专业人员会认为自己在"从事伟大的理性化工程"，通过这一工程，将越来越多的社会生活领域纳入普遍性的原则和程序当中。包括许多专业协会、非政府组织、基金会等，都会成为某些规则、原则的传递者、推广者。在他们看来，这些普遍性的原则和程序具有"适应性"，是"现代化"的必然要素，而不管其他行动者是否需要或想要这样的规则。

本书认为，将制度创新的动力机制简单归纳为自上而下的供给解释和自下而上的需求解释，尚有待商榷。因为政府或其他"占据制度化角色"的非政府组织和专业组织也并非绝对价值中立的。他们设计某种制度往往并不是绝对地出于对某种"适应性"规则和程序的追求，而同样是出于对自身利益或价值观念调整的需求。不管是哪一类制度创新，出自某种利益调整的"需求"都是其动力原点。即便持有供给解释制度观的学者也承认，"那些普遍性的规则、原则、程序的传递者与实施者，常常必须通过使那些潜在的采纳者相信自己存在某种问题，才能开始他们的工作"。尽管如此，上述将制度创新分为自上而下和自下而上两种路径的问题分析框架仍然是非常有益的，有助于我们对各种制度创新的原动力、过程和特征等作出分类和解释。

具体到大学教师发展的制度创新，中华人民共和国成立初期，大学教师发展制度创新主要呈现自上而下的政府主导型特征。大学教师发展的目标、形式和内容都非常单一，且主要是以政府行政管理方式运行的。政府是大学教师发展制度的主要供给者,大学教师以"单位人"的身份"依附"高校,并基于这种"依附"获取某些基本生活上的稳定和"满意度"。在这种外部制度环境下,部分大学教师或因为这种"满意度"失去了主动提出制度需求的动机,或者"非自愿地放弃某些自愿"。因此,我国的大学教师发展制度在制度供给和制度需求之间,有时呈现出一种制度短缺状态下的强制均衡状态。

随着我国由计划经济体制向市场经济体制的转型,特别是高等教育体制改革的不断深入,这种强制均衡状态势必被打破。首先,政府自身的观念发生了变化。政府从推动社会转型发展的目的出发,对高等教育发展和大学教师发展都提出了新的要求,逐渐重视教学发展、科研发展。其次,大学的自主发展意愿不断增强。随着办学自主权不断扩大和高校之间竞争的日益激烈,高校这一制度创新的主体也更加重视潜在的获利机会,更加重视大学教师在提升大学声誉和竞争力中的重要作用,进而对大学教师发展制度提出新的变革需求。最后,更为重要的是大学教师的觉醒。随着办学权力从中央政府向地方政府乃至大学的下放,办学资源流动性的加剧和高等教育大众化时代的到来,大学教师的主体地位得到了凸显,面临的任务环境更加多元。这不仅增强了大学教师在制度创新中的"议价能力",也加速了大学教师群体内部的分化,使得大学教师对制度创新的需求更加迫切和多样化。

2. 制度创新的动因结构分析

依据上述学理上的分析可以得出结论,不管是自上而下的制度创新还是自下而上的制度创新,都是以某些客观需要或潜在利益等主体"需求"为动因的。但是如果要继续追问"需求从何而来",或者说"制度创新的动力源泉到底来自何处",则需要回到实实在在的制度创新案例和实践当中去进行分析。

需要指出的是,每一项具体的制度创新都产生于具体的教育情境当中,是当时当地各种必然性动力因素和偶然性动力因素共同作用的结果。其中,大学教师发展制度创新的必然性动力因素反映了大学教师发展自身合乎内在规律的、坚定不移的趋势,诸如追求学术自由、主体性发展、重视团队合作、强调实践性智慧等,这是推动大学教师发展制度创新的根本动力,决定了制度创新的方向。与此同时,大学教师发展制度创新还具有许多偶然性动力因素。由于地方区域发展水平、高校发展差异,乃至一些关键事件的出现或重要人物的推动,使得大学教师发展制度创新呈现出偶然性和差异性。各种动力因素交织在一起,共同构成了大学教师发展制度创新的动力结构。例如,改革开放至今的 40 余年间,我国的留学和海归潮流发生了巨大的变化。据统计,"在目前的国家重点项目学科带头人中,超过七成是海归"。[169]2011 年,我国 115 位"211"大学的校长中超过 1/3 拥有海外(含港澳台)求学经历(获得学位)。[170]可以说,归国留学生成为提升大学科研水平的一支骨干力量。在先后形成的留学潮和归国潮中,对外开放、人员流动的历史趋势和旧制度之间的张力共同塑造了每一轮政策的开放和收缩,制度设计者、执行者个性化的偶然因素则加速或延缓了新制度的形成和实施。如果说改革开放初期留学政策的推动,受益于一批海外华人科学家和国家领导人[171],那么近十年来海归潮流的涌动则又受到国内宏观政策、科研条件、人才环境等多种因素的影响。

制度创新的动力因素大小不同、来源多样,且在不同的制度层面发挥着不同程度的作用。聚焦到高校层面的大学教师发展制度创新,其动力因素可以概括为外部动因和内部动因两个方面。

社会环境变迁是大学教师发展制度创新的外部动因。高等学校是社会系统的一个组成部分,同样受到外部政治、经济、文化发展的影响。在一定意义上,大学教师发展制度创新是与社会变迁同步的。就外部

---

[169]　崔大伟:《留学与海归背后的制度变迁》,澎湃新闻,2018 年 5 月 25 日,https://www.thepaper.cn/newsDetail_forward_2119827。

[170]　郭俊、孙钰、黄鑫:《中国大学校长教育学术背景研究——以 115 所"211 工程"大学校长为例》,载《中国高教研究》2012 年第 8 期。

[171]　1978 年,邓小平在谈到清华大学问题时提出留学生"要成千上万的派,不是只派十个八个"。在邓小平的号召下,教育部放弃了此前原定的派遣 200 名留学生的计划。以此为分水岭,我国的留学生数量此后直线上升。

环境而言,影响高校大学教师发展制度创新的动力因素主要体现在三个方面。第一,社会思想观念的转变,为大学教师发展制度创新提供了新的价值标准。这些新的价值标准影响了各种收益在行动者心中的权重,推动他们采用新的标准重新计算在已有的制度安排结构中无法获取的利润。例如,在20世纪90年代初意义深远的知识分子"下海潮"中,虽然"下海"的具体原因多种多样,但根本原因是在市场经济冲击下,高校和教师的传统价值体系发生转变。曾有武汉某高校8名教师在学校支持下集资开设了"老九饭庄",声称"这非但不影响本职工作,而且更有利于理论联系实际地搞好教学"[12],而在之前这是难以想象的。第二,高等教育权力的下放以及对高校绩效问责的推进,成为大学教师发展制度创新的动力基础。自中国改革开放以来,不断扩大高校自主权成为中国高等教育改革的一个基本趋向,客观上为高校基于自身实际,进行包括大学教师发展在内的各项制度创新提供了一定的空间和动力。同时,与扩大办学自主权相伴随的是政府、社会对高校办学的绩效问责。这种问责的压力也促使高校加大制度创新的力度,以激活教师的学术活力。第三,高等学校之间日益激烈的竞争,为大学教师发展制度创新提供了新的动力。在竞相争取办学资源和提升学校声誉的背景下,高等学校普遍给予大学教师这一办学主体高度的关注。为了应对日趋激烈的高校竞争,各类高校都需要设计和实施新的大学教师发展制度,以提升本校教师的学术水平,乃至吸引校外优秀的教师,从而形成学校发展的持续性竞争优势。一项好的教师发展制度被创造出来且被证明行之有效后,通常又会被其他高校学习、效仿和改进。

制度缺陷是大学教师发展制度创新的内部动因。大学教师发展制度创新既是需求驱动,同时又是问题导向的。因为依据制度创新的动力机制,人们都是在重复面临某项问题,而在这些问题于现有制度框架

---

⑫　歌耶:《世纪末的浪潮——"92·93"中国下海大回眸》,青海文艺出版社1993年版,第120页。

下难以得到有效解决的情况下,才对创造新制度提出需求。否则,即使外部环境发生变化,如果现有制度仍处于运转良好的均衡状态,政府、高校乃至教师等各类行动者也不会主动地改变制度。因此,大学教师发展制度创新的内部动因,在于其在应对教育乃至社会发展问题时所暴露出来的制度缺陷。

制度缺陷主要通过两个方面暴露出来。其一,高等教育的不断向前发展,对大学教师发展提出新的问题和要求。以美国的大学教师发展制度演进为例,随着研究型大学的兴起和学术职业专业化进程加速,早期的大学教师发展制度以源自哈佛大学的"学术休假"制度为代表,重视教师的"专业发展",以帮助大学教师更好地适应当时所面临的专业知识更新与分化。20 世纪 70 年代以后,在财政紧缩、"学生消费者至上"等种种因素的推动下,学生发展和教学质量开始受到关注[13],大学教师发展的重点开始从"专业发展"转向"教学发展",教师发展机构和发展项目大量出现。其二,随着专业发展理论、学术职业理论和成人学习理论等相关理论的不断发展,在新知识和新视角下现有的大学教师发展制度暴露出新的缺陷。人们对大学教师发展的观念和认识发生更新和转变,从而对完善、更新已有的大学教师发展制度提出要求。例如,1990 年美国卡内基教学促进基金会主席博耶提出了教学学术的思想。这一思想一经提出,就在世界范围内形成了研究与讨论的热潮,并对大学教师发展产生了重要影响。这些影响包括:将大学教学提高到理论上几乎与科研平分秋色的高度;一些校外机构也开始关注大学教学,重视教师教学方面的发展;推动教学学术相关研究,提醒大学教师开始研究自己;促使大学进一步思考和处理好教学和科研的关系,使之良性发展,等等。[14]

3. 制度创新中的基本周期

制度创新由产生动因到形成新制度,需要动力机制的支持。动力

---

⑬　同前注㊷,王立。
⑭　同前注㊺,吴振利。

机制是一个完整的动力反应和作用链,"是一个或多个制度创新主体接受外部刺激后,形成制度创新的动力,并经过动力的转换和贯彻,最终完成制度创新,动力得以终止的全过程"。[⑮]因此,制度创新作为一个动态过程,其基本周期应包含动力形成、动力转换、动力贯彻和动力稳定四个基本的逻辑阶段。

第一,动力形成阶段。依据前面的论述,制度创新的动因包括外部动因和内部动因,这其中既有必然性因素,又有偶然性因素。由这些动因所触发的实践问题未必都导致制度创新的产生。马克·萨奇曼(Sunchman)就新制度安排得以产生的各种条件进行了分析[⑯],他认为,只有当一个问题重复出现,而现存的制度又对这个问题没有提供令人满意的应对措施时,行动者才会对这个问题进行理解和诊断,然后试图提出新的解决方案。对于政府主导的自上而下的制度创新而言,这种行动者的认知往往是集体理解活动,而对于教师主导的自下而上的制度创新而言,这种认知则可能仅仅是某个个体或群体的理解。运用新制度经济学的观点来看,这一阶段所出现的现有制度安排下无法解决的问题,其实质就是在制度非均衡状态出现了潜在利益(外部利润)。这种情况下,采用新的规则解决重复出现的问题,以获取潜在利益在所难免,制度创新进入第二阶段。

第二,动力转换阶段。动力转换主要是设计和选择制度方案的过程。[⑰]不管是政府还是高校和教师,各类主体都是从各自的立场和角度提出制度设计方案,都是他们依据成本—收益分析权衡后的结果,目标是实现各自利益的最大化。因此,当存在多个制度设计方案时,制度创新的主体还需在多项方案中进行"成本—收益"的计算和比较,从中选取净收益最大的一个制度设计方案。当然,采纳预期收益最大的制度安排,往往只是一种理性的预期分析。在实际的制度方案选择中,制度

---

⑮ 傅大友、宋典:《地方政府制度创新的动力机制研究》,载《苏州大学学报》2004 年第 1 期。

⑯ 同前注㉞,[美]W·理查德·斯科特,第 113 页。

⑰ 同前注⑮,傅大友、宋典。

主体还需考虑其方案的可实施性和可控制性。相对来说,政府、高校、教师在成本—收益计算的复杂程度上依次递减。政府要通盘考虑政治、经济、社会等多个方面的效益,平衡不同阶层和利益团体的需求。极端情况下,"如果制度创新会降低执政者可获得的效用或威胁政权的稳定时,政府会维持那种无效益的制度非均衡"。⑩

　　第三,动力贯彻阶段。动力贯彻阶段就是要把关于新制度安排的设计方案转化为行动。制度创新的动力贯彻通常需要三方面条件。其一,选定的制度方案需要得到其他行动者的认可,使其具备合法性和权威性。不同的制度形式获得合法性的基础也有所不同。政府或高校设计的制度,主要是规制性制度,以法律、法规和管理规定的形式公布;协会、学术团体设计的制度通常以规范性制度为主,会对团队成员形成道德上的支配和压力;大学教师自下而上形成的制度,则主要以其他行动者认可、理解的方式获得合法性。其二,选定的制度方案需要形成实施机制。实施机制是新制度形成秩序的基础。不管是哪一类制度,都需要实施机制来确保其规则得到贯彻实施,使行动者违反新制度的行为成本抬高。其三,各项制度要素之间的相互支持。就同一项制度主题而言,规制性、规范性和文化—认知性制度之间存在一种张力,并且相互支持和相互制约。只有在彼此支持、相容的情况下,新制度安排的实施才能减少阻力、发挥作用。1993 年,诺思在获得诺贝尔经济学奖发表演讲时就指出,离开了价值观念、伦理规范、道德观念和意识形态等非正式约束,将成功的西方市场经济制度的正式政治经济规则搬到第三世界和东欧,就不再是取得良好的经济实绩的充分条件。这一论断同样适用于大学教师发展制度的创新。以同行评议制度为例,这一制度最早发端于 17 世纪,最初是用于审查稿件的一种制度,随后渗透到所有与学术评价有关的活动环节之中,成为学术发展的一个关键性制度环节。目前,同行评价制度在我国也已经成为教学和科研领域认可的学术活动通则,但相关经验研究却显示其效果并不尽如人意。教师

---

⑩　同前注⑰,傅大友、宋典。

对学术资源占有与学术能力间的匹配关系、学术奖励含金量和课题资助获得资格等信任不足。[19]

第四,动力稳定阶段。在制度创新的动力得以贯彻实施后,各行动主体之间在权利利益上实现了新的界定,制度创新的动力就会终止。在这一阶段,各行动主体会对各自的收益进行评估,如果实际结果达到了预期目的,则会采用各种方式巩固新的制度。这些方式不仅包括形成新的教师发展组织、学术组织、治理系统和权力体系,还包括新的教师评价标准、发展程序、学术规范,以及赋予教师新的身份等。当新的规则通过文本、组织管理系统和程序、惯例等稳定下来后,意味着制度由非均衡状态再次进入均衡状态。

总体而言,制度创新是由一个又一个的循环组成的,每一个循环都包括动力形成、动力转换、动力贯彻和动力稳定四个基本阶段。当然,这四个阶段的划分主要是按照逻辑发展的顺序从理论上进行分析,现实中的制度创新更加复杂。就大学教师发展制度创新来说,即使在同一过程中,各制度创新主体的角色和地位也可能发生变化。例如,某项能够取得良好预期的规则程序可能先是由高校或教师发现的,政府在发现这一新制度安排的价值后,加以"更加彻底的理论化",以更大的权威推行这一制度安排并赋之以权威的法律地位。这一路径在相反的方向同样可以成立。总之,大学教师发展制度在现实中存在不同的路径选择,其发展方向取决于主体间基于各自利益的互动和博弈。

---

[19] 参见阎光才:《精神的牧放与规训:学术活动的制度化与学术人的生态》,教育科学出版社 2011 年版,第 89 页。

第四章
大学教师发展制度创新的双重路径

制度创新是由相应行动主体推动的。不同的主体决定了制度创新的方式、途径和内容的不同。以发起主体来划分，大学教师发展制度创新基本可以分为政府主导型和教师主导型两种路径。本书主要从制度逻辑和扩散机制两个方面对这两种路径加以阐释和说明。

一、政府主导型制度创新

中华人民共和国成立以来，政府一直是大学教师发展制度的主要供给者。在 70 余年的发展历程中，大学教师发展制度也和高校其他学术管理制度一样，深受社会宏观制度的影响。政府在主导大学教师发展制度创新中，所遵循的制度逻辑和所采用的扩散机制都经历了转换。

（一）制 度 逻 辑

"制度逻辑"这个概念最早是由弗里德兰（Friedland）和阿尔弗德（Alford）引入制度理论的，被用来刻画现代西方社会中内在的矛盾性实践和信念。⑱桑顿（Thornton）和奥卡西奥（Ocasio）进一步拓展了这一概念，将制度逻辑定义为："由社会建构起来的关于物质实践、假设、价值、信念以及规则的历史模式，个体通过这些模式生产和再生产他们的物质生活，组织时间和空间，以及为他们的社会现实赋予意义。"⑱正是制度逻辑诱发和塑造了相应的行为方式。例如，在国企改制过程中，不难看到各种制度逻辑的参与——国家对资源控制的逻辑、公共资产分配的逻辑、相关领域中既得利益集团的行动逻辑，以及企业内部员工的行动逻辑。⑱中华人民共和国成立以后，我国政府在大学教师发展中的行为同样受到某些制度逻辑的塑造，并且经历了从政治合法性逻辑到市场效率逻辑的转换过程。

1. 政治合法性逻辑

从 1949 年到 1976 年，我国政府对高校的制度建设大致可以分为学习苏联阶段和以苏为鉴的阶段。刘少奇在中苏友好协会成立大会上明确提出了要"以俄为师"⑱，学习苏联经验成为中华人民共和国成立初期我国高等教育制度建设的基本方针。所谓的苏联高等教育模式的特点是：大学是国家事业的一个组成部分，大学的任务是为无产阶级国家政权服务；大学组织是"大学—系"的双层结构，系内设专业、教学研究组；教学制度以专业为中心，按照统一的教学计划开展教学活动；高度重视政治课教学。⑱

对苏联模式的借鉴在"三大改造"结束后开始受到质疑和批判。1957 年至 1958 年，毛泽东提出要加强党的领导和开展思想政治教育。

⑱　参见毛益民：《制度逻辑冲突：场域约束与管理实践》，载《广东社会科学》2014 年第 6 期。

⑱　同前注⑱，毛益民。

⑱　参见周雪光、艾云：《多重逻辑下的制度变迁：一个分析框架》，载《中国社会科学》2010 年第 4 期。

⑱　参见《中华人民共和国教育大事记(1949—1982)》，教育科学出版社 1984 年版，第 4 页。

⑱　参见胡建华：《现代中国大学制度的原点：50 年代初期的大学改革》，南京师范大学出版社 2001 年版，第 283 页。

迈斯纳(Meisner)认为,"这种为经济而建构的体系所产生的社会结果与政治结果,与毛泽东对未来的设想是不一致的"。[185]

在1958年至1960年,高等教育领域开展了以教育与生产劳动相结合为中心的改革,强调高等教育的政治方向。在中共中央国务院发布的《关于教育工作的指示》中指出"党的教育工作方针,是教育为无产阶级的政治服务,教育与生产劳动结合;为了实现这个方针,教育工作必须由党来领导"。[186]

因此,包含大学教师发展在内的制度建设,主要体现了政治合法性逻辑的强势主导特征,即以特定的政治目的为出发点,强调通过对教师政治身份的赋予和行为约束来形成政治认同和归属感,确保教师的观念、行为与社会主流意识形态保持一致。依据政治合法性的逻辑,"政治可靠"是高等教育质量的重要维度,高校教师发展政策首先注重保证大学教师的政治方向不发生偏移。[187]国家对大学教师等知识分子的政策价值取向:给青年知识分子和旧知识分子以革命的政治教育,以应革命工作和国家建设工作之需要。依据这一方针,高校普遍设立了政治辅导处,作为加强教职工政治理论教育的专门部门。

早在中华人民共和国成立初期,教师的思想政治工作就被提到了至高的地位,其主要模式就是通过对教师进行系统的马列理论教育、形势与任务教育和道德品质教育,使教师形成正确的世界观、价值观,形成正确的立场和观点,形成正确的道德意识和其他社会意识,从而更加自觉、主动地努力工作,为培育新生一代奉献力量。[188]例如,当时的《光明日报》1952年11月19日文章指出,"学习苏联的过程就是思想改造的过程""教师学习苏联的教育理论、教学方法和先进经验的过程就是

---

⑱　莫里斯·迈斯纳:《毛泽东的中国及后毛泽东的中国》,杜蒲、李玉玲译,四川人民出版社1989年版,第361页。

⑱　中国教育年鉴编辑部:《中国教育年鉴(1949—1981)》,中国大百科全书出版社1984年版,第688页。

⑱　参见尤伟:《我国高校教师发展制度的演变与优化》,载《扬州大学学报(高教研究版)》2016年第6期。

⑱　同前注⑯,赵敏,第143页。

思想改造的过程"。在这种形势下,当时许多大学教师纷纷作出自我反省和检讨。这种以思想改造为主要内容的教师发展观,在"革命教育模式"下愈加走向极端。在当时教育领域推行的"七·二一"大学经验强调,学校要让有经验的工人当老师,工人上讲台。

思想改造为主要内容的大学教师发展观必然体现到当时的具体制度当中。以与大学教师发展密切关联的专业技术职务评聘制度为例,作为中华人民共和国第一个高校教师职务条例,1960年2月,国务院颁布《关于高等学校教师职务名称及其确定与提升办法的暂行规定》在开篇就阐明了政策的目的:"为了充分发挥高等学校教师为社会主义教育事业服务的积极性和创造性,培养他们成为又红又专的教师。"该条例不仅在第2条对"又红又专"作了说明,明确高等学校教师职务名称的确定和提升,应该"以思想政治条件、学识水平和业务能力为主要依据",还在第3条对"思想政治条件"作了细化规定:"高等学校教师必须接受共产党的领导,拥护社会主义制度和社会主义建设总路线,全心全意为人民服务;贯彻执行党的教育方针,努力做好教学、生产劳动、科学研究和思想政治教育工作;历史清楚,思想作风好,努力学习马克思列宁主义和毛泽东著作,不断地提高马克思列宁主义的理论水平,积极参加劳动锻炼,自觉地进行思想改造,不断地提高思想政治觉悟和共产主义道德品质的修养。"⑱在《关于执行〈国务院关于高等学校教师职务名称及其确定与提升办法的暂行规定〉的实施办法》中也明确强调:"高等学校在办理确定和提升教师职务名称的工作时,必须坚持政治挂帅,加强党的领导和思想政治工作。"⑲

2. 市场效率逻辑

1992年邓小平发表"南方谈话"后,不仅再一次领导和推进了中国的思想解放,也为高等教育改革和发展提供了强大的思想支持。⑲由于

---

⑱ 《湖南省人民委员会转发"国务院关于高等学校教师职务名称及其确定与提升办法的暂行规定"的通知》,载《湖南政报》1960年第5期。
⑲ 同前注⑫,毛亚庆、蔡宗模。
⑲ 参见张应强:《新中国大学制度建设的艰难选择》,载《清华大学教育研究》,2012年第6期。

知识经济、创新人才竞争的国际压力和国内社会经济转型、高等教育大众化迅速发展的现实要求，进入 21 世纪以后，我国确立的教育改革和发展的方向：教育应与经济社会发展紧密结合，为现代化建设提供各类人才支持和知识贡献。大学被认为"是科技进步和人才培养的结合点，在建设创新型国家中承担着重要的使命，肩负着不可替代的历史责任"。[192]在此形式下，国家对大学教师发展的政策价值取向是建立健全竞争激励与保障机制，培养和造就高层次创造性人才。以此为导引，大学教师发展的制度逻辑发生转向，强调效率机制的市场效率逻辑开始发挥作用。市场效率逻辑是指大学教师发展的首要目标不是追求政治上的合法性，而是重视提升大学教师的能力和业绩，或者说是把能力和业绩视为政治合法性本身的有机构成部分，进而提升大学的整体能力。竞争机制和效率机制被引入大学教师发展，教师通过履行政府和高校规定的岗位职责来获取发展所需的资源。

强调竞争激励机制和市场效率的教师发展逻辑，必然指向了大学教师的人事分配制度。事实上，人事分配制度改革的确成为 20 世纪 90 年代以来高校教师制度建设的一大主题。1986 年国务院发布的《高等学校教师职务试行条例》，正式提出了改革过去的职称评定制度，实行专业技术职务聘任制度。与以往不同，这次改革更加注重效率机制，在评审工作中强化竞争机制，公开招聘、竞聘上岗。1999 年至 2000 年间，国家先后发布了《关于当前深化高等学校人事分配制度改革的若干意见》《关于深化高等学校人事制度改革的实施意见》《关于加快推进事业单位人事制度改革的意见》，其指导思想都是通过深化改革人事分配制度，优化高校人员整体结构，充分调动教师积极性，提高教学、科研水平和办学效益。[193]

1999 年，教育部《关于新时期加强高等学校教师队伍建设的意见》

[192]　陈至立：《在第三届中外大学校长论坛开幕式上的演讲》，载《国家教育行政学院学报》2006 年第 9 期。

[193]　谭园喜、廖湘阳：《我国大学教师管理政策的文本分析》，载《现代教育科学》2009年第 1 期。

提出:"以全面提高教师队伍素质为中心,以实施'高层次创造性人才工程'、培养中青年学科带头人和骨干教师为重点,坚持依法治教、深化改革、调整结构、内涵发展的方针,遵循开放、创新、精干、高效的原则,建立促进教师资源合理配置与开发利用和优秀人才成长的有效机制,建设一支结构优化、素质良好、富有活力的高水平的教师队伍。"⑭同时,从制度建设、总量与效益、结构与素质、学缘结构、学术梯队建设几个方面提出了 2005 年我国高校教师队伍建设要达到的具体目标。在后来制定的《2003—2007 年教育振兴行动计划》中又明确提出实施"高素质教师和管理队伍建设工程"。⑮

3. 两种制度逻辑的博弈

通过上面的分析可以看出,政治合法性逻辑和市场效率逻辑在相关的假设、价值和信念上具有显著差异。这些差异表现出不同的制度目的和制度安排,并诱发各类主体产生相应的行为方式(见表 4-1)。

表 4-1   政治合法性逻辑和市场效率逻辑对比

差　异	政治合法性逻辑	市场效率逻辑
价值取向	强调"政治可靠"	强调竞争机制和效率机制
制度目的	确保教师的观念、行为与社会主流意识形态一致,保证大学教师发展的政治方向。	以能力、业绩为导向,建立竞争机制和保障机制,培养高层次创造性人才。
制度安排	将专业技术作为实现特定政治目的的工具;赋予教师政治身份和行为约束。	解放大学教师的学术生产力;重视竞争、允许人员流动。
主体行为	**政府**:直接介入具体的教师发展活动。 **高校**:执行政治和行政安排。 **教师**:与制度环境保持一致,获得制度的认可和接纳。	**政府**:运用待遇、资格、职位等多种政策杠杆进行宏观调控。 **高校**:实施契约式管理。 **教师**:履行岗位职责,获取相应的发展资源。

---

⑭　教育部印发的《关于新时期加强高等学校教师队伍建设的意见》,教人〔1999〕10号,1999 年 9 月 16 日发布。

⑮　同前注⑬,谭园喜、廖湘阳。

总体来看,当前政府主导的大学教师发展制度创新中,仍然表现出强有力的政治合法性逻辑,呈现出政治合法性逻辑和市场效率逻辑共存的特点。但改革开放以后,特别是进入21世纪以后,更加注重个体工作业绩、强调竞争的市场效率逻辑的总体转换方向依然清晰可见。原来由政府驱动的单一化的大学教师发展模式,演变为由国家、高校、教师与社会、市场等多元参与的混合发展模式。随着高校自主权的逐步扩大和高校之间的竞争加剧,这种制度逻辑的转换效应被传导到大学内部以后得到放大,对教师群体和个体的行为选择产生了极大的影响,加速了教师的分化和发展需求的多样化。不同类别的高校中,大学教师群体所追求的制度逻辑呈现出多样的博弈轨迹与特点。即使同类高校甚至同一所高校内部,也呈现出多样化的制度逻辑诉求。

（二）扩　散　机　制

1. 制度创新的扩散

一种新的制度形式依据一定的制度逻辑得以创立或改进后,不会自动得到所有相关行动者的采纳,还需要新制度的制定者采用一定的控制机制推进它的强化和扩散。制度的扩散过程,是新的制度结构和制度安排被组织及个体接纳的过程。在这一过程中,制度创新随着时间的推移在空间上传播、转移和推广应用,是潜在的采用者选择、引进、消化和再创新的过程。在一定意义上,制度创新的真正意义在于它的扩散。只有当制度创新被整合纳入整个社会群体中,才能使制度创新的潜在效益最大限度的发挥出来。

关于制度创新的扩散机制还没有形成系统的理论。虽然新制度经济学的交易成本理论,也可以在一定程度上解释制度在组织之间的扩散问题,但这些解释过于以"理性"假设为前提,而无法解释制度扩散中的一些"非理性"行为及其后果。相对而言,组织社会学理论关于制度扩散理论的研究,更加贴近对制度的多种基本要素的理解。其中,比较有代表性的是迪马吉奥和鲍威尔的研究。他们区分了制度在组织或组

织场域范围内扩散的三种主要机制：强制机制(coercive)、模仿机制
(mimetic)和规范机制(normative)。⑯这三种机制反映了社会嵌入的视
角，强调社会关系网络对行为的制约与影响，能够在一定程度上解释非
理性因素对制度扩散过程所起的作用，在制度扩散研究中占据了重要
地位。同时，这些机制虽然是在研究组织场域层面的制度扩散中提出
来的，但界定了人们采纳新结构和行为的不同力量或动机，与本书所采
用的制度的三种基础要素也非常一致。

第一，强制机制。强制机制首先提出了对制度实施的明确要求，并
对此进行有效的监督、制裁和惩罚。与此同时，强制机制的实施一般与
权力的强制权威相结合，这种强制权威既包括控制权威，也包括某种诱
惑。就大学教师发展制度而言，政府主导的许多人才引进、培训和教
学、科研等制度安排首先都是以法律、法规和政策等形式强制高校和教
师接受。

第二，规范机制。关注规范过程的研究者，大多关注社会关系网络
对行为的影响。近年来的新制度主义者主张，过去人们认为体现强制
性要求的那些规制性活动，实际上更加依赖规范性和认知性制度要
素。⑰新的形式和程序的扩散，更多地反映的是社会网络所传递的规范
的扩展，而不是反映规制性制度的扩散。例如，教师出于某些发展目的
而参加培训以获得认证或资格，体现的就是制度扩散的规范机制，而非
政府强制实行。

第三，模仿机制。如果说规范机制反映了一定的社会网络中相互
增强的义务因素(承诺机制)，模仿机制则强调了行为模板对特定种类
的行动者所具有的力量。许多新制度主义者都指出，"个体与组织在很
大程度上都要受到各种信念体系与文化框架的制约，会接纳各种信念
体系与文化框架"。⑱个体接纳了某种信念体系，也就意味着通过模仿

---

⑯　参见 Paul J. DiMaggio & Walter W. Powell, *The Iron Cage Revisited：Institutional Isomorphism and Collective Rationality in Organizational Fields*, 48 American Sociological Review147(1983)。

⑰　同前注㉞，[美]W·理查德·斯科特，第 144 页。

⑱　同前注㉞，[美]W·理查德·斯科特，第 67 页。

掌握了某种行为模板或行动脚本。从大学教师发展制度的扩散来看，这种模仿机制也广泛存在。如果某些高校或教师所采用的新的行为方式被证明更加行之有效，通常会快速被其他高校或教师模仿。事实上，重视大学教师发展，成立大学教师发展机构这些制度安排，在一定程度上也是模仿机制发挥作用的结果，反映了各国政府之间在交流的基础上，对大学教师发展信念的认可和接纳。

2. 政府主导型制度创新的扩散机制

毫无疑问，"自上而下"的强制性推进一直是政府进行制度扩散的首要方式。"具有国家主义与法团主义传统的民族—国家，往往更可能成功地使用强制机制，即通过规制性权力来推广创新和改革。"⑲国家的集权体制以及政府对高等教育资源的掌握，构成了推行强制性扩散的权力基础。

除了通过运用监督和奖惩权力的支持来强制推行所制定的制度，使其取得支配地位以外，政府也会运用身份认证、资格证明等规范性的机制来推动制度的扩散。如果强制机制强调的是奖惩作用的话，那么规范机制则强调了身份的作用。政府通过赋予大学教师一定的身份、名号或资格等手段，将一定的信念和价值观转化为大学教师的行为，使大学教师就"我是谁""在这种情景中我该如何做"等问题作出政府所期待的选择。现实中，政府不仅是法律、法规、政策等奖惩制度的制定者，也是许多规范性标准的制定者。

学术规范就是政府运用规范机制推进的一类标准。学术规范在我国学界成为一个问题论域始自 20 世纪 80 年代末。⑳经过近 40 年的讨论争鸣和行动实施，现在已被学者广泛接受，成为学术活动的基本秩序或者说底线规则。在推进学术规范建设由少数学人先知先觉的讨论，转变为广泛行动的过程中，政府所发挥的推动和指引作用不容忽视。

---

⑲　同前注㉞，[美]W·理查德·斯科特，第 142 页。
⑳　参见王和平：《学术规范建设二十年：综观与反思》，载《广西民族大学学报（哲学社会科学版）》2009 年第 2 期。

2000 年,教育部发布《高等学校哲学社会科学研究学术规范(试行)》。2006 年,教育部又印发了《关于树立社会主义荣辱观进一步加强学术道德建设的意见》,成立了学风建设委员会。在政府主动推进学术规范的过程中,固然有配套的奖惩制度,但更多表现为一种规范过程,是以向学术界提供和推广较高标准为目标的规范性过程。尽管学术规范不是通过法律形式实施的,但作为学术共同体在学术实践活动中,关于知识的生产与再生产所形成的一系列共识,如果学者违反了相关的规范,则会受到外界的质疑和压力。除此以外,政府制定的各类人才计划、荣誉团队、重点研究基地和实验室建设等各类制度和政策的实施,也都是依靠规范机制进行扩散的产物。通过这一机制,实现公共资源按照政府的意志,合法地定向流入特定教师个体和群体,这些教师个体和群体被政府赋予某种资格和身份,定期接受政府的考核评估。

(三)政府主导型制度创新的价值与问题

1. 主要价值

第一,明确教师发展的总体目标和任务,快速满足高等教育发展需求。由于政府在我国高等教育系统的发展中始终处于设计者、推动者的地位,因此对各个历史时期大学教师发展中存在的主要问题有着较强的把握和认知能力,并且能够及时调动各种资源解决问题。

在解放后相当长的一段时间内,我国大学师资一直处于极度匮乏的状态。为了满足对师资的巨大需求,在短期内实现高等教育的迅速恢复和发展,我国政府主要采取两个方面的措施。一是沿用原有的大学教师,对他们进行相应的培训和改造。二是加速新教师的培养,充实高校师资队伍。因此,当时对于教师的培养主要采取直奔目标的在岗培养方式,依靠苏联专家和教学研究组的指导进行,通过讲课、讨论、自习、写论文、教育实习等方法速成培养。[201]例如,中国人民大学在两年内迅速提拔培养了约 400 名教师。这些年轻教师本来既无专门学识,又

---

[201] 同前注[184],胡建华。

无教学经验,但在苏联教授的教导下,一般已能基本掌握一门课程。他们普遍是在第一学年边学边教,从只能念讲义开始,逐渐发展到用自己的理解和语言来讲课,有的还能开展科学研究工作。[202]

在"文革"结束和恢复高考以后,我国的大多数高校也都面临师资数量与水平不足的问题。在加快师资建设与教师培养方面,政府也发挥了主要作用。一方面,在高等学校首先开展复查和平反冤假错案,让受冤教师重返讲坛。另一方面,将提升高校教师学历作为大学教师发展制度的重点,并注重教学能力的提升。

第二,形成了与我国高等教育制度相配套的大学教师发展制度"顶层设计"。中华人民共和国成立初期,学习苏联经验建设教学研究组,成为大学教师发展的一项根本制度。教师的教学和研究活动主要以教学研究组为活动组织形式展开,共同进行教学讨论和集体备课,使大学教师发展有了初步的组织保障。例如,在20世纪50年代初期,哈尔滨工业大学开展了整顿教学研究组的工作,将教师按照学科和课程归入不同的教学研究组,根据主要教学任务确定了隶属关系。教学研究组作为大学的基础组织,在增强教师的集体主义精神,提高教学活动的组织性与计划性等方面发挥了作用,有助于中华人民共和国成立后师资的培养和教学质量的保障。

1978年以后,我国逐步形成了由2个国家中心、6个大区中心和一批省级培训中心共同组成的全国性高校教师培训网络体系,在培养青年骨干教师和学科带头人方面发挥了重要的支撑作用。据统计,1992年至1996年全国承担高校教师培训任务的院校共培训教师47 156人。"通过各种培训形式,促进了一大批年轻学术骨干和学科带头人的脱颖而出。"[203]

21世纪以后,为了加快对教师教学能力的培养,政府又加快推进

---

[202] 同前注[146],赵敏,第125页。

[203] 曾绍元:《新中国高校教师队伍建设和发展五十年与展望》,载《国家高级教育行政学院学报》1999年第5期。

教师发展的组织化建设。2010年出台的《国家中长期教育改革和发展规划纲要(2010—2020年)》,将大学教师发展列为提升高等教育质量的核心议题之一。2011年,"本科质量工程"明确提出,要"建立适合自身特色的教师教学发展中心,积极开展教师培训……提高中青年教师的教学能力"。次年,教育部在全国建立了30个国家级教师教学示范中心,大学教师发展朝组织化、秩序化方向前行。[204]

第三,"集中力量办大事",提高公共资源的使用效率。无论是20世纪50年代的中华人民共和国成立初期,还是"文化大革命"结束后的恢复发展期,我国高等教育发展都面临高水平教师奇缺的问题。为了解决这一问题,除了加大国内教师的培养力度外,向国外派遣留学生,加速培养一支高水平的教师队伍,成为一项重要的战略选择。在这一过程中,政府发挥了资源配置上不可替代的作用,在社会资源极其紧缺的情况下将留学工作提升到高等教育乃至国家发展的战略层面予以推动。因此,与中国近代史上曾经出现过的留学潮不同,不管是中华人民共和国成立初期的留苏潮,还是改革开放后向欧美国家的留学潮,都被打上了明显的"国家行为"的印记。从留学生的选派、培训到政治审查、专业选择,再到学习和生活费用以及学习期满后的回国的工作分配,均由政府负责。[205]

据统计,1951年至1965年,由教育部派遣的教育系统留苏大学生、研究生、进修教师共7 955人。[206]国家为了适应今后大规模建设的需要,在其他方面紧缩开支,抽取资金作为派遣留学生的费用,并对留学生寄予极大的期望。事实上,留苏学生虽然在回国后大多受到了冲击,但也的确取得了令人瞩目的发展成就,产生了200多名院士,数百人成为大学校长或科研院所负责人。

与中华人民共和国成立初期的留苏潮相比,改革开放以后我国的

──────────

[204] 同前注[187],尤伟。

[205] 参见周尚文:《新中国成立初期"留苏潮"述评》,载《毛泽东邓小平理论研究》2012年第10期。

[206] 同前注[205],周尚文。

留学政策走上了法制化、体系化的轨道,被分为公派出国留学政策、自费出国留学政策和留学归国政策三个政策系列。[207]特别是在 1992 年以后,鼓励回国的留学归国政策成为国家政策的重点,政策导向逐渐由"规定必须回国"转变为"设法争取回国"。国家先后出台了"百人计划""春晖计划""留学归国人员科研启动基金""长江学者奖励计划"等激励政策。这些政策的变迁对于我国出国留学事业的发展起了巨大的促进作用,对于我国高等教育的繁荣和人才引进也有着重要的意义。[208]

2. 存在的主要问题

第一,重宏观层面的制度,轻微观层面的制度。中华人民共和国成立以来,政府基于自上而下的视角,表现出重宏观层面制度设计的倾向。例如,1953 年的《高等学校教师进修暂行规定》、1986 年的《高等学校教师职务试行条例》、1996 年的《高等学校教师培训工作规程》等,都是从宏观上使教师的学术能力发展得到保障。[209]1996 年教育部颁布的《高等学校教师培训工作规程》,分别规定了国务院教育行政部门、省级教育行政部门和教育主管部门、高等学校以及承担培训任务的高等学校的职责,并确定了具体的培训形式。文件中虽然也提到"高等学校直接负责本校教师培训规划的制定","根据教师的不同情况以及教师队伍建设的需要,切实做好教师培训规划"[210],但关注重点仍然是全国层面的推进,不够具体和细化。

第二,重整体队伍建设,轻个体学术发展。由于中华人民共和国成立以后我国的高校师资队伍比较薄弱,因此政府制度设计的重点首先是培养建设师德高尚、结构合理的高素质师资队伍。一直到 21 世纪初,受到高校扩招政策的影响,很长一段时期内高校的师资队伍建设仍

---

[207]　参见刘艳:《当代中国出国留学政策变迁的动因分析》,载《清华大学教育研究》2016 年第 2 期。

[208]　参见苗丹国:《出国留学教育的政策目标——我国吸引在外留学人员的基本状况及对策研究》,载《清华大学教育研究》2003 年第 2 期。

[209]　同前注[187],尤伟。

[210]　国家教委印发的《高等学校教师培训工作规程》,教人〔1996〕29 号,1996 年 4 月 8 日发布。

然是以扩充教师数量、优化教师结构为主。

第三,重高端人才,轻普通教师。进入 21 世纪以来,国家在教师发展制度上存在的上述两个方面的问题有所缓解,政府开始重视微观层面教师发展制度的适切性,关注教师个体的学术水平发展提升。但这种关注主要体现在以"教学名师""高层次创造性人才"为主的高端教师个体上,对于最需发展的青年教师反而缺乏政府层面统一的制度设计。此外,教育部在学校层面设立的 30 个国家级教师教学示范中心,主要集中在部属院校,而事实上青年教师比例高、教师学术水平低的地方院校和新建本科院校在教师发展上的需求更为迫切。

第四,易受外部影响,缺乏内在动力。作为一种由政府主导的制度创新,必然反映了政府的政治理念和社会管理方式。据统计,在中华人民共和国成立以后的一段时间内,从 1949 年到 1976 年,我国开展的各种大、小政治运动多达 67 次,平均每年 2.5 次。⑪这些政治运动使得大学教师发展屡受冲击,难以形成稳定的制度环境和发展预期。此外,由于长期过分依赖外部的制度推动,高校和教师的创新动力受到压抑,大学教师发展制度始终缺乏自下而上的原始创新氛围,从而造成了"制度短板",难以形成与外在正式制度相配合的非正式制度。

二、教师主导型制度创新

制度创新都会涉及各种各样的利益分配问题。"几乎所有的新制度经济学家都承认,制度创新的终极动力在于个人利益最大化。"⑫就大学教师发展而言,不仅政府是制度创新的主要供给者,大学教师同样

---

⑪ 参见叶敏:《从政治运动到运动式治理——改革前后的动员政治及其理论解读》,载《华中科技大学学报(社会科学版)》2013 年第 2 期。

⑫ 同前注⑭,卢现祥,第 145 页。

是制度创新的另一个重要利益主体和制度供给者。大学教师并不会完全被动地接受政府提供的各项制度,而是会在各种约束条件下,从自己的需要和利益出发,有策略地采取相应行动,以响应获利机会。相对于政府自上而下的,主要以强制性的政策、法律的形式来引入和实行新制度而言,教师主导型制度创新则主要是自下而上的形式,属于诱致性制度创新。同政府主导型制度创新一样,大学教师主导的制度创新在制度逻辑和扩散机制上也随着外部制度环境的变化而发生转换。

(一) 制 度 逻 辑

1. 组织依附逻辑

在中华人民共和国成立之后,单位成为中国社会的一种特殊组织形式,成为一个基本的社会调控组织和资源分配组织。它既是国家政策的最终落实者,又是政治体系的支撑者,是个人安身立命的空间。在单位制度下形成的价值观和行为规范建构出各种具备特定权利和责任的角色,这也成为个人进行利益计算和选择行为方式的一个基本前提。

就大学教师而言,这种被建构的角色就是其在单位制度下获得的国家工作人员的身份。随着中华人民共和国成立时,将众多私立高等教育机构收归国有,使之成为中央和各级地方政府管辖的"事业单位",教师也通过"单位制度"被纳入国家的行政管理系统,成为"国家干部",形成了个人—单位—国家的依附关系链条。一旦进入一个单位,则意味着获得充足的、持久的保障机制。脱离单位的个人,在计划经济体制下很难寻求更大的发展机遇和充足的资源保障。单位不仅供给个人生存资源,也提供着寻求更大发展的资本。

在政府全方位的管理下,大学教师的崇尚自由自主的"学术人"特性,几乎完全被服从依附的"单位人"特性所消解。[213]值得一提的是,组织性的依附关系作为单位组织的一个根本特征,"其前提并不是一种受动性或被迫性的依从,而是一种自愿的、习惯性的服从关

㉑㉓　同前注⑭,吴艳茹,第 152 页。

系,即'同意'"。㉔因此,这一制度环境下大学教师主导的制度创新表现出明显的组织依附逻辑,以在单位中获得更多的资源和机会为主要目标。对于大学教师而言,能否维护个人在单位中的利益,不仅取决于个人的学历、工龄、学术能力等因素,还取决于其与单位内利益群体的关系以及个人道德。㉕

基于组织依附逻辑,大学教师在发展活动中形成了强调集体主义价值观的规范性制度。这是中华人民共和国成立以后,我国大学教师发展制度在规范性层面的最大特征。教师作为"单位人",在取得稳定的保障机制的情况下,也失去了自由、自主发展的权利。教师的进修、考研、评奖、调动和申报课题等活动都必须按照单位名额分配和批准,受到严格的单位制度限定。这种强调集体主义价值观的规范性制度与大学的教研室制度相互强化,使得大学教师发展从以往的个人活动转变为集体活动。在集体主义的制度规范下,教师的发展方式也发生了转变,其教学内容和教学方法等都需要经过教学研究组的讨论决定,研究组成员之间互相听课成为一种重要的教学发展方式。而在集体主义活动之外,对于少数"单位人"自下而上的创新与涌动,则往往会付出个人较高的成本。

2. 主体性逻辑

进入 20 世纪 80 年代,中国社会整体开始发生转型和急剧变迁,中国社会中高度集中和一体化的管理体制逐步松动。整个社会由所谓"再分配经济"向市场经济转型,市场机制开始在社会资源占有和分配中发挥作用。这种资源分配机制的变化促使了社会组织结构的变化,不仅原有的单位组织有了更大的自主权,还产生了大量借助市场获取资源的"没有上级的单位"。各类行动主体不再完全依据上级的计划和

㉔ 李汉林、渠敬东:《中国单位组织变迁过程中的失范效应》,上海人民出版社 2005 年版,第 24 页。
㉕ 李路路、李汉林:《中国的单位组织:资源、权力与交换》,浙江人民出版社 2000 年版,第 95 页。

指令开展活动,而是自主定位、自寻机会、自我决策、自我负责,获得了更大的自主空间。

在这种社会政治经济环境的变化背景下,利益群体不断分化,权力发生结构性转移,我国高校场域的治理结构也逐步呈现出多元主体参与治理的特征。大学教师的流动性增强,对单位组织的依附性大大减弱,强调个体多元化诉求的主体性逻辑日益突出。主体性逻辑以大学教师的内在需求为出发点,强调个体自主、主动和个性化的发展。大学教师发展的主体性逻辑在以绩效为核心的市场效率机制推动下,一方面推动大学教师形成了重视科学研究、重视学术业绩等价值观念,在争取深造与交流、参加团队合作与分工等方面形成新的活动规范和文化信念。例如,有的教师将团队比作"科研的家",离开了"家",根本无法做研究。[216]但另一方面,也促使大学出现一些"反常识"的"规则",如做教学不如做科研、关注科研成果的质量不如关注科研成果的数量等,乃至出现"编科研""买科研""集体运作科研""权力科研相互寻租"等学术失范现象。又如,近年来科研团队在促进高校和教师科研发展中的作用越来越突出,被认为是一种能够实现大学教师之间充分的知识共享和精诚合作的有效形式。但在科研团队的实际运作过程中,大学教师同样是出于个体的需求和判断作出行为选择,并对团队成员之间的关系形成影响。这些影响包括互助合作关系、互替竞争关系、博弈关系以及彼此无关,等等。[217]在大学教师发展的主体性逻辑影响下,有些"潜规则"也暴露出政策缺陷,开始倒逼正式制度的改革。

3. 组织依附逻辑与主体性逻辑的共存

在教师主导的制度创新中,所依赖的组织依附逻辑和主体性逻辑当前处于共存状态。尽管教师对作为单位的高校的全面性依赖已经弱化,但这种依附性关系仍然存在。当前,中国的大学仍然属于事业单

㉑⑥　参见李琳琳:《成为学者:大学教师学术工作的变革与坚守》,华东师范大学出版社 2016 年版,第 122 页。

㉑⑦　参见骆方金、卜祥云:《创新型科研团队成员间的工作关系与激励有效性》,载《科技管理研究》2009 年第 8 期。

位,教师发展制度的任何变化是在事业单位改革的整体背景下进行的。单位制度既约束了大学教师的发展,但同时又为大学教师的主体性发展提供了基本的制度框架。例如,大学教师流动作为学术职业活力程度的重要指标,对于促进学术职业健康发展的重要作用已经成为越来越多发达国家和高等教育系统的共识。但在我国当前的大学教师发展制度环境中,组织依附逻辑和主体性逻辑的双重作用使得教师的自由流动看似可行,实际上却困难重重。不仅与之相关的组织制度不健全,而且相关的文化认识土壤也仍然贫瘠薄弱。具体而言,既与追求稳定的东亚职业文化的影响有关,更与学术劳动力市场不健全、学术系统缺乏人才分流机制,以及部分大学教师流动能力欠缺等因素有关。㉑

从总体上来看,大学教师发展制度的变迁方向是明确的,就是更加强调教师的自主发展、主动发展和个性化发展。大学与教师之间的关系将继续发生变化,从行政关系、义务关系向契约关系转移。随着教师在制度创新中的作用日益从隐性转为显性,大学教师发展制度将呈现出新的面貌和特征。

(二) 扩 散 机 制

教师主导型制度创新一般难以直接成为政策、法律等正式的、规制性制度,也难以通过政府的强制性手段进行推进,更多地是依靠规范机制和模仿机制得到扩散与传播。规范机制不仅在政府推行其制度意图的过程中发挥作用,在扩散教师自下而上的制度创新中也同样发挥重要作用。因为规范机制是以一定的价值观和角色任务为实施基础的,而价值观和角色任务既可以由政府自上而下制定,也可以由教师自下而上地建构。例如,教师对教学工作的态度,对科研成就的期待,在团队合作中的行为方式等,都可能源自其基于一定价值观和道德感作出的选择,是听从内心的召唤,而非政府的强制要求。

㉑ 参见刘进:《大学教师流动与学术劳动力市场》,商务印书馆 2015 年版,第210 页。

那么,规范性的制度扩散模式是怎样形成的? 在组织中人们能够达成或实现"同意"的条件是什么? 在回答诸如此类的问题时,新制度主义研究者将其归结于我们有怎样的权威的制度文化。具体就中国的单位组织而言,沃尔德(Walder)将其概括为一种庇护主义(Clientialism)的关系系统。庇护关系系统虽然表现为私人的维度,但本质上仍然是一种资源分配结构。在这一系统中,"积极分子"发挥了格外重要的作用。一方面,积极分子与组织领导的关系既表现为在具体业务和管理方面的相互配合,也表现为将个人的忠诚、制度角色的履行以及物质利益紧紧捆绑在一起。[219]另一方面,积极分子与非积极分子在制度扩散中表现出一定的对立关系,存在不同的行为取向。前者旨在达到最高标准,由此赢得规制性制度外的资源和利益;后者则以达到最低标准为行为取向,目的只在不突破规章制度的底线。[220]

例如,教师会综合考虑所属学校、学科乃至所授课程等方面的因素,形成对各项学术任务的优先顺序和投入精力情况的感知,以此形成调节个人学术行为的基本规范,并使其与所属高校的层次和类型相一致。我国有研究者对 11 所具有代表性的高校进行了问卷调查,其结果显示,教师所属大学层次和类别与教师教学、科研投入的时间显著相关。大学的层次与类别决定了教师对教学、科研的职能偏好,进而导致学术职业的分化与分层。[221]如果教师不按照这种规范作出调整,坚守自己的某种"学术理想",则有可能会付出经费、职称等方面的成本,并且被认为是"非主流名师",只能"享受学术工作'孤独的喜悦'"。[222]当然,从新制度主义的视角来看,"非主流名师"的某种坚守,可能代表了未来新的利益生长点,成为自下而上制度创新的契机。在这种情况下,"非主流名师"的发展很可能迎来转机,成为大学教师发展制度创新中的关

---

[219]　参见孙立平:《社会主义研究中的新制度主义理论》,载《战略与管理》1997 年第 5 期。

[220]　同前注[214],李汉林、渠敬东,第 25 页。

[221]　同前注[65],张焱,第 247 页。

[222]　同前注[16],吴艳茹,第 134 页。

键事件或关键人物。这也说明了在进行制度设计时,保持制度的某种宽容性显得非常重要。

模仿是制度扩散的另一种重要机制。在应对各种行政、学术或市场要求的过程中,某些大学教师会创新各种行动方案,其中某些被证明是可靠的,并会逐渐引起他人的注意,进而随着行动者之间的交往被广泛接受,成为一种"共同的信念"。因此,模仿机制的实质是行动者在社会互动中建构起来的思想观念(或曰各种意义)向第三方传播的过程。在扩散的过程中,行动者被告知的不是"事情该如何做",而是"事情原本就该这样做"。我国学者张焱基于个案研究进行了大学教师学术行为策略分析,总结出矢志学术、多向发展和观望徘徊等三大类别的教师,并细分出终生不懈的学者、安于教书的师者、负重前行的精英、学者官员、学者企业家、勤勉奋发的入门者、说得过去的职业者和遭遇困境的青年守望者等八种不同的典型案例。[23]这些行为背后,事实上都是某种价值信念和文化观念,都会对某类教师的行为产生示范作用。

(三)教师主导型制度创新的价值与问题

1. 主要价值

第一,感知学术场域的特殊性,确认教师发展的重点方向。学术工作的理想与现实之间、外在要求与内在实际之间有时会形成差距、矛盾乃至冲突。大学教师通过自下而上的制度创新,能够形成与所处制度环境相符的规范和认知,从而对这种矛盾冲突起到调节作用。大学教师作为教师发展的主体,最能感受到各种学术发展任务在工作时间上的冲突和压力,并且会基于各类学术工作在回报体系中的分量确定发展的优先次序。国内外的研究都有相似的发现,那就是在研究学校、学科等因素对大学教师工作时间分配的影响时显示,低层级大学、基础学科、低职称教师往往会承担更多的教学工作。[24]这种制度创新,能够自觉甚至自发

---

[23] 同前注⑥,张焱,第264—283页。
[24] 同前注⑯,李琳琳,第137页。

地推动不同教师选择优势发展方向,获得相应的认同。例如,同样是科学研究,有的大学教师擅长基础科学研究的"纵向项目",有的教师则擅长应用型的"横向项目";同样是教学发展,有的教师善于信息技术在教学中的应用,有的教师则热衷于对大学生创新创业实践教学的指导。

第二,形成对自上而下制度创新的调适性适应,提高外在制度设计的适切性。大学和教师个体都不是简单地接受或拒绝政府自上而下推行的制度,而是会在实施制度的过程中对其进行调适和改造,将其内化为更加适合大学及其教师自身实际情况的制度模式。这种调适和改造也是对制度结构的一种调整,能够获得原有制度设计之外的"利润",因此也属于制度创新的范畴。例如,近年来大规模开放在线课程(Massive open online courses,下文简称MOOC)的热潮逐渐兴起,其在提高教育质量,推动教育公平上的积极作用引起我国政府的高度重视。教育部将其作为推进信息技术与教育教学深度融合,使中国高等教育从跟跑、并跑到领跑,实现变轨超车的"关键一招",提出了建设一流课程的"双万"计划(一万门国家一流课程,一万门省级一流课程)。毫无疑问,政府的大力推动对于MOOC在我国高等教育中的快速推广发挥了重要作用。但从实际进展来看,MOOC在我国高校中的创造性应用,包括教学模式、评价方式的创新和各类教学辅助工具的开发等,都源自大学教师自下而上的推动。可以说,离开教师的主动探索和创新,MOOC在我国的推广和应用效果将大打折扣。

第三,提高教师参与教师发展的积极性。教师主导的自下而上的制度创新,属于诱致性制度创新的范畴。根据诱致性制度创新理论,不是大学教师的发展实践到了一定程度后,需要制度进行创新,而是制度创新本身就是将大学教师发展向前推进的重要力量。也就是说,教师自下而上的制度创新是出于追求更好的发展效果而产生的。用新制度经济学的理论来讲,就是教师发展中的某些"相对价格"发生变化,诱致了相关规则的形成和变化。因此,与自上而下的强制性制度创新相比,这种制度创新更容易被教师所接受,更能激发教师根据新的规则开展活动的积极性。在潜在利益的诱致下,大学教师往往会基于前瞻性预测,就个人的学术发展进行自我规划和团队布局,抢占学术发展的"头班车"和"制高点",或者发挥"后发优势",沿着领军人物的发展路径寻求个人发展生长点上的突破。

2. 存在的主要问题

第一,制度创新的"失范"问题。托尔曼(Tolman)的"行为场"理论指出,如果某个目标能够满足个体需求,那么它就是个体力争趋向的目标,具有积极的诱发力。[25]由于我国的学术职业缺乏历史积淀,又在发展历程中有时为外力所控,因此自由、求真的学术精神根基不甚稳固。这导致大学教师面对学术资本、经济利益、权力地位等各种诱发力,在不完善的学术激励制度的助推下,在自发形成行为规范的过程中较容易出现学术失范现象。这种学术失范既表现为学术腐败、学术不端等显性失范,也表现为另类生存等隐性失范。[26]除了学术失范外,大学教师追求的制度规范还容易从根本上偏离学术属性,表现出更强的"务实性""社会人"和"经济人"特征。由于大学教师传统的知识分子形象深入人心,这种倾向于社会人、经济人特征的行为规范,往往成为社会斥之为"功利化、商业化、世俗化"的根源。

第二,制度创新的"失衡"问题。教师主导型制度创新的不均衡首先体现在其扩散的过程中。作为一种自下而上的创新过程,由于缺乏统一、有力地推动,其主要依靠规范和模仿的扩散机制,往往表现出一种教师对新制度采纳的自发自觉状态,制度创新的效益难以快速发挥出来。例如,同样是组建科研团队的活动,在缺乏外在统一推动的情况下,在同一所高校的不同院系内也会表现出不同的状态。有的院系形成了紧密的团队关系,有的院系则比较松散,甚至没有团队。此外,制度创新的"不均衡"问题还表现在教师基于个人利益最大化而形成的

㉕　同前注㉕,张焱,第258页。

㉖　同前注⑭,吴艳茹,第163—165页。

"潜规则"上。调查显示,在各类高校中普遍存在教师投入教学的时间精力受到职称影响的现象。随着职称的晋升,教师承担的课堂教学工作量会逐渐减少。

三、"双重路径"中的主体关系

(一)主体关系分析模型

在大学教师发展的制度创新中,政府和教师都可能成为制度创新的主体。但在自上而下路径中,政府更多地是首创者、决策者和推动者的角色,而在自下而上路径中,教师则成为首创者和推动者。至于最终制度创新的效果如何,并不是由任何一方单独决定的,而是双方或多方互动协作的结果。

根据各主体在制度创新中的角色不同,戴维斯和诺思将其分为"第一行动集团"和"第二行动集团"。制度创新的全过程是"第一行动集团"在"第二行动集团"的协作下共同完成的。[227]在这一过程中,"第一行动集团"首先预见潜在的获益机会,提出制度创新方案,然后在"第二行动集团"的帮助下获得这种潜在的利益,将制度创新从方案变为现实。也就是说,制度创新是相关主体以潜在的收益为目标,共同完成的"制度均衡—非均衡—均衡"过程。"在本质上,利益因素是制度创新面临的具体和重要的环境因素,与制度创新有着更为直接的关系,往往构成制度创新的动力和目标。"[228]政府和教师在对方的制度创新路径中互为"第一行动集团"和"第二行动集团",他们是否能在客观上从对方的制

---

[227]　同前注[104],卢现祥,第 146 页。

[228]　许庆豫:《高等教育制度创新模式:美国的案例分析》,载《高等教育研究》2009 年第 12 期。

度创新中受益(即利益相关程度),以及能否在主观上理解对方制度创新的意义和价值(即意义理解程度),共同决定了双方的互动状态,进而决定了制度创新的效果。基于这两个维度的划分,制度创新主体间可以形成四种基本关系类型(见表4-2)。

表4-2　制度创新类型示例

制度创新类型	利益相关—意义理解	制度创新的特征	主体间关系
同向互构型	强—强	最为理想	强合作
共识生成型	强—弱	需要引导	弱合作→强合作
利益疏离型	弱—强	短期有效	强合作→弱合作
双向背离型	弱—弱	难以扩散	弱合作甚至冲突

从上述主体间在利益相关和意义理解两个维度的组合来看,第一种类型中政府和教师在制度创新中的利益相关程度高,且在意义理解上形成很强的利益共识,二者最容易基于共同的利益目标形成稳固的合作关系。这是最为理想的制度创新类型,最容易扩散成功。第二种类型中虽然政府和教师之间的利益相关程度高,但其中一方并未理解对方制度创新的价值和意义,双方在制度创新的开始阶段缺乏利益共识,因而难以实现积极主动的配合。这种情况下,需要加强宣传和引导,确保作为"第二行动集团"的主体能够全面准确地理解对方制度创新的意义及其利益相关之处,才有可能将"弱合作"转化为"强合作",确保制度创新得到顺利地开展。第三种类型与第二种相反,政府和教师在制度创新中的利益相关程度低,但其中一方对另一方发起的制度创新给予高度理解和认同。这种制度创新刚开始相对容易获得"第二行动集团"的配合,容易推进,但往往难以持久。第四种类型的制度创新最难开展,双方既无实际的利益关联,又在制度创新上缺乏共同的意义理解,这种情况下的制度创新主体不仅缺乏合作,甚至还会产生抵触和冲突,制度创新成功的可能性大大降低。

（二）不同制度创新类型的现实境遇

1. 同向互构型——多方共建的学术规范制度

学术规范背后体现的是学术界的游戏规则和生存之道，对于大学教师的学术发展起着明确界限、界定行为、维护组织秩序等作用。它既包括成文的制度规定，也包括约定俗成的惯例。"倘若一个人具备了从事科研工作的基本条件，智力、精力、领悟力和良好的教育培训——只要愿意遵守游戏规则行事就能很容易地取得令人瞩目的成就。"[229]我国的学术规范制度建设历经三十余年的发展，取得了一定的成就，这些成就和经验的获得体现了政府、教师乃至社会利益相关者的共同努力。

我国对学术规范的讨论和重视始自20世纪80年代末。最初是由陈平原先生、杨沐先生等人发起的，讨论的是写作技术规范等层面的问题。进入20世纪90年代后，讨论的焦点先后经历了从学术道德、学术态度到学术评价、学术管理，再到学术规范建设等一系列转换。在这一讨论过程中，始终没有官方介入，都是以学者个人、学术团体和学术媒体的自觉研讨为主，以讨论、批判、争鸣和呼吁为主。[230]

正是在学界自下而上的不断讨论和诉求下，学术规范及其制度建设问题引起国家有关部门的重视。2002年至2006年，教育部先后发布了《关于加强学术道德建设的若干意见》《高等学校哲学社会科学研究学术规范（试行）》《关于树立社会主义荣辱观进一步加强学术道德建设的意见》等文件，并成立了由知名学者组成的学风建设委员会。可以说，经过20世纪90年代学者的自觉讨论后，学术规范建设已在政府和学者层面达成共识，形成了积极合作与顺畅互动，并将学术规范建设当作一项系统工程来抓。一些高校也成立了自己的学术规范指导组织并发布了文件规定。

㉙　［美］辛德曼：《赢在科学——科学游戏面面观》，柳士强译，上海科学技术出版社2001年版，前言。

㉚　同前注⑳，王和平。

回顾我国学术规范的建设过程,虽然被批评仍然存在"议论多、行动少,费时过多、效率不高,执行乏力、落实不好"等问题,但这些问题在很大程度上是由其作为一项复杂的社会系统工程的本质决定的,总体上较好地体现了以学术为本位、以学者为主体,多方参与的制度建设特征。事实证明,正是在学者、政府主管部门、学术共同体等共同协调下,学术规范建设才取得了比较好的进展。"1999 年《中国高等学校社会科学学报编排规范》在高校人文社会科学学报系统广泛地推行,就是一个学者、政府主管部门、学术共同体、学术媒体共同合作的成功范例。"[21]

2. 共识生成型——尚需推进的教学学术制度

教学学术最早由时任卡内基教学促进基金会主席的博耶首次提倡和使用。他将学术分为发现的学术、综合的学术、应用的学术和教学的学术四种类型。其中,教学学术强调的是传播知识的学术活动。在博耶看来,教学既是一项学术性活动,又是一个能动的过程。教师不仅要精深地掌握学科专业知识,还要不断扩展自己的知识范围,通过与学生的交流,实现自身的创造性发展。博耶的继任者舒尔曼(Shulman)进一步扩大了教学学术的内涵,认为教学学术应既是教的学术也是学的学术,是对教和学问题的系统研究。因此,教学学术既是一种学术类型,又是一种包含问题、知识、研究、反思等多种要素的教学水平。它对大学教师发展提出了新的要求,但同时基于它所强调的一些基本原则——探究性学习、合作、反思、基于行动的持续性改进,使其成为改进教师发展的一个基础。[22]就其价值而言,教学学术不仅对认识大学教学的本质有着积极的影响,也对改变或者重塑大学组织及大学教师的活动或行为,有着显著的价值。[23]

教学学术理论在引入我国后,对促进大学教师发展和大学教学整体提升的重要意义引起了学者的关注,学者因此提出促进教学学术的制度

---

[21] 同前注[20],王和平。

[22] 参见 Pat Hutchings, Mary Taylor Huber & Anthony Ciccone. *Scholarship of Teaching and Learning Reconsidered*, Jossery-Bass Publishers, 2010, p.48。

[23] 同前注[18],朱炎军,第 164 页。

设计。例如,时伟就如何强化大学教学学术提出了制度建议,认为要先改革教师学术评价标准,形成保障教学质量的规则体系等[24];方学礼从教师职务聘任的视角指出重视教学学术的作用,激励教师投入教学、改进教学[25];吕林海提出通过制度建设来创造教师潜心教学学术的外部环境[26];韩建华也提出加强制度建设,形成正确的学术评价导向机制等方面的建议。[27]在教学实践层面,教师群体也对教学学术的制度建设表示认可和接受。以基于教学学术理念设置教学型职称为例,在一项调查中,无论何种级别的教师对设置教学型职称均持较为正面的看法,绝大部分的教师认为设立教学型职称能够"满足教师多样化发展的需求"。[28]此外,媒体报道的诸如潜心教学的"好教师"无法评职称之类的事件,也时常引发社会各界对高等院校现行教师评价体系的一系列反思。[29]

　　作为一项自下而上的制度创新,虽然学界从理论层面进行了一系列诠释,部分大学教师也用自身实践证明开展教学学术的合理性与可行性,也有一些高校开始关注这一问题,并采取了一些积极措施,但教学学术作为一套制度规范目前尚未真正建立起来。虽然大学教师高度认可教学学术,但也很少有人认为这有助于"提升大学教学地位"。[24]究其原因,很大程度上在于政府对教学学术制度建设的迫切性、重要性以及实现路径都还缺乏认识,还没有将其整合到自上而下的正式制度的设计当中。一项对八所本科院校教学学术制度建设情况的调研也显示,从教师培训、职称晋升和教学奖励三个方面来看,教学学术制度都

[24]　参见时伟:《大学教学的学术性及其强化策》,载《高等教育研究》2007 年第 5 期。

[25]　参见方学礼:《基于教学学术的大学教师职务评聘制度重构》,载《教师教育研究》2010 年第 4 期。

[26]　参见吕林海:《大学教学学术的机制及其教师发展意蕴》,载《高等教育研究》2009 年第 8 期。

[27]　参见韩建华:《教学学术观念及其对大学教师专业发展的启示》,载《江西社会科学》2009 年第 8 期。

[28]　同前注⑱,朱炎军,第 244 页。

[29]　参见严月娟:《对我国高校教师评价体系的反思——从晏才宏现象谈起》,载《黑龙江教育(高教研究与评估)》2006 年第 3 期。

[24]　同前注⑱,朱炎军,第 245 页。

尚未成为大学教师教学发展的制度基础,有部分存在教学学术能力发展平台建设不足、教师评价和考核中教学与科研的不平衡等问题,这些都使得大学教师虽然对教学交流、教学研究表现出积极态度,但在实践教学学术方面面临各种阻碍。因此,从长远看,在大学中构建有效的教学学术制度,需引起政府及高校真正意义上的重视,从适应高等教育分类发展和学校发展战略的高度,思考教学学术问题,在制度上真正做到引导、支持和倾斜,整合进学校的正式制度建设当中。

3. 双向背离型——缺少实效的新任教师培训

1997 年,原国家教委颁布了《高等学校教师岗前培训暂行细则》和《高等学校教师岗前培训教学指导纲要》。此后,我国高校开始推行新任教师培训制度。在暂行细则的指导下,各省一般会颁布诸如"关于组织开展××年高等学校新教师岗前培训工作的通知"。但经过二十余年的实践,现行岗前教师培训的效果却依旧不理想,暴露出若干问题,引起学者的质疑。[21]究其原因,仍可以从利益相关度和意义理解度两个维度进行分析。

就利益相关度而言,新任教师岗前培训原本应在促进新教师角色转变、提高教学水平方面发挥重要作用,与高校和教师的发展有着很高的关联度。但从实际实施情况来看,由于存在偏重理论知识灌输、内容和形式单一、培训内容和方法陈旧,以及无法跟上高等教育教学改革发展的步伐等问题[22],导致岗位培训的实际效果普遍不佳,与高校和教师发展的利益相关度非常有限。因此,在具体实施中高校和教师都表现出机械被动的参与方式。[23]

在对于岗前培训的理解上,新任教师的认识也与教育主管部门存

㉑　参见陈先哲、黎辉文:《广东省高校教师岗前培训课程实施情况的调查》,载《教师教育研究》2008 年第 6 期。

㉒　参见杜娟、王颖:《高校新入职教师培训课程设计及实施效果研究——基于北京理工大学的个案分析》,载《高校教育管理》2018 年第 4 期。

㉓　参见周金虎:《高校新任教师培训的现实困境与路径选择》,载《国家教育行政学院学报》2012 年第 7 期。

在偏差。就政府（主要是教育主管部门）而言，其开展岗前培训的目的在于帮助新入职的高校教师了解其职业特点及要求，熟悉高等教育法规，掌握高等教育教学基本理论、方法和技能，并提高职业修养。[244]而部分教师认为岗前培训只是走过场，甚至误认为是为了获取教师资格证，还有部分教师认为自己博士毕业，不需要再参加岗前培训。[245]此外，作为岗前培训主要承担者的省级培训中心的行政主管部门也不统一，有的归属省级教育厅的高等教育处，有的归属人事处，有的则是人事处主管、高等教育处协管。[246]不同的教育行政部门基于自身职责会对教师岗前培训形成各自的理解，甚至形成不同的制度逻辑，这也增加了不同主体间形成意义理解共识的难度。

（三）行动集团理论下的三元主体

大学教师发展制度创新主要由政府、高校和大学教师三类主体共同推动。依据戴维斯和诺思的制度创新理论，各类主体又在具体的制度创新路径中分属"第一行动集团"和"第二行动集团"。因此，大学教师发展制度创新中三元主体的关系问题就转化为行动集团理论下主体之间的"两两关系"（见图4-1）。

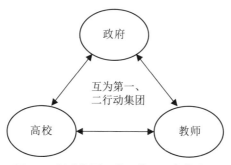

图4-1 行动集团理论下的三元主体关系

---

[244] 参见管培俊、吕杰、徐金明：《我国高校教师培训工作及其评价——新时期中国高等学校教师培训工作之二》，载《中国高等教育》2001年第3期。

[245] 参见储凡静：《高校新入职教师岗前培训的发展瓶颈和改革的探索》，载《继续教育研究》2013年第4期。

[246] 同前注[245]，储凡静。

如果进一步分析,三元主体的"两两关系"主要体现在主体之间的角色定位和角色转换上。从静态的视角看,两类主体之间的关系是角色定位问题。也就是在制度创新中,两类主体分别持有什么样的态度?采取哪些行为?处于怎样的地位?发挥了怎样的作用?态度、行为、地位和作用这四个基本的角色定位问题,决定了主体之间的基本关系。从动态的视角看,两类主体之间还存在角色转换的问题。也就是说,在制度创新的过程中,一方主体的态度、行为、地位和作用都有可能发生变更。制度创新的时间跨度越大,空间范围越广,主体之间角色转换的可能性就越大。⑭前述关于我国学术规范制度的建设中,事实上就发生了主体角色的转换,推动学术规范制度创新的"第一行动集团"由教师和学者转变为政府。

从推动大学教师发展制度创新有效开展的目标出发,本书首先对三元主体之间的"两两关系"进行梳理,确定三类主体在各种相互关系中所应具有的角色定位和角色转换,然后以此为对照,思考当前大学教师发展制度创新的现实状态及其存在的问题。

1. 政府与大学教师:正式制度与非正式制度的耦合

政府追求的主要是宏观层面的国家和人民的整体利益,是从提升科技实力和经济、文化竞争力的角度思考大学教师发展。大学教师追求的则主要是个人的利益,是从积累个人学术资本,提升学术地位、声誉和满足个人学术旨趣的角度思考发展问题。虽然宏观层面的国家利益和微观层面的个人利益从长远来看具有内在一致性,但由于在短期内制度创新对效率和公平的偏重不同,导致二者利益不可能时时、处处都完全一致。从而隐含着在具体的大学教师发展制度中,政府追求的利益和大学教师个体所追求的利益会存在冲突之处。

当政府居于"第一行动集团"时,主要通过自上而下的强制性变迁方式完成制度创新。在这一过程中,政府由于掌握教师利益信息的不

---

⑭ 参见黄少安:《制度变迁主体角色转换假说及其对中国制度变革的解释——兼评杨瑞龙的"中间扩散型假说"和"三阶段论"》,载《经济研究》1999 年第 1 期。

完全,以及遵循将整体利益置于个人利益之上的基本原则,往往会导致对个人利益诉求的忽视。此时,居于"第二行动集团"的教师一般可以作出两种选择:一是主动顺应政府的制度要求,依据诸如"国家的需要就是我的专业"之类的价值判断,对个人发展的目标和利益追求进行调整;二是仍然坚持个人的发展目标和学术旨趣,在制度框架允许的范围内尽可能按照个人的需要作出行为决策。

当大学教师居于制度创新的"第一行动集团"时,由于作为微观个体或者团体,无法通过自身的行为直接推动正式制度的变迁,仅能够依靠政府作为其整体利益的代理者间接推动。因此,此时政府同样可以作出两种选择:一是将教师自下而上的制度创新作为整体利益的新的增长点,通过将其上升为正式制度以给予更大的扩散空间;二是不予回应或策略性地回避,不从正式制度的层面作出推动。

由此可见,在政府和大学教师互为"第一行动集团"时,另一方作为"第二行动集团"都可以采取同盟或协作和中立作两类行为选择。从两个行动集团共同推动制度创新的目标出发,两类主体都需要基于各自的权责,在态度、行为、地位和作用等四个方面形成正确的角色定位,并适时完成角色转换。只有这样,主体之间才能形成合作关系,确保新制度的顺利实施和快速扩散(见表4-3)。

2. 高校与教师:行政权力与学术权力的平衡

高校是大学教师发展制度创新中角色定位最为特殊,利益诉求最为复杂的一个主体。为了揭示高校在制度创新中多样化的利益诉求,可以借用"利益相关者理论"进行解释,因为一些中外学者认为,相较于企业而言,大学是一个更加典型的利益相关者组织。公立大学没有严格意义上的股东,没有特定的人群能对大学行使独立控制权,大学只能由利益相关者共同治理。[24]综合高校的内外治理结构体系来看,与其最为密切的利益相关者主要有四类:政府、教师、行政人员和学生。其中,

---

[24]　参见李福华:《利益相关者理论与大学管理体制创新》,载《教育研究》2007 年第7 期。

表 4-3 政府和大学教师的角色定位与角色转换

行动集团 主体关系	第一行动集团	第二行动集团
政府—大学教师	**角色定位** **1.态度**：重视教师、特别是普通教师的利益诉求。 **2.行为**：预测新制度的后果和教师行为反应；兼顾效率和公平；变强制性变迁为诱致性变迁，引导教师关注长远利益。 **3.地位**：制度创新的主导者、倡议者和解释者。 **4.作用**：快速发起推动制度创新并提供基本资源保障，确保制度创新的系统性和全局性。 **角色转换** 　在新制度正式实施后，可转换为"第二行动集团"，顺应和支持教师形成相应的行为规范和价值观念。	**角色定位** **1.态度**：积极支持、参与。 **2.行为**：理解新制度的价值和意义，根据新制度的要求确定发展目标和发展规划，形成新的利益生长点，并采取相应行动。 **3.地位**：新制度的积极参与者、执行者。 **4.作用**：使新制度真正得到贯彻和实施，确保实现预期制度目标。 **角色转换** 　在根据新制度的要求，主动形成相应的行为规范和认知图示的过程中，可逐渐转换为"第一行动集团"。
大学教师—政府	**角色定位** **1.态度**：坚定利益诉求和发展目标，主动迈出制度变革第一步。 **2.行为**：自我发展、自我创新，形成新的规则和规范，并通过交往进行扩散。 **3.地位**：新制度的首创者。 **4.作用**：率先发现"预期利润"，发起新制度，并引起政府的关注。 **角色转换** 　在引起政府关注和介入后，可转换为"第二行动集团"。	**角色定位** **1.态度**：具有远见卓识，顺应、认可、引导。 **2.行为**：为新制度放松管制，推动相应正式制度的变迁。 **3.地位**：新制度的支持者。 **4.作用**：赋予新制度合法性，加快实施和扩散的速度，扩大影响范围。 **角色转换** 　在为新制度放松管制，推动正式制度变迁的过程中，逐渐由"第二行动集团"转换为"第一行动集团"。

政府决定了我国高校的外部治理模式，教师、行政人员和学生则构成了高校内部治理的权力主体。因此，高校在制度创新中所追求的利益是由多方面组成的。既要代表教师的发展需求，提高自身的学术生产力，又要回应校内强大的行政体系的利益关切，平衡行政权力与学术权力之间的关系。此外，高校还必须回应学生的呼声，承担提升教学质量的职责。事实上，促使英、美等国在 20 世纪 70 年代兴起大学教师发展运

动的一个主要因素就是学生的不满。

具体到高校与教师的关系,高校就演变为利益相关者的代理人。不管是在政府主导型制度创新中,还是在教师主导型制度创新中,高校都扮演了多重角色。高校既可能作为政府代理人在本校自上而下地推行制度,并顺应或反对教师自下而上的制度创新,也可能作为教师的代理人向政府表达诉求,并在制度框架内将教师创造的新规范校本化、制度化。看高校在制度创新中是处于"第一行动集团"还是"第二行动集团",首先要看它在这一过程中是以什么样的角色参与了制度创新,代表了哪一类利益相关者的利益。需要特别指出的是,即便高校作为教师的利益代理人,其代表的也是教师群体(有时是取得优势地位的既得利益教师团体),而不是微观的个体教师。高校和教师在制度创新中既存在合作,也存在冲突(见表4-4)。

表4-4 高校和大学教师的角色定位与角色转换

主体关系 ＼ 行动集团	第一行动集团	第二行动集团
高校—大学教师	**角色定位** 1. **态度**:坚守学术本位,兼顾多方利益。 2. **行为**:协调沟通多方面的利益关系,遵循学术逻辑推动新制度的设计和校本化实施。关注教师多方面的发展需求,实现行政权力与学术权力的平衡,实现大学教师发展内容的平衡。 3. **地位**:政府制度的代理实施者,校本教师发展制度的设计者和推动者。 4. **作用**:主导设计适合本校实际的教师发展制度体系,激发整体学术活力,提升办学声誉。 **角色转换** 　　在新制度正式实施后,可转换为"第二行动集团",引导和培育教师形成相应的行为规范和价值观念。	**角色定位** 1. **态度**:积极参与、配合。 2. **行为**:理解新制度的价值和意义,根据学校发展战略和新制度的要求确定发展目标,形成新的利益生长点,并采取相应行动。为学校的校本化制度创新提供智力支持。 3. **地位**:新制度的接受者、支持者,校本教师发展制度的共同制定者。 4. **作用**:协助新制度的校本化设计和实施,确保实现预期制度目标。 **角色转换** 　　根据学校的发展战略和实际情况主动形成新的内部活动规范、价值观念和教师文化,从"第二行动集团"转换为"第一行动集团"。

（续表）

主体关系 ＼ 行动集团	第一行动集团	第二行动集团
大学教师—高校	**角色定位** **1. 态度**：坚持学术精神和学术追求。 **2. 行为**：自主确定预期发展目标和实现路径；加强学术自律，形成新的学术规范，完善学术自治能力。 **3. 地位**：新的教师发展规范、文化的首创者。 **4. 作用**：提高自身的学术生产力和学术内部公信力。 **角色转换** 　　在引起高校、政府的关注和介入后，可配合相应正式制度的变迁，转换为"第二行动集团"。	**角色定位** **1. 态度**：重视教师的创新，相信教师的学术自治能力。 **2. 行为**：提供指导和资源支持，参与形成新的学术发展规范；调整校内正式制度，并代表教师传达新诉求。 **3. 地位**：新制度的支持者、共同制定者和协作扩散者。 **4. 作用**：为新制度争取更大范围的合法性，加快实施和扩散的速度，扩大影响范围。 **角色转换** 　　在调整校内正式制度和作为政府的代理人推动调整后的新制度时，又转换为"第一行动集团"。

3. 政府与高校：问责与自治的双重机制

在计划经济模式下，我国的高等教育"作为一种准公共产品，由政府垄断生产提供，市场力量和社会自治力量很难介入，政府与高校之间形成了一种封闭的关系"。[249]政府作为高等教育的办学者和直接管理者通过行政手段实行强控制，对高校事务大包大揽。与当时我国的情况不同，西方的高等学校，即便是在公共税收支持下建立起来的公立高校，却长期享受着高度的自由和自治。政府心甘情愿地遵守一条原则——把钱放下，什么也别问地走吧。[250]随着我国市场经济体制的逐步建立和 20 世纪 80 年代以来西方公共治理理论的兴起与传入，中西方高等教育中传统的政府—高校关系都发生了重要转变。西方国家则在 20 世纪 80 年代找到了参与公立高等教育事务的法律依据，认为政府有权干预高校内部事务。政府介入的事务不再限于过去的入学规

---

　　[249]　盛冰：《高等教育的治理：重构政府、高校、社会之间的关系》，载《高等教育研究》2003 年第 2 期。

　　[250]　参见杨晓波：《责任与自治：美国公立高校和政府的关系》，载《高等教育研究》2003 年第 3 期。

模、学费等问题,而且还介入了高等学校传统的神圣领地——学术事务决策。㉕

依据高等教育的治理模式,政府仍然是高等教育的主要举办者(但不是唯一举办者),高校则作为一个独立的法人实体在法律约束下拥有办学权。在高等教育的治理模式下,我国的政府与高校之间不再是封闭的强控制关系和完全隶属关系,而是一种契约性委托代理关系,其实质是高校依据法律法规和宏观政策自主办学。高校一方面要对它的主要举办者——政府负责,另一方面又要追求学术自由和自治。政府与高校之间的关系,主要是在效用和问责与自由和自治的两极拉动下塑造而成的。

具体到大学教师发展领域,在处理政府与高校的关系过程中,政府强调的是基于高校责任的问责机制,关注高校在实现高等教育整体性收益中所发挥的效用。这种问责机制内含对高校大学教师发展三个方面的利益诉求:一是追求质量,保证高等教育的办学质量达到政府、社会的期望,保证社会公众在高等教育中的利益;二是尊重实际,根据高校特色定位和所在区域的经济社会发展需求,发展政府与高校相互尊重、相互支持的关系,推动政—产—学—研的合作共赢;三是加强领导,将高等学校纳入国家、地方的总体发展规划,加强综合性的计划和协调管理(见表4-5)。

从上述行动集团理论下的主体之间"两两关系"分析可以看出,从推动制度创新顺利实施和扩散的理想状态出发,政府、高校和大学教师三类主体都需要在态度、行为、地位和作用等方面明确角色定位,发挥各自的作用,并在制度创新的过程中适时完成角色转换。但在现实实践中,这种理想状态却并不常见。受到多种因素的影响,分处"第一行动集团"和"第二行动集团"的主体之间没有形成恰当的角色定位和角色转换,从而影响了他们的合作,使得原本应由两个行动集团共同推动的大学教师发展制度创新变成了"第一行动集团"的单独行动。

㉕　同前注㉕,杨晓波。

表 4-5　政府和高校的角色定位与角色转换

主体＼行动集团	第一行动集团	第二行动集团
政府—高校	**角色定位** 1. **态度**：信任高校，为制度在高校的校本化实施留有空间。 2. **行为**：依法行政，依法管理，由直接介入改为引导和监督；关注不同类别高校的教师发展需求，在追求整体效益的同时兼顾公平和公正；变强制性变迁为诱致性变迁，引导高校关注整体利益和长远利益，实现分类发展。 3. **地位**：制度创新的主导者、倡议者和解释者。 4. **作用**：发起推动制度创新，确保制度创新的系统性和全局性。 **角色转换** 　在新制度正式实施后，可转换为"第二行动集团"，支持高校在新制度基础上基于自由自治原则的二次创新。	**角色定位** 1. **态度**：积极支持、参与。 2. **行为**：理解新制度的价值和意义，结合学校实际，设计配套的校本制度和教师发展项目。在新制度中确定本校大学教师发展新的利益生长点，明确行动方案和实施细则。 3. **地位**：新制度的落实者、校本化实施者。 4. **作用**：使新制度在高校真正得到贯彻和实施，确保实现预期制度目标。 **角色转换** 　在推动制度的校本化实施和作为教师共同体的代表推动学术规范、文化创新中，又成为"第一行动集团"。
高校—政府	**角色定位** 1. **态度**：充分发挥学术自治权，同时满足政府的问责要求。 2. **行为**：自主决定教师发展目标和发展项目；沟通、总结、传达教师的发展诉求；制定校本化的教师发展制度和发展规范，培育本校教师文化。 3. **地位**：校本教师发展制度的设计者、推动者；学术共同体规范的引导者、建设者。 4. **作用**：确保新制度符合本校实际和学术发展逻辑。 **角色转换** 　若新制度在扩散后，诱发政府推行了更高层面的制度创新，则再次转换为"第二行动集团"。	**角色定位** 1. **态度**：保障学校的学术自治权，予以顺应、认可和引导。 2. **行为**：为新制度放松管制，推动更高层面相应正式制度的变迁；发挥政府的社会公共责任，推广扩散新制度。 3. **地位**：新制度的支持者、指导者、质量控制者。 4. **作用**：赋予新制度合法性，提高新制度的扩散效率，确保符合社会整体利益。 **角色转换** 　在为新制度放松管制，从更高的制度层面推动新制度扩散的过程中，逐渐由"第二行动集团"转换为"第一行动集团"。

　　能够影响三类制度创新主体角色定位和角色转换的因素主要可以分为三类：首先，最重要的还是利益关系。一方推动的制度创新对另一方利益的损益程度是影响另一方主体态度、行为的最根本因素。其次，是意识形态。特别是对大学教师而言，其内在的价值判断和伦理道德

会和利益因素一起,影响他最终决定在学术活动中"应该做什么和需要做什么"。最后,是另一方主体的实力、身份和"影响专用性"等客观因素。所谓影响专用性,是指特定的主体具有特殊的效用和影响力。例如,政府在动用社会资源支持大学教师发展或者快速协调多方利益矛盾等多个方面,都具有"影响专用性",这对于高校和大学教师来说都是特定的、不可选择的。正是由于这三个主要因素的影响,政府、高校和大学教师三类主体在制度创新中所形成的"两两关系"既可以是合作关系,也可以是中立甚至冲突关系。制度创新既可能是由多主体共同协作完成的理想过程,也可能是单主体独自推进、陷入困境的过程。

第五章
大学教师发展制度创新的
"单主体困境"

"单主体"作为制度创新过程的一种状态描述,意味着无论政府主导的自上而下的制度创新,还是教师主导的自下而上的制度创新,都只形成了"第一行动集团",而没有真正形成"第二行动集团"。这种主体间未就预期利益达成共识,缺乏协作基础的制度创新模式,既是由主体间关系决定的,又会反过来进一步对政府—高校—大学教师三元主体的行为、主体之间的关系,以及主体与制度体系之间的关系产生负面影响。

一、"单主体困境"的成因

在长期以来的制度创新研究中,作为发起者的"第一行动集团"一直被认为具有举足轻重的地位,格外受到重视,而"第二行动集团"的作用则被忽视。根据主体之间的关系分析模型可以看出,只有当政府和教师在利益相关程度和意义理解程度两个方面都达到较高水平时,大学教师发展的制度创新才最容易得到实施和扩散,否则都难以开展或持续。这种基于利益关系的分析模式启发我们,制度创新是多主体协作过程,而不是单主体的推进过程。"无论何种制度创新,都应当顾及相关主体的利益,同时,引导相关主体理解制度创新的意义。"㉒从中华人民共和国成立以来,大学教师发展制度创新的实际情况来看,最大的问题恰恰是有时会忽视对相关主体利益的关注,忽视主体间的协作和沟通,使制度创新陷入了"单主体"的困境。这种"单主体困境"的具体表现将在下文具体阐述。造成这种困境的原因,首先仍然要在政府、高校和教师三个制度创新的主体身上寻找。

(一) 政府在制度创新中的"诺思悖论"和"有限理性"

从中国现代大学百余年的历史来看,中国大学治理一直被置于现代国家建构的框架之中。大学使命的内涵转换与范围扩展、大学系统的身份和等级塑造,以及大学内部结构与体制的拟合,都是在现代国家的主导下完成的。将制度创新分为政府供给型和需求诱致型两种类型仅存在方法论上的意义,在具体分析时不能将主体简单地分为供给方和需求方。因为制度与商品不同,在现实中不存在对立的双方。政府并非超脱于利益之外,如果政府不需要制度,也就不可能去努力设计和推动制度,而当政府带着某种利益目的去设计制度时,则极有可能陷入新制度经济学所说的"诺思悖论"。

所谓"诺思悖论",原本是指诺思揭示出的统治者或国家提供博弈规则都有两重目的:一是使统治者租金最大化,二是降低产权制度的交易费用,从而促进经济增长。但是,这两重目的并不完全一致,"在使统治者(和他的集团)租金最大化的所有权结构与降低交易费用和促进经济增长的有效体制之间,存在着持久的冲突"。㉓也就是说,二者并非总是统一的,而是有矛盾的。当二者出现矛盾时,统治者常常将保证租金

㉒　同前注㉘,许庆豫。

㉓　[美]道格拉斯·C.诺思:《经济史中的结构与变迁》,陈郁、罗华平等译,上海三联书店1991年版,第24—25页。

最大化作为第一考量,从而选择相应的制度。换言之,政府在制度创新中通常有双重目的。㉔一类可以称为"制度目的",也就是实现制度所运用领域的绩效增长,包括促进经济增长、提高教育质量等;另一类是政治目的,实现政治支持的最大化,保持执政中心在权力力量的对比中始终处于支配地位。这双重目的并非都是一致的,而政府总是会优先选择后者。

在政府主导的大学教师发展制度创新中,也同样会面临类似的"悖论",即政府所遵循的政治合法性逻辑与大学教师发展自身的学术逻辑、主体性逻辑之间的内在冲突。当面临这种冲突时,政府往往会选择对维护自身统治有利的制度设计,即使这样会损害学术职业的发展。许多时候,以所谓的"维稳"名义而暂缓甚至放弃事关大学教师、高校,乃至国家长远发展的改革创新,即是此一悖论的困扰所致,而这最终也会给政府的统治基础带来损害。总之,政府和教师两个群体在利益相关和意义理解两个维度上的契合往往存在先天不足。如同诺思悖论在经济领域所揭示的一样,在教师发展领域,如果没有有效的制衡,国家既可以是教师发展的源泉,也可以是阻碍教师发展的原因。

此外,在操作层面也存在导致"单主体困境"的因素。一方面,政府作为制度设计者也存在有限理性,它对国家现状、需求、政策导向、利益集团关系等各方面的认识都会影响制度设计的合理性和有效程度。另一方面,政府的制度创新通常是由精英式人物或有权者进行设计,虽然效率很高,但设计者通常会把大多数当事人排除在外,从而违背一致性同意原则,即违背其他主体的利益。其结果很容易导致新制度服从并服务于某些既得利益集团的问题,形成"谁的呼声最高,谁就可能左右制度的设计",或者"谁的关系近,谁就能影响制度设计的偏向"的局面。

㉔　参见杨瑞龙:《论制度供给》,载《经济研究》1993年第8期。

(二) 教师的"单位意识"和"平庸思想"

我国以单位体制为基础形成的教师行为规范和思想意识仍然具有很强的影响力。单位制度不仅为非正式权力的运作创造了很大的空间，也通过全面占有和控制教师的发展机会及其资源，塑造了教师所处的文化环境。"在以封闭性为特征的单位里，大学教师逐渐养成了单位所特有的单位意识。"[255]这些意识使得教师已经习惯于对单位和领导的服从，习惯于按"人头"而不是按贡献分配资源，也认同了个人发展主要取决于资历和身份，而不是工作成绩的做法。此外，一个单位所谓的"二八定律"也是单位意识下群体发展与个体发展格局固化的结果。

这种以单位意识、组织依附为主要特征的价值标准和行为规范在大学教师发展中会表现为习俗、惯例等规范性制度和行为图式，相较于正式制度更加稳固。即使作为单位制度基石的强制性制度被消除，教师的依附性和单位意识在短时间内也难以消除。[256]因此，当政府推进某些新的制度后，新的教师发展制度所期待建立的，以学术业绩为基本追求的价值体系和新的资源分配方式，与原有的价值体系及其资源分配方式之间会发生剧烈冲突。一向"安居乐业"的大学教师难以接受再次由"单位人"向"学术人"的转变，难以适应不安定的工作环境。于是，某些失范现象涌现出来。[257]

教师作为制度创新的主体，不积极参与政府发起的制度创新，除了基于利益和资源分配方式方面的考虑外，其思想观念中存在的"平庸思想"也是一个重要原因。平庸思想在教学中的表现就是教学的平庸化，例如教学方法单一、课堂沉闷、学术思维能力和创新能力培养缺乏等。[258]汉娜·阿伦特(Hannah Arendt)认为，这种"平庸的恶"是不思考，

---

[255]　于显洋:《单位意识的社会学分析》,载《社会学研究》1991 年第 5 期。

[256]　同前注[14],吴艳茹,第 149 页。

[257]　同前注[14],吴艳茹,第 173 页。

[258]　同前注[38],朱炎军,第 281 页。

不思考人、社会以及行动的意义。㉙从根本上来说,"平庸的恶"是由"制度的恶造成的"。教师的教学平庸是长久以来制度对教学不重视的结果。但反过来,教师一旦形成教学平庸的习惯和观念,又会反制原本应有的制度创新的实施和扩散,漠视新制度与自身利益的相关性,拒绝理解新制度的意义。

(三) 高校的"科层体制"

高校居于政府和教师之间,在协调主体间的利益关系,促进共识和意义理解方面有着最为重要的作用。高校既是大学教师发展的合法官方代言人、传达者,又是大学教师利益诉求的汇聚者、上传者,是大学教师发展制度创新的第三主体。一方面,高校应在校内建立沟通协调机制,促进教师之间的互助与合作,搭建教师之间、师生之间相互理解的桥梁,并及时将教师的共识和制度诉求进行总结、固化和传达。另一方面,高校还需准确理解政府主导型制度创新的内涵与意义,将其有效地解释、传达至教师群体,并做到校本化的实施。但从我国大学教师发展制度创新的实践来看,高校在这两个方面都有所欠缺,在行政控制与学术自主的博弈中成为最纠结的主体,也成为在推动主体间理解与合作中最该"有为",而事实上又最"无为"的主体,甚至沦为"两头不讨好"的"他者"和"旁观者"。

高校内部科层体制具有负面功能和"非彻底性"。科层体制最先在经济组织和政府组织中形成,最早提出构建科层管理体制的马克斯·韦伯等人也主要以企业或政府组织为范本开展研究。随着大学规模的扩大、学科的不断分化和职能的复杂化,以效率化为最高原则,注重明确的职能分工和清晰的指挥控制的科层体制也逐步引入大学管理当中。科层体制在帮助高校规模成长壮大,实现资源约束下的最优选择的同时,其负面作用也逐渐显露。正如韦伯曾警告过的:"它需要付出

㉙ 参见孙传钊:《恶的平庸》,载《书屋》2005年第4期。

精神或情感方面的沉重代价。过去那种有助于赋予生活以目的和意义的个人之间忠诚的联系，被科层制非私人关系破坏了。对自发情感的满足和快乐，被合理而系统地服从于科层机构的狭窄的专业要求所淹没。"[260]而这种个体之间忠诚的联系、情感的满足等，恰恰是新制度主义者所重视的非正式制度形成和扩散的基础。过于依靠科层体制进行管理的高校，用行政权力主导的信息资源通道取代了学术权力主导的信息资源通道，而由于层级节制的非彻底性，行政权力终究难以完全触及最具活力的基层学术组织。这使得高校既无法将政府主导的新制度的精神内核有效传导至学术基层，也无法运用行政通道及时发现和逆向传达基层学术组织的利益诉求和价值规范。

二、"单主体困境"的现实表现

由于制度创新一般会带来三个方面的变化：特定主体行为的变化、主体之间关系的变化，以及主体所处制度环境的变化。因此，这里也将主要从这三个方面切入，分析制度创新的"单主体困境"的表现及其影响。

（一）主体行为的策略性背离

当制度主体中的一方对另一方发起的制度创新缺乏利益相关度和利益共识，但又面临较强的制度要求和压力时，作为被动的一方会采取多种自利的、策略性的方案进行应对。从我国高校的实际来看，大学教师发展制度创新表现为政府或高校权力机构作为发起主体的情况更多，影响更大，而教师作为发起主体的情况比较少见，即使有，影响也很有限，或者得不到足够的重视。依据主体反应的激烈程度不同，这些策

---

[260]　［美］D.P.约翰逊：《社会学理论》，南开大学社会学系译，国际文化出版公司1988年版，第292页。

略大致可以分为以下三种基本类型(见表 5-1)。

表 5-1　主体行为策略性背离的三种基本类型

类　型	条　件	表　现	效　果
妥协、附应	主体间力量差异悬殊	附应、巧妙利用制度	在一定程度上取得预期发展目标;消磨教师个性和牺牲教师自主发展的权利
回　避	制度不能完全掌控个体的行为	表明顺应,实际上拒绝执行	无法实现预期的改革目标;教师付出物质和心理上的代价
反抗、操作	主体间利益发生严重冲突	对新制度进行明显的抵制	新制度无法实施

第一,妥协和附应行为。对外在发展要求的默认或妥协,并不是都必然会带来消极的后果和心理体验。李琳琳在其《成为学者——大学教师学术工作的变革与坚守》中介绍了一个"从沮丧到满意:附应管理要求的'海归女'"的个案。该名女教师从海外毕业后来到 A 校担任讲师,经历了发表文章受挫、新课耗费时间、工资待遇低等"沮丧"和"不适应",在将海外的教学方法引入课堂的尝试中,除了学生的鼓励外也得不到任何回报。但她面对这些问题采取了一些策略性的应对,诸如通过合并授课班级增加科研时间、担任院长助理加强与学院其他教师的联系、加入著名学者的科研团队减轻申请课题的负担,并认识国内同领域的学者,承担"国际班"授课以增加收入等,最终感觉自己能够比较轻松地实现学术发展,感觉"各方面都很好,走了比较平稳的路了"。[261]

总体看来,我国已有研究者指出,教师在面对理想与现实的差异和学术职业的外在压力时,中国大学教师更加善用"附应"和"巧妙利用"制度规则。[262]这种"附应"和"巧妙利用"一部分有利于大学教师发挥能动性,获得发展的各种机会和资源,但同时也可能会衍生出不利于学术职业发展的行为。

---

[261]　同前注⑳,李琳琳,第 130 页。

[262]　同前注⑳,李琳琳,第 187 页。

第二,回避行为。表面看,采取这种策略的教师出于环境要求和压力已经顺应了新的制度要求,但事实上其并未真正放弃自身的基本价值立场,而是在表面顺应的掩盖下尽量避免自己受到新的制度要求的影响。教师之所以能够做到这一点,是因为在顺应制度的基本前提下,其具体行为是制度完全无法掌控的。用安东尼·吉登斯(Anthony Giddens)的话来讲,就是在制度设定的规限之墙中,个人虽然难以逃离,但"他尽可以在房间里自由走动"。所以,教师顺应所带来的结果不一定与制度改革目标相一致。当大部分教师顺应外在的学术管理要求时,这些选择回避行为的教师通常成为大学教师中的"非主流"。例如,他们可能会拒绝参加学院领导组织的某些课题,转而寻找虽然经费少,但自己感兴趣的课题。

不仅教师会回避自上而下的制度要求,政府和高校同样也会回避教师自下而上的制度创新诉求。例如,随着教师自主选择权的增强和对自身角色的重新定位,对高校提出了改革职称评定制度,设置"教学型教授"的诉求。这一诉求在教学学术理论的支撑下,促使许多高校设置了"教学型教授"评聘制度[26],引导教师根据各自需求实现不同类型的发展。但总体来看,高校的这种措施与其说是教师制度改革,不如说是解决利益冲突的一种手段。这些措施还没有从根本上解决科研取向职称评聘制度的弊端。

第三,反抗、操纵行为。当一方的制度创新所追求的预期利益与另一方的已有利益发生更为严重的冲突时,后者会选择更加激进的反抗行为,对新的制度要求进行抵制。甚至抵制的一方会通过与其他重要权力方建立关系,以影响和操纵外部制度环境,增强自己谈判的能力。例如,2003年5月,北京大学在九易其稿后终于公布了《教师聘任和职务晋升制度改革方案(征求意见稿)》。由于该方案中提出了对教员实行聘任制度和分级淘汰制度,对学科实行末位淘汰制,在招聘和竞争中

---

[26]　参见张其志、刘范美、赖永凯、穆湘兰、张成林:《教学型教授评聘调查研究》,载《高教发展与评估》2017年第4期。

引入外部竞争机制等改革原则,使其一经公布,不仅激起校内教师的反对,社会媒体和学者的争论、指责、赞扬、疑虑等声音也纷至沓来。2003年6月,北京大学校园网发表了长达3万字的方案说明,时任校长许智宏在接受采访时强调"我们必须改革,但我们必须形成共识,稳中求进"。在各方的阻力下,北京大学的改革方案被迫作出退让,校方对这场当时被称为"激进变革"的最后意见是"渐进式的改革更容易取得成功,不能奢望通过一次改革就解决高教人事体制中的所有问题"。㉖

(二) 主体间关系的单向度约束

制度创新反映了组织和个体行为的变化,是主体之间为了扩大潜在的收益而达成的"共同之约"。这里的"约",既是约束、制约之意,又是约定、契约之意。正因如此,与旧制度主义相比,在对制度的定义中,新制度主义者强调制度不仅包括法律、法规等强制性约束人们行为的正式制度,还包括价值观标准、共同信仰和共享行为逻辑等社会共同认知的非正式制度。主体间在"共同之约"下,关系应是双向的、互约的。我国有学者在大学教师发展制度研究中,引入了"心理契约"的概念。心理契约原本出自组织心理学,后来被引入组织行为学和管理学领域。美国管理心理学家施恩(E.H.Schein)教授将其定义为:"个人将有所奉献与组织欲望有所获取之间,以及组织将针对个人期望收获而有所提供的一种配合。"㉖心理契约同样也指向制度意义,但与制度的外在约束不同,它是一种隐含的、不易被觉察的主观约定,即组织与个人对彼此责任的期望。在对制度创新的分析中,既应关注由政府引入法律、命令强制执行的强制性变迁,也应关注个人或团体为响应获利机会自发倡导、组织和实行的诱致性变迁,同时还应关注二者基于心理契约形成的双向约定与约束,这是新制度能够得以贯彻执行的保证。

但在"单主体"的制度创新中,指向隐性约束的心理契约是缺位的。

㉖　博雅:《北大激进变革》,华夏出版社2003年版,第3—4页。

㉖　同前注⑬,杨凤云。

由于主体间尚未达成利益共识,因此也就难以在各方相互感知并认可各自期望的基础上,共同形成一套关于权利义务关系的协议。从中华人民共和国成立以来我国大学教师发展制度创新的历程来看,政府作为制度创新的主要推动者,表现出单极性和一元化的特点,而没有注意到政府(以及作为其代理的高校)与教师之间是对立统一的关系。政府大多采取了强制性的制度变迁方式,主体之间更多地表现为单向度的强制性约束,忽视了大学教师发展制度的本质是服务和引导人的发展,而不是控制、制约人的发展。因此,国家及代表国家行使权力的高校,在设计和执行新制度的过程中,长期以来把教师客体化,视为可随意塑造和要求的制度对象,而忽视了教师在制度关系中作为主体人的存在。在具体的大学教师发展制度中,"就更多注重强制性要求、共同的规范,而很少关注教师个体期望与诉求"。㉖

　　主体间单向度约束的关系不仅存在于政府主导型的制度创新中,在教师主导型的制度创新中也同样存在。在认知能力有限、信息不充分和缺乏沟通平台等多种因素的制约下,教师会为追求个人利益的最大化而提出诉求,并在各种备选行为方案中作出选择。这些选择作为组织或个人对制度环境的"积极主动的塑造"㉗,往往仅是教师根据个人偏好对行动结果的评估,并没有顾及现实条件和整体利益,甚至违背高等教育的"常识"。例如,1978 年国家恢复了"文化大革命"前的职称评定制度,作为恢复教师的社会地位、改善教师政治待遇的重要举措。但这一制度在实施过程中却遇到了阻碍。㉘因此,没有个人主动性的强制性规范与没有外部规范的个人自由都不会带来政府与教师之间的双向交流和规约。在这种情况下,大学教师难以成为高校科研、教学的真正主人,去积极主动地创新发展,只能被动地卷入或融入政府和高校的政策当中。

㉖　同前注⑬,杨凤云。

㉗　[美]约翰·迈耶、布莱恩·罗恩:《制度化的组织:作为神话和仪式的正式结构》,载张永宏主编:《组织社会学的新制度主义学派》,上海人民出版社 2007 年版,第 9 页。

㉘　同前注⑫,毛亚庆、蔡宗模。

（三）制度创新过程的线性特征

以历史制度主义中"关键节点"的概念作为划分标准，中华人民共和国成立以后我国的大学教师发展制度大致经历了以下四个阶段："以苏为师"的教师发展阶段、以培训及学历提升为主的教师发展阶段、差异化与多层次并举的教师发展阶段和以组织建制为主的教师发展阶段。⑩在不同的历史时期，先后推行了借鉴苏联模式、建立师资培训网络、推进学历提升、强化岗位聘任、出台长江学者等高层次人才发展计划等多种教师发展制度，在一定程度上满足了当时对大学教师发展的实践需求。但总体来看，这些制度创新都呈现出明显的线性特征。在制度的实施中，既缺乏不同类型、层次高校之间差异的考虑，也缺乏对各类制度之间内在联系的考虑。有关大学教师发展的聘任制度、教学科研评价制度、分配激励制度等往往多线并行而不交融，甚至时常存在相互冲突的现象。

线性的制度创新在高校层面，首先体现为在理念上和组织、制度设计上还没有形成教师整体发展观。美国教育协会将大学教师发展分为教学发展、专业发展、个人发展和组织发展四个维度，但在实践中，高校大多没有将这四个方面的内容落实到大学教师发展的制度实践中，仍然沿用了以往的教师发展措施，将教师发展窄化为"培训"，教师发展组织也出现了明显的行政化倾向，成为教师培训的组织管理机构。

线性的制度创新还导致实践中出现各类制度相互冲突和抵触的现象，造成教师思想上的困惑和消极认识，削弱了制度的预期效益。制度创新的有效性，不仅简单地体现在新制度的数量上，更重要的是体现在制度间的彼此呼应、相互衔接上。也就是说，系统整合度高的制度创新更有利于大学教师发展。但从现状看，不少教育主管部门和高校都热衷于制度创新，但这些创新都是只顾一点，不及其余，反而使得改革的

⑩　同前注⑫，牛风蕊、沈红。

碎片化倾向更加明显。

以旨在促进教师教学发展的教学奖励为例,在实际操作中遇到的困难在于,有些奖项的授奖对象单一、授奖条件高,一线教师难以企及。一项调查显示,教授获得教学奖励的比例为66.7%,讲师获得教学奖励的比例仅为23.9%。[270]此外,在教师科研团队的制度建设中也同样存在类似线性的特征。虽然高校鼓励科研团队的建设,鼓励团队合作,但会出现团队成员之间只有分工,缺乏交流的现象。而且在实际对教师进行考核时,有些学校对论文、著作、奖项等只认可第一作者或第一获奖人,只有课题主持人的工作在评价中能得到肯定,导致其他参与者都是"无名英雄",改革的目标和制度的实际效果有某些程度上的脱节。

三、"单主体困境"的制度分析

"单主体困境"中的制度创新简单来说就是只有"第一行动集团",而没有"第二行动集团"的单向度制度创新。依据前面的分析,制度创新被视为一个制度均衡—非均衡—均衡的循环过程。在这一过程中,最为关键的两个节点就是新制度的供给和实施。因此,本书在这一部分主要分析在"单主体困境"中,制度的供给和实施分别会受到怎样的影响,以及就整体过程来看,制度创新能在多大程度上突破对过去路径的依赖。

(一) 制度的有效供给降低

制度供给是一个与制度需求相对应的概念。在理论研究中,因对诱致性制度创新路径的偏爱,研究者大多偏重对制度需求端的研究。似乎有了制度需求,就必然会产生制度创新。但事实上,制度供给并不

---

[270]　同前注⑱,朱炎军,第248页。

是一个有着多种方案可供选择的集合。特别是在我国特有的高等教育治理体系下，研究制度供给更具有现实意义。

1. 制度供给及其影响因素

制度主要有规制性制度、规范性制度和文化—认知性制度三种主要的表现形态和强制、规范、模仿三类主要的扩散机制，也就相应的有三种供给形式。规制性制度的供给主要由政府承担。政府—国家作为专业化的制度供给者，利用其在暴力方面的天然优势，能够克服私人利益的斤斤计较，不必行动者一致同意就能推行。政府在规制性制度的供给中，既能够通过提供服务而强制且普遍性的收费，从而消除制度供给中的"搭便车"问题，如构建全国性的培训体系，也能通过某种特许授权制造"搭便车"的机会，如各种"人才计划"。

规范性制度和文化—认知性制度作为非正式的制度，虽然变化相对缓慢，但也不是凝固不变的，作为人类社会文化传统的重要组成部分，往往是个人行为扩散的结果（虽然国家在规范性制度的扩散中也是一个重要的推动力量）。个人或某个团体在进行利益权衡后，可能会先违背已有的行为规范，创造新的行为规范，如此，制度的供给就实现了。㉗

依据新制度经济学的理论，影响制度供给的因素主要有以下几个方面。

第一，宪法秩序。宪法秩序作为政权的最基本规则，为社会发展提供了基础和保障。通过《宪法》和《教育法》《高等教育法》《教师法》等基本法律，对我国的政体和基本教育制度形成了明确规定，在最根本的层面影响了制度创新的方向和形式，也影响了对预期成本和收益的计算。如果宪法界定的权力结构，使政府在教育领域的权力结构中处于绝对支配地位，那么高校、教师等其他主体的权限就很小。这种情况下，一方面，政府主动进行制度创新的愿望可能不强，另一方面，其他主体因为权力有限，谈判力量过小，也无法通过权力中心实现制度的供给。例

㉗　同前注⑩，卢现祥，第 155 页。

如,根据美国联邦《宪法修正案》第 19 条的规定[222],联邦政府无权强制
或干涉各州的教育事务,"从而奠定了美国教育分权与自治的格局"。[223]
而与之不同的是,我国的宪法则明确规定了由"国家发展社会主义的教
育事业",国家负责"普及初等义务教育,发展中等教育、职业教育和高
等教育"。两国在宪法秩序上的不同,决定了在教育制度创新的方向和
方式上必然有着极大差异,无法照搬既有经验。

第二,制度供给的成本约束。这主要表现在两个方面:一是制度设
计的成本,每一项新的制度安排都是需要耗费成本的;二是实施新制度
安排的预期成本,一些好的制度安排很可能会因为实施成本过高而无
法推行。例如,笔者从我国对 69 所高校的设置情况来看,其中只有不
到 25% 的高校,大学教师发展机构是作为学校直属单位独立运行的,
其他则都是挂靠教务处、人事处,或由教务处和人事处共同领导。[224]从
人员设置上看,大多数也是以行政管理人员为主,较少考虑大学教师发
展是一项专业性很强的活动,普通行政管理人员无法完全胜任教师培
训、教学研究、教学质量评估与检查、教学资源建设等工作要求。这种
以挂靠为主的机构设置和以行政管理人员为主的人员配备方式,除了
是基于工作协调上的考虑外,还有一个重要因素就是对高校内部机构、
编制等成本的考量。作为一种主要由政府外部推动而设立的校内机
构,高校必然是以尽可能小的成本来"完成任务"。

第三,知识积累及认识水平的约束。正如科学知识的积累会影响
技术创新一样,我们有关教师发展理论、制度理论的知识积累也会影响
该领域的制度创新。拉坦就断言,"我们拥有的社会科学知识越多,我
们设计和实施制度就会干得越好"。[225]就大学教师发展而言,成人学习

---

[222]　依据该条规定,"凡是未经宪法赋予联邦的权力,或禁止各州行使的权力,一律由
各州及人民保留。"由于教育的权力恰是符合这两个条件,因此属于"各州及人民保留"。

[223]　徐巍:《美国宪法关于教育权力归属的政治哲学分析》,载《河北学刊》2013 年第
5 期。

[224]　参见魏红、赵彬:《我国高校教师发展中心的现状分析与未来展望——基于 69
所高校教师发展中心工作报告文本的研究》,载《中国高教研究》2017 年第 7 期。

[225]　同前注[104],卢现祥,第 155 页。

理论、教师发展理论、教学学术理论等相关理论的发展,都影响了我们对大学教师发展的认识和理解。例如,依据成人发展理论,大学教师发展具有更强的自我导向特征,教师的自主性、目的性和功利性都更强。依据教师发展理论,当前更加强调大学教师发展的"自主、合作和实践"特征,越来越重视在现实情境中获取实践智慧。这些相关理论的研究进展,都会对我们设计、组织、实施大学教师发展产生推动作用。

第四,现有制度的约束。现有制度既包括正式规则,也包括已有的规范性准则、文化传统等。这些非正式规则虽然也是制度供给的一种形态,但同时又会成为对制度创新的约束。制度创新与原有的规范、习俗、管理等反差越大,遭受的阻力也就越大。例如,同行评议制度作为一项提升学术权力、扩大"内行"发言权的制度设计,自从将其与政府的资源分配挂钩后(以各类国家科学基金评审为典型),产生一些争议。究其原因,很大程度上在于我国还没有完全具备适宜同行评议制度的"生态环境"。这种"不适宜"的"生态环境"表现为学术共同体目前还没有发育出能够与行政权力相抗衡的权力和公信力,政府和行政系统对学术共同体的自我管理能力信任不足,较习惯于介入学术事务,进而削弱了学术权力,由此形成"恶性循环",政府主导了较多的评奖、考核和各类'工程'。[276]

2. "单主体困境"对制度供给的影响

制度创新的单主体模式,一方面,是由上述因素造成的结果,例如基本的高等教育制度限定了不同主体的利益关注视角和沟通渠道,制度设计的成本约束会增大主体间协商的难度。但另一方面,这种单主体的创新模式也会反作用于上述几个影响因素,从而影响制度供给。这些影响具体表现在:

第一,制度供给的功利化。制度创新主体间的相互分离使他们都互持工具主义的观念,而不是作为利益共同体的一员。特别是政府在

---

[276] 同前注⑱,阎光才第92页。

制度设计或创新中,通常持一种弥补型的教师发展观。以外在的工具性要求为依据,在制度设计上要求教师"缺什么、补什么"。在制度预期目标上,重视外在的可观察的、量化的指标,忽视教师内在心理、人格的发展。

第二,制度供给的缺失和虚设。制度供给的缺失包括"完全意义"上的缺失和"不完全意义"上的缺失。[277]完全意义上的制度缺失是指完全没有供给所需的制度,例如,关于教师个人发展的制度;不完全意义上的制度缺失是指缺乏相关的配套制度,使制度不能被完全实施。制度的虚设则是有规则,但没有得到严格实施的情况,这在现实中也有所表现。

第三,制度供给的精英化。制度供给的精英化是制度创新单主体模式的一种具体表现,是指制度的设计主体集中到了所谓精英层面。精英在制度创新中的作用一直受到新制度主义者的关注,但精英群体毕竟只是少数群体,受知识积累及认识水平的约束,其对大学教师整体需求的把握是有限的。正如于建嵘所说,中国今天并不缺乏对精英的关注,反而最缺乏的是对中国底层社会的研究方法。[278]

(二) 制度创新的交易成本提高

根据诺思的制度创新模型,制度创新应是"第一行动集团"和"第二行动集团"共同推动的过程。单主体的制度创新模式由于只有"第一行动集团"的推动,"第二行动集团"缺少有效参与,必然会导致制度创新的成本上升。本部分主要分析制度成本包括哪些内容,单主体的制度创新模式又是如何推高制度创新的成本的。

1. 制度交易成本的主要内容

如果说新制度的设计和供给是生产问题,那么制度的实施就是交

---

[277] 参见檀传宝:《制度缺失与制度伦理——兼议教育制度建设》,载《中国教育学刊》2005 年第 10 期。

[278] 参见于建嵘:《精英主义束缚底层政治》,载《人民论坛》2010 年第 21 期。

易问题。在新制度经济学中，包括买卖活动、管理活动、征税活动等所有人与人之间的经济交往都属于交易的范畴，制度的实际运转就是由无数次的交易构成的。

本书所说的交易成本主要包含两个方面的内容。一个主要内容是一般意义上的市场交易成本，是在既定的制度环境中收集信息、签订及履行合约的成本。市场交易成本的思想最早来自科斯，是指为了保证契约条款得以履行，在谈判、讨价还价、拟定契约、实施监督等方面付出的费用。简言之，交易成本是为了获取市场信息所付出的费用。交易费用越低，交易越容易进行。西方经济学者对市场交易成本的定义一般没有太大差别。以大学教师的进修为例，更多的就表现为一种信息的单向传播。在进修渠道和方式等问题上，就存在着明显的信息不对称，导致教师无法在这些问题上进行谈判。

交易成本的另一个主要内容是制度性交易成本，是指行为主体为了应对不合理、不健全的制度环境而额外付出的成本。它既包括制度供给过剩带来的大学教师发展中低效的培训、冗长的审批、过多的考核和变味的评比等，也包括制度供给不足造成的教师需要依靠个人力量寻找发展渠道和资源。与市场交易成本相比，制度性交易成本往往依靠各种"潜规则"实施，因而更加难以测度。

2. 单主体制度创新模式对交易成本的提升

第一，单主体制度创新增强了主体行为的不确定性。在新制度经济学理论中，制度的最基本作用之一就是提供了人类相互影响的框架，确立了竞争与合作的秩序。其基本目的是确立人类共同遵循的契约关系或交易规则，从而降低交易成本。因此，对行动者的约束行为越明确，交易活动越确定，交易成本就越低。反之，交易成本就会增加。在单主体困境中的制度创新，由于主体行为中存在普遍的策略性背离，这使得主体的行为更加难以预计，增大了一方主体判断和预测另一方行为的难度，必然会加大交易成本。特别是在政府主导的制度创新中，在改革开放前，大学教师对制度更加难以形成稳定的预期。例如，在中华人民共和国成立后的很长一段时间,我国都没有形成稳定的教师职务政策。各级教师能否晋升职务除了要看自身的业务能力,还要看当时的具体政策。大学只能根据政府部门的"通知""暂行规定"等各种条文来确定何时对何种级别的教师进行职务评审,导致教师的职务聘任时断时续,缺乏连续性、稳定性和系统性。㉙

第二,单主体制度创新提高了制度性交易成本。制度创新的单主体模式对制度性交易成本的提升主要表现为两个方面:一是增加了教师发展的额外负担。除了冗长的审批、繁琐的表格等显性的负担外,还包括低效的教师发展活动带来的"隐性"负担。例如,某些与教师需求不符的教师培训、部分流于形式的教研室活动等,原本应是教师发展的重要内容,却因与教师需求不符,成为占用教师有效教学科研时间的额外负担。二是制度摩擦引起的成本上升。如果已有的教师发展制度与教师学术发展的理性行为是冲突的,比如不顾教师在教学、科研上的差别而同等要求教学工作量,教师就会想办法"绕开"制度,从而引起成本的上升。

第三,单主体制度创新削弱了意识形态的一致性。作为诺思所确认的制度变迁的主要支柱之一,意识形态也会对制度的交易成本产生影响。诺思所认为的意识形态与马克思所说的意识形态有所不同,是一种公认的行为规则。它以价值判断和伦理道德为主要表现形式,偏重于对人的行为的约束。㉚诺思认为,一致的意识形态可以替代规范性规则和服从程序,降低交易费用。㉛因此,在计划经济时代,在政府对高校和大学教师的强约束下,以及在教师自愿形成的对单位的依附关系下,即使教师发展制度不健全,规制性和规范性规则不明确,但由于教师的思想观念相对单一,意识形态的一致性程度相对较高,制度的交易费用还是会得到降低。但是在市场经济对高等教育的观念和行为习惯

㉙　同前注⑯,吴艳茹,第143页。

㉚　参见陈勇勤:《"经济—制度—意识形态"与经济原则》,载《南都学坛》2015年第2期。

㉛　同前注㉓,[美]道格拉斯·C.诺思,第229页。

的冲击下,传统的思想束缚逐渐消退,大学教师的价值判断和伦理观念都会向多元化演变,教师对发展目标、意义和价值标准的选择各不相同。这种情况下,单主体制度创新的负面作用会被加大,"因为不断演变的意识形态观念,使得个人和集体对自身地位的公平性产生相互对立的观点,并使他们按照这些观点而行动"。㉒也就是说,在缺乏主体之间一致性协商的环境中,主体之间公认的行为准则更加不复存在,制度的运行成本会更高。

（三）制度创新的路径依赖增强

1. 制度创新的路径依赖

路径依赖最初是新制度经济学中的术语,是指"一个具有正反馈机制的体系,一旦在外部新偶然事件的影响下被系统所采纳,便会沿着一定的路径发展演进,而很难为其他潜在的甚至更有效的体系所取代"。㉓也就是说,制度创设时所选择的政策,都将持续和极大决定性地影响未来的政策。不管是正式制度还是非正式制度,都存在路径依赖的现象。之所以会出现路径依赖,主要有以下几个因素㉔：

第一,制度成本的规模效应。随着一项制度的不断推广,最初投入的单位成本和追加成本都会相应下降,这导致主体更加依赖原有制度,而不愿轻易改变以造成前期成本的损失和新成本的增加。例如,我国高校教师培训体系的建立就体现了这一特点。从 20 世纪 50 年代开始,我国的高校教师培训经历了不同的阶段,但主要是依据 1960 年颁发的《关于全国重点高等学校暂行管理办法》实行的,"即以教育部为核心,其他部委和地方政府教育行政部门参与组织规划,重点高校实施培训"。㉕1985 年以后,逐步形成了全国性的师资培训网络,仍然也是遵循这一建设思路,沿用相关的组织框架。直至目前,尽管高校师资培训内

㉒　同前注㉓,[美]道格拉斯•C.诺思,第 64 页。
㉓　同前注⑩,卢现祥,第 168 页。
㉔　同前注⑩,卢现祥,第 170 页。
㉕　同前注㉔,管培俊、吕杰。

容、方法和手段落后于高等教育发展的缺陷较为明显,但各省统一组织的高校教师培训仍然主要依托这些培训中心进行,在组织体系上没有发生根本变化。

第二,学习效应。在一定的制度框架内,如果适合这一制度的组织逐步获益并积累了经验,其他组织就会利用同样的机会纷纷效仿,这反过来又会强化制度本身,但这种相互强化并不一定必然带来制度绩效的提高。

第三,协作关系。在既定制度框架内行动者之间已经形成了固定的协作效应,使人们适应了既定的制度框架。教育主管部门与高校之间,高校内部各部门的横向和纵向之间,都存在这种稳固的关系。与大学教师发展有关的各种培训、项目申报、评奖等活动,都依赖于已经成熟的行政系统层层组织开展,形成了稳定的运行机制。这些运行机制即使存在各种弊端,例如,不能激发教师积极性,难以精准对应教师的实际需求,难以及时发现教师的特长和发展潜力等,也难以凭借某个人或某个部门单独改变。

第四,适应性预期。由于原有的制度框架中的正式规则已经在一定程度上产生了与之相适应的非正式规则,包括习俗和惯例等。因此,一旦这种制度框架处于支配地位,人们出于对制度有效性的预期,就会先在既定制度框架内选择方案。例如,在教学团队和科研团队的建设上,尽管越来越强调团队成员之间的合作,但由于长期以来对"团队(项目)负责人制"的习惯和依赖,导致政府主管部门、高校乃至团队成员,都将团队的权力、责任和考核等系于负责人一人,客观上使得团队合作流于形式和表面,难以真正落实。

2. 单主体制度创新增强路径依赖的表现

单主体的制度创新模式在上述制度成本、学习效应、协作关系、适应性预期等几个方面都会产生影响,从而增强制度创新的路径依赖性质。由于制度创新由原本的多主体共同推动变成了单主体推动,导致原本应由所有相关主体共同承担的制度成本也只能由其中的一方主体承担。在这种情况下,就会进一步放大制度成本的规模效应。单独承担制度创新成本的一方在投入资源时会更加谨慎,同时更加依赖已有的投入。

此外,制度创新原本是内生性的,是多主体基于多元利益诉求的博弈过程。但单主体制度创新的单向度实施和线性推进,忽视了教师发展的多样性需求,忽视了制度之间内在联系,必然会削弱制度创新的内生动力,使制度创新对行政管制、等级控制的路径依赖更加强化,导致资源分配机制的固化,最终被"锁定"入某种无效率的停滞状态。

正如前文所述,国家长期以来实施的重点大学建设战略和对大学教师发展实施的等级化投入,就是路径依赖的一种表现形式。依据这种路径,办学实力越高的高校,在政策倾斜和资金投入上获得越多。高层次的大学在"长江学者""新世纪优秀人才"及"青年骨干教师"选派和培训中占据着绝对的优势,且教师培训及发展机构多设立在高层次的院校中。㉖重点大学建设战略下的资源配置方式,形成了影响各类高校在制度环境中生存和发展的"合法性机制",使众多高校在包括大学教师发展在内的各种制度建设上,都习惯于对政府的依赖和对研究型大学的模仿,很少获得特色发展、差异发展的动力和激励。"可以说我国大学趋同化的现象在某种程度上是制度安排的结果,并不完全是高校的责任。"㉘在我国当前全面推行"双一流"建设的背景下,改变长期以来形成的从政策制定、实施到评估的闭合循环,在制度建设中吸引教师和学生这两个最为关键的利益相关者的参与,构建多方利益主体参与的治理网络,显得尤为重要。㉘

㉖　同前注⑫,牛风蕊、沈红。

㉗　李斌琴:《寻求合法性:我国大学趋同化机制解析——从重点大学政策说起》,载《高教探索》2012年第1期。

㉘　参见苏永建、李冲:《"双一流"背景下中国特色现代大学制度的挑战与应对》,载《教育发展研究》2017年第13—14期。

四、对"单主体困境"的路径突破

制度创新的"单主体困境"实质上源自行动主体间利益关系和价值理解的背离。各主体在缺乏利益相关度和理解共识的基础上,基于各自的诉求单方面推进制度创新,从而使制度创新原本应具有的主体间关系,变成了互为工具的主客体关系。因此,突破制度创新的"单主体困境",就是要构建制度创新的共同体,将单主体的"我要改变"转向多主体的"一起改变"。这首先需要明确大学教师发展制度创新的外在"收益",为各类主体的合作寻求利益共同点,在此基础上,重新审视大学教师职业的本原属性,明确其在实现"收益"的过程中所能发挥的基本职能,进而实现对制度创新的理解转向。

(一)大学教师发展制度创新的双重"收益"

虽然大学教师发展的制度创新存在于多个不同的层面,每一个层面都存在"单主体困境",但高校是与大学教师关系最为密切的场所,也是教师所处学术场域的基本组成单位。因此,本书主要以高校层面的制度创新为关注点,思考对"单主体困境"的突破。从制度"收益"的角度看,鉴于大学教师发展是为了实现基于知识材料的学府——大学的理念、目的和作用而实施的"教师群素质开发"㉘,因此通过推动大学教师发展的制度创新,首要受益者是大学。研究大学教师发展制度首先就应从大学组织的基本职能谈起,也就是明确对大学组织来讲真正的"收益"应是什么。

1. 大学组织的双重职能

组织理论通常用组织的行动者的特征、他们之间的关系特征,以及

㉘ 同前注㊸,[日]有本章,第56页。

他们的活动特征来界定组织的边界。㉙从这三个方面的特征来看,尽管大学发展到今天已经成为外部关系和内部组织机构都十分复杂的系统,但其基本职能仍然可以归纳为两个方面:一是学术职能,二是组织职能。

第一,大学的学术职能。任何组织都是围绕一定的目的和任务而建立的,"组织是一种追求自己目标的社会单元"。㉙大学的目标和宗旨,就是研究"高深知识","追求科学和学术的工作永远属于大学"。㉚大学不仅要以"高深知识"为基本材料开展学术活动,其活动特征还要与"高深知识"的特征相匹配。也就是说,与知识的发现、传播和应用等复杂的机能相对应,大学也应具备科学研究、人才培养和社会服务等多种功能。大学的学术活动应该遵循知识的实现逻辑,为实现知识的各种机能服务。

在大学的三大主要功能中,科学研究和人才培养的功能最为引人关注。科学研究是以拓展新的知识领域为目标,目前已经成为大学各类活动的基础,甚至是赖以生存和发展的主要依据。人才培养是与科学研究密切相关的知识传播活动,以培养未来的"学术人"为基本目标,促进知识的再生产。理论上,科研本身具有知识分化的倾向,推动学科发展越来越呈现出专和精的特点,而人才培养则能够平衡这股力量,通过贯通、统整各学科,发挥出打破学科壁垒,促进知识融合的作用。此外,大学还具有社会服务功能,这既是知识的应用,也是人才培养和科学研究功能的拓展,是体现大学的社会价值的重要途径。

大学只有在完整地履行上述三大功能时,才能最好地发挥出其作为学术组织在发展各项知识机能上的价值。新知识的发现追求专精性、独创性和排他性,知识的传播则追求统整性、共通性。他们之间的

㉙　参见[美]W·理查德·斯科特、杰拉尔德·F·戴维斯:《组织理论》(第四版),高俊山译,中国人民大学出版社 2011 年版,第 170 页。

㉙　朱国云:《组织理论:历史与流派》,南京大学出版社 1997 年版,第 248 页。

㉚　[美]亚伯拉罕·弗莱克斯纳:《现代大学论——美英德大学研究》,徐辉、陈晓菲译,浙江教育出版社 2001 年版,第 22 页。

这种矛盾不仅体现在人才培养与科学研究当中,也扩展到大学的教师群体之间。因此,在学术职能层面,大学不仅要思考如何发挥人才培养、科学研究和社会服务三大功能,还更要思考如何处理这三大功能之间的关系。需要在组织层面对这些功能进行管理和整合。只有这样,大学才能避免陷入各类知识机能的内耗当中,避免学术职能的功能障碍和停滞。

第二,大学的组织职能。通过对大学学术职能的理论和现实分析可以看出,大学为了保持自我发展,不仅需要尊重和发挥各项功能,还要调节各项功能之间的矛盾。这就是大学需要组织职能的主要原因。组织职能与大学的功能相对应,其首要就是围绕学科组成工作结构。"科研、教学和其他学术活动,大量地受如何在高等学校内部和各高等学校之间把工作任务分配给学术人员所制约,这是不可避免的。"㉓因此,大学的组织职能不仅反映了大学功能的发挥情况,也能够告诉我们大学教师实际在做什么。良好的组织职能一方面能够使大学与社会一致,顺应社会变化,推动社会变革,另一方面也使大学在履行社会职责方面被寄予厚望。㉔

从世界一流大学的实践来看,都会根据大学的功能定位建立内部管理体制和组织制度。例如,美国的大学在学校层面主要采用由董事会、校长和学者团队组成的"三位一体"的组织结构。董事会任命校长,委托校长进行管理,并保留最终的法律控制权;校长和专职管理队伍构成专业化的行政体系;教授通过集体性的学术组织机构参与学术管理事务。在学校层面以下,还由教师组成学术委员会及分委员会,在人事、财务和课程改革等方面具有较大的决策权和管理权。

我国大学的学术职能及其相应的组织职能显得更加复杂。大学功能不仅受到学术职能的影响,还受到政治权力的介入,使得我国的大学功能完成了"创造性转换",形成了当今中国大学独具特色的功能形态。

㉓　同前注㉔,[美]伯顿·克拉克,第108页。
㉔　同前注㊸,[日]有本章,第55页。

具体表现就是:人才培养从"培养博学和自由发展的人"转换为"培养社会主义建设者和接班人";科学研究从"追求知识创新和探寻真理"转换为"服务国家和地方战略";社会服务从"通过人才和知识(技术)服务社会"转换为"支援和服务国家和地区发展"。㉕与这种学术功能的转换相对应,大学建立了更为复杂的组织结构体系。在我国的高校内,既有体现政党和国家嵌入的党委组织系统(如党委办公室、组织部、宣传部、统战部等),也有体现学校行政运行的组织系统(如教务处、学生处、人事处、科技处等),还有体现学校学术特性的学术组织系统(如学术委员会、教学指导委员会等各类专家咨询审议组织),以及体现师生权益和民主监督管理的群众系统(如工会、教职工代表大会等)。除此以外,我国还有各类领导小组和工作委员会。这些领导小组和工作委员会往往在内部事务的顶层设计、决策、协调和推动等方面发挥着独特而不可替代的作用,"它(领导小组和工作委员会)往往作为正式组织结构的缝隙填充和组织黏合而无处不在"。㉖

我国高校在学术职能和组织职能上的特殊性,使得大学教师发展的制度逻辑更为多样。但不管怎样,我国大学的学术本性没有变,组织职能为学术职能服务的基本理论定位没有变。大学教师发展的制度创新,仍然是以提高这两种职能的绩效为最终目的。

2. 大学教师发展制度的收益结构

通过上述分析可以看出,我们需要从大学的学术职能和组织职能两个方面来理解大学教师发展制度。大学组织的存续和发展,本质上是学术职能的持续发挥,组织职能是为学术职能的发挥而服务的,大学教师发展是联结这两种职能的桥梁。一方面,大学教师发展着眼于提高教师知识、能力、技能等各方面的素质,将更好地发挥大学的学术职能作为出发点和旨归。另一方面,组织职能出于控制、调和的目的,会对学术职能提出期望和要求,这些要求也是通过大学教师发展来实现

㉕㉖ 参见蒋达勇、王金红:《现代国家建构中的大学治理——中国大学治理历史演进与实际逻辑的整体性考察》,载《高等教育研究》2014年第1期。

的。从这个意义上讲,大学教师发展是大学组织发展的内在逻辑,大学教师的发展与大学组织的存续密切相关。

着眼于大学组织的双重职能来理解大学教师发展,类似于日本学者有本章所提出的关于大学教师发展的广义理解。他认为,广义的大学教师发展就是在研究、教育、社会服务和管理运行等各方面功能的开发,包括大学组织及学术职业两方面的自我检查和评价。㉙基于这种广义的理解,有本章从学术规范和学校管理两个维度出发,确定了大学教师发展制度的结构和功能框架。本书借鉴这一框架,将大学教师发展制度的收益结构确定如下(图5-1)。

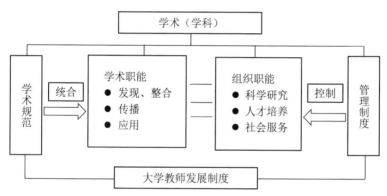

图 5-1　大学教师发展制度的收益结构

对标这一收益框架可以更加清楚地看出,"单主体困境"的制度创新往往只关注某一方面的收益,而不是全盘考虑,存在重组织职能、轻学术职能,学术职能中重科学研究、轻人才培养,重单向功能的推进、轻功能之间的统合协调等问题。因此,如何通过大学教师发展同时推进学术职能和组织职能的提升,是大学教师发展制度创新首先要考虑的"收益"问题。当然,在提升学术职能和组织职能的过程中,又能反过来促进大学教师发展相关规范性制度、文化—认知性制度的改进。当前,越来越快的社会发展和日益深化的市场机制改革,对大学组织提出越

㉙　同前注㊸,[日]有本章,第58页。

来越高的要求,大学面临的外部压力也越来越大。在各种职能相互冲突的内部矛盾和外部压力双重作用下,大学教师作为大学的主体,他们的角色、职责和使命都需要被认真对待。大学教师的职责如何与知识的机能、大学的职能相匹配? 如何让大学教师更好地履行使命? 这些问题都是有效地推动大学教师发展制度创新中需要解决的基础性问题。

(二) 对学术职业的重新审视

大学教师是承担知识的发现、传播、应用等学术职能的主体。但纵观现代大学的发展史,大学教师的职责既不是一成不变的,也不是横空出世的,而是伴随着学术活动形态的变化经历了漫长的沉淀。因此,只有将学术职业放在现代知识生产与再生产活动的历史演变和现实状态"大背景"下进行考量,才能准确把握其历史渊源和内涵特征。

1. 知识生产与再生产的历史合一到现实分离

第一,知识生产与再生产的历史合一。在现代大学产生以前,中世纪大学首先开启了以教学为主的知识性活动,这一时期的大学主要以教学为主,大学教师对学生是所谓的"羊倌式的照料",还不需要通过科学研究将专业知识传授给学生。因此,大学教师的最初原型是以教学者的形象出现的。一般认为,1810 年洪堡创办柏林大学,标志着现代大学的产生。与传统的中世纪大学相比,现代大学的最大特点就是将研究引入大学,确立了"教学与研究相统一"的基本办学原则。根据洪堡的大学教育思想,他所追求的教学与研究相统一是教学过程与研究过程的统一,追求的目标既是发展科学和科学研究,也是培养具有科研精神和科学能力,将来献身于科学的人。他认为,"在科学的发展上,大学教师的贡献丝毫不亚于,甚至在德国超过了科学院的研究者,他们在各自专业中的成就正是通过教学活动而取得的"。[298]

298 朱国仁:《高等学校发展知识职能的产生与演变》,载《清华大学教育研究》1998年第 3 期。

在这种"教学与研究相统一"原则下,洪堡不遗余力地将学术研究引入大学,学术研究的深刻意义不仅在于促进了科学的发展,还在于带来了整个教学过程的改观。首先是改变了中世纪大学日益保守和衰落的教学风气,提高了教学的独立性和自由度,为新的知识成果引入教学解除了禁闭。其次是改变了师生关系,教师与学生的关系由授受关系,变成了研究过程中的合作者或共同参与者的关系。最后是具体的教学组织形式也发生了变化。实验室、研讨班和讲座制等新的教学形式在很大程度上取代了刻板的讲课、听课。

这些变化带来的结果是,作为知识生产活动的研究过程和致力于知识传播与再生产的教学过程合二为一。教学过程科研化,科研过程教学化,最好的研究者也就是最好的教师。[299]可以说,追溯到现代大学的历史起点,当时新人文主义所追求的"纯科学"的学术理想和"纯大学"的教育理想,为教学与研究的统一提供了理想的土壤,实现了一种原初意义的学术性教学。这种通过教学与研究合二为一培养知识精英的办学理念,顺应了18世纪下半叶到19世纪科学发展的历史趋势,使得大学逐步确立了科学中心的地位,成为推动19世纪科学进步的重要力量。

第二,知识生产与再生产的现实分离。进入20世纪以后,随着科学技术的迅猛发展,学术活动的内容和方式再次发生变革。特别是"二战"之后,随着西方发达国家相继进入高等教育大众化阶段,大学与社会的关系日益密切,其内部的知识生产与再生产之间的关系却日益疏远。在知识生产的一方,其发展动因从大学内部转向外部,关注重点从洪堡时期的"纯科学"转向"大科学";在知识再生产的一方,大学的多样化也导致了目标的多元化和方向的不确定性。小部分大学仍然扮演着传统的角色,继续培养知识精英,大多数高校则按照社会的需求设置专业和课程,大批量地培养各行各业所需要的实用人才。

在此背景下,教学与研究的任务都空前繁重,研究在教学中的适用

---

[299] 参见周川:《从洪堡到博耶:高校科研观的转变》,载《教育研究》2005年第6期。

范围越来越小,它们相统一的基础几乎不复存在。大学教师不管是作为个体还是作为群体,都面临着在知识的生产和传播之间作出选择。应该说,知识生产与再生产活动的现实分离及其导致的传统"科研—教学—学习"连接体的分裂,很大程度上是由跨学科的学术前沿知识和可以教的、整理好的知识之间,不断增长的断裂所决定的,有其必然性和合理性。[⑳]这种现实分离一定程度上会导致大学内部在资源分配和组织活动中产生矛盾与冲突,特别是在绩效主义评价机制的推动下,科研被大学教师认为更有价值。

从知识生产与再生产的历史合一到现实分离,背后都对应了学术活动形态的发展历程,是大学基于新的知识观、学术观对不同时代的社会需求和学术发展需求作出的回应。因此,面对当代大学中科研与教学分离日益严重的现状及其招致的各种批评和负面后果,我们不可能笼统地要求所有高校、教师都重回"教学与研究相统一"的洪堡模式,也不能将科研作为评价所有高校和教师的同一标准,而是应从推动学术活动整体、持续、协调发展的目标出发,基于对学术内涵的最新理解和对高等教育发展阶段的准确把握,来重新处理学术职业中科研与教学的关系,寻找知识生产与再生产活动和谐共处、并行不悖、相互促进的解决之道。

2. 学术职业的统合与分工

面对知识生产与再生产的现实分离,学术职业为了维护其各项职能的协调发展,有两条路径可以选择,即建立统合型的学术职业和分工型的学术职业。

统合型的学术职业在理论上似乎更符合洪堡的理想,每一所大学、每一名大学教师都同时是优秀的研究者和教学者,在这两方面都同时得到充分的发展。分工型学术职业则倾向于在高校和教师之间实现学术上的分工,一部分大学和教师偏重科学研究,另一部分则偏重人才培

[⑳] 参见马廷奇:《大学转型:以制度建设为中心》,社会科学文献出版社2007年版,第61页。

养。从理念上看,似乎所有的大学都偏重于统合型学术职业,都希望教师能够在多种方面实现专业的同步发展,实现教学和科研的相得益彰。但从实际看,分工型学术似乎更接近现实,不仅在实际运行中,在教师的观念中都逐渐根深蒂固,现实中经常有教师会发出"我就喜欢科研,为何非得让我去上课"的质疑。

有本章认为,在世界范围内追溯过去的两百年,几乎所有在大学追求统合型学术职业的国家都失败了。[301]就我国而言,在中华人民共和国成立初期,我国的高等教育主要借鉴苏联的专业教育模式,主要任务是培养社会主义建设所需的专业人才。这一时期,大学教师主要被作为教学者,而非研究者,大多数大学教师的科学研究受到压制乃至中断。除了少数科研工作作为国家任务被分配至少数重点大学外,大多数教师的学术研究空间都受到挤压。许多教师由于"只问业务,不问政治"受到严厉批评,被迫停止了研究,导致后来的大学教师普遍不会做研究。改革开放以后,我国又开始学习欧美模式,以专业教育为主要特征的苏联模式成为改革的对象。虽然时常有人怀念20世纪五六十年代大学教师对培养人才的投入和重视,表达对当今大学教师科研至上、轻视教学的不满,但这些思想都没有成为大学教师的主流观念,并没有通过制度性设计影响教师的行为。

因此,基于知识生产与再生产相互分离的现实,通过发展学术职业以整合知识机能的策略就应退而求其次,在统合型与分工型之间寻找最佳的折中策略,也就是在统合设计下的分工。这种分工应体现在两个层面:第一是高校层面的分工,研究型大学侧重科学研究,同时承担拔尖创新人才的培养责任;应用型大学则在确保一定的应用型研究的基础上,重点强化应用型人才培养的能力。第二是教师群体层面的分工,一部分教师侧重发展最新的学科知识,并在设计和引领专业教学上做出贡献,另一部分教师则重在及时更新和掌握本学科知识,运用适切的教学设计实施有效教学。

---

[301]　同前注㊸,[日]有本章,第14页。

（三）对制度创新的理解转向

1. 价值取向从效益目标向学术目标转变

价值取向是指政策制定时，选择什么样的价值标准、确立什么样的价值目标来实现一定时期的任务。[302]在大学教师发展制度创新中，"成本—收益"的计算是其内在动因，其背后是由一种或几种价值观所主导的，是一定时期内社会本位、个人本位、市场本位、学术本位等多种价值观博弈的结果。这里的收益，既包括财富收益，又包括非财富收益。也就是说，在新制度经济学看来，人类行为具有动机，既追求物质财富最大化，又追求非物质财富最大化，这两种动机共同约束了人类的行为，人类历史上制度创新的过程，实际上就是人类这种双重动机均衡的结果。"诺思正是把诸如利他主义、意识形态和自愿负担约束等其他非财富最大化行为引入个人预期效用函数，从而建立了更加复杂的、更接近于现实的人类行为模型。"[303]

因此，当前在大学教师发展制度创新的价值取向上，首先要改变对效益目标的过度追求，回归高等学校和教师职业的学术本质。大学的学术活动实质上是知识生产与再生产的活动，大学教师发展的根本目标就是增进教师从事知识生产与再生产活动的能力。大学教师发展制度创新的目标，就在于打破大学教师从事知识生产和再生产活动的各种制约因素，以激发教师的学术活力、提升大学教师的知识生产力为最终旨归。

2. 制度逻辑从策略性回避向整合式创新转变

不同的主体带着各自的利益诉求发起和参与制度创新，背后代表着不同的制度逻辑。因此，制度创新的过程也是多重制度逻辑相互作用的内生性过程，它们之间的相互关系影响着随后的制度创新轨迹和途径。大学教师发展制度虽然是特定的主体自觉选择和构建起来的，但在推行的过程中如果一味按照自身的制度逻辑行事，忽视其他主要

---

[302] 同前注[137]，张德良、贾秀敏。

[303] 同前注[104]，卢现祥，第4页。

的制度逻辑,则往往难以取得效果。例如,政府单纯依据市场效率的逻辑,以科研绩效来评价教师发展水平,却导致重科研、轻教学的弊端积重难返。教师依据学术发展的逻辑组建科研团队,建立团队活动规范,则有可能限制个体的学术自由和职业自由,甚至助长某些团队负责人的贵族化、行政化。因此,大学教师发展制度的创新是多重逻辑相互作用的结果,是预期结果与意外结果的合成物。

　　要想有效地实现预期制度目标,必须对一定场域中客观存在的多重制度逻辑进行有效管理和整合。事实上,制度逻辑不仅仅是一种制度性约束力量,更是一种制度性战略资源。现代社会中,组织所面临的问题日益复杂,有效整合多重制度逻辑能够提升组织处理复杂问题的能力。[304]特别是对中国当代社会而言,随着市场化改革的不断深化和社会的转型,正在迅速发展出一种日益多元的制度环境。"在中国,中央控制、民主以及市场等逻辑之间往往彼此存在直接的竞争。"[305]这一判断在大学教师发展领域同样适用,这要求我们不能一味地追求同形机制(Isomorphism),而应学会采取多种适应性的策略,有效管理和整合冲突性的制度逻辑。例如,即使对于政府仍然强调的政治合法性逻辑而言,在当前也并非仅仅表现为教师的身份控制,而是更多地体现了对师德的要求。这种对师德的要求既包括学术道德素养,也包括教师的职业道德,符合对中国社会"学为人师,行为世范"的传统要求,本身就是大学教师发展的重要内容。如果将其与大学教师发展的学术逻辑相结合,则能够更好地培育大学教师关爱学生的服务精神、以身作则的自律精神和引领社会发展的创新精神,成为借助政府力量推动大学教师发展的重要战略资源。

3. 制度创新过程从线性向域性的转变

　　从域性的视角来理解大学教师发展制度创新过程,更加符合大学

---

　　[304]　同前注[180],毛益民。

　　[305]　[美]沃尔特·W.鲍威尔、保罗·J.迪马吉奥:《组织分析的新制度主义》,姚伟译,上海人民出版社2008年版,中文版序言。

教师发展制度的实然状态。大学教师发展是由教学发展、专业发展、个人发展和组织发展四个维度共同组成的,这四个维度与不同的制度要素相互交叉、重复和相互作用,形成了复杂的制度体系。

可以说,大学教师发展制度是一个涵盖多重目标、内容和主体的规则体系。由于各项制度之间相互联系、相互作用,导致大学教师发展制度的创新也是一个系统性工程,不是几项相对孤立的制度建设所能替代的。它既需要对宏观制度环境的变革,也包括宏观制度环境不变下具体运行体制的转换。

从域性的视角来理解大学教师发展制度创新,还符合当前"基于情境"创设教师发展境域的范式转换趋势。大学教师的发展应是自主的、合作的、实践的发展,教师是在教育情景这一具体的生活世界中建构意义。"行动者是根据条件来行动的,行动者并不独立于行动领域而存在。"⑳从教师发展制度的角度来说,教师是特定制度环境中的自觉行动者,是"文化—认知"的主体。教师的发展不是"去情境"下的被动认知和规训,不仅在于获取外在的技术性知识,而是通过多种形式的反思,促使自己建构一个不同于技术性知识的意义世界。

---

⑳ [法]埃哈尔·费埃德伯格:《权力与规则——组织行动的动力》,张月等译,格致出版社2008年版,第244页。

第六章
高校"三元主体协作"制度创新的建构

大学教师发展制度创新中主要有政府、高校和教师三类主体。因此,突破大学教师发展制度创新的"单主体困境",重点就是要从单主体、单向度推进的创新模式,转为三类主体协作的创新模式。过去的制度创新是"我要改变","三元主体协作"制度创新则是"一起改变"。前者将主体间关系异化为主客体关系,后者则构建了制度创新的共同体。在"三元主体协作"制度创新模式中,相关主体明确各自的权力和责任,在大学组织这一场域中进行多主体的协作和多重逻辑的整合式创新,最终实现大学教师的整体发展和制度环境的整体变革。

一、"三元主体协作"制度创新的内涵特征

把握大学教师发展"三元主体协作"制度创新的内涵,需要从制度创新理论和大学教师发展理论两个方面进行理解。前者体现了新制度理论对各主体地位和相互关系的最新认识,后者则反映了学术生产活动对提高大学教师发展绩效的内在要求。

（一）制度创新主体的网络化结构

1. 网络化结构的基本形态——三元主体主导的多层复合关系

制度创新离不开行动主体的推动作用。制度创新的主体既是制度供给者，又是制度需求者，他们虽然遵循不同的制度逻辑和扩散机制，但都对制度创新的方式、途径、内容和效果等起到关键性作用。"单主体"制度创新的最大问题，就在于主体之间的相互疏离和孤立，从而导致政府主导的制度创新经常脱离制度运行实施的基础环境，出现新制度不符合实际需要，效用低下甚至无效的情形。同样，在教师主导的制度创新中，由于缺少政府主体的呼应和信息反馈，使得制度创新更加受到"有限理性"的限制，容易出现"自利化"倾向，制度创新的有效性和影响力也大打折扣。

事实上，制度本身的网络结构已经决定了，制度创新主体之间不是孤立的关系，而是处于网络化结构之中。一方面，制度网络相互联结，共同限定了主体的活动范围。另一方面，主体的决策行为又会嵌入制度网络当中，并形成合力共同推动制度网络的变化和扩张。从这个意义上讲，制度创新既不是由某个主体单独推动实现的，也不是某一项制度的单一改变。

主体的网络化结构模型由两个基本要素组成：一是主体，二是连接关系。㉚其中，主体构成了网络化结构的节点，它既可以是单个独立的个体，也可以是局域网络内若干个体的集合。例如，不同学科、不同高校的教师既可以作为独立的主体，在某些专业发展的资源分配问题上形成竞争关系，也可以在某些制度安排中形成利益共同体，作为一个单独的主体以节点形态在制度网络中发挥作用。因此，主体的形态是动态变化的，决定其在网络化结构中是否具备主体地位，是否能够作为一个节点发挥独特作用，关键在于其是否拥有相应的实质性权力。主体

㉚　参见李怀、时晓虹：《制度变迁主体的网络结构及合作问题研究》，载《社会科学论坛》2014 年第 3 期。

拥有了权力,才能具有独立性和发挥主体作用的空间。这些权力既包括通过法律法规被正式赋予的权力,如通过教职工代表大会制度赋予教师的权力,也包括普遍存在的非正式权力,如科研团队中形成的活动规范和角色分工。提高大学教师发展制度创新的有效性,首先在于明确界定学术场域内各主体的身份和独特性,了解各主体独有的利益诉求和权力运作逻辑。只有这样,才能满足目前我国大学利益分化和学术职业分化背景下多样的需求。

连接关系是将分散的主体节点汇集成统一的网络结构的关键。这种连接关系本质上是一种利益关系,是主体对其权力的运用。权力与责任相对,往往体现的是一个团体或组织的公共利益。[308]在这种利益关系中,某一方主体所拥有的权力,往往是另一方主体需担负的责任,反之亦然。任意两个主体之间都有可能形成利益关系的连接,这种连接不仅会影响主体的收益,还会间接传导影响到其他主体。当然,这种连接关系具有多种类型,发挥的作用也各不相同。它们既可以是正式的、有形的社会关系,也可以是非正式的、无形的社会关系;既可能是主体间互动频率高、长期且双向互惠的强关系,也可能是互动频率低、短期且单一的弱关系。良好的连接关系能够协调网络中各主体节点之间的冲突,增强整个网络的合力,从而提升制度创新的效率和效果。

对于大学教师发展的制度创新而言,这种网络化主体结构同样存在,并从纵向和横向两个维度构成了以三元主体为主导的多层复合特征。其中,每一层级、每一类别的主体都代表了一类具有共同特征的群体,都有着自身独特的制度创新目标、动力和利益。从纵向来看,制度创新的主体仍然以政府、高校和教师三元主体为主,但这三元主体内部又可以进一步分为层层相连的子层级。例如,政府分为中央政府和地方政府,二者在利益诉求上并不完全一致;高校又可分为重点大学(或双一流大学)与普遍大学;教师既可分为学术带头人、教学名师等"精英"群体和普通教师群体,也可根据所对应的博士、硕士、本科等学历层

---

⑩　参见吕世伦、宋光明:《权利与权力关系研究》,载《学习与探索》2007年第4期。

次在纵向上进行划分。从横向来看,每一个层级内部可以根据共同利益关系划分为若干群体,它们在一定程度上构成了子网络。例如,政府内部除了教育部门外,还包括人力资源、财政、科技等部门,它们对大学教师发展制度创新的力度和方向都有着重要的影响;高校内部按照权力的运行逻辑划分,可分为学术权力主体、行政权力主体、政治权力主体和学习权力主体等⑩,这些权力主体有着各不相同的运行逻辑,在利益诉求上既有共识,又有冲突;教师在横向上根据人文、社会、自然科学、管理学等学科的不同,被划分为不同的群体,每一个学科领域在学科发展史、学术规范、研究内容和方法等方面都自成系统,并在大学教师发展的路径上呈现出差异。

2. 网络化结构中的利益基础与主体合作

制度创新三元主体中的政府、高校和教师,都是具有独立目标利益的"经济人",有着不同的目标函数。政府是新制度的主要供给者,在构建大学教师发展的基本制度网络结构中处于主导地位,目标函数是实现高等教育在促进经济社会发展中的作用最大化。高校既是政府的委托代理人,又是"学术共同体"的代言人,有着自己的目标函数和利益诉求,同时追求自身社会声誉和政治地位的提升。教师的目标函数,则是追求在自身学术和生活上的效用最大化。三元主体各有自己的利益诉求,都希望在付出最小成本的前提下获得最大的收益。因此,在制度创新所引发的规则及主体间关系变化中,必然会导致相关主体利益的损失,引发冲突。传统的政府主导型制度创新和教师主导型制度创新,作为一种单主体的活动方式,都是从对立的角度来看待这种利益冲突,要么采用强制手段予以控制,要么"置之不理""充耳不闻"。这种片面强调一方利益,忽视另一方利益的制度创新,反映了主体之间关系的不平等和工具化。采用将彼此利益对立化的处理方式,不仅突出了主体间的利益冲突,忽视了他们之间存在的共性利益,还容易失去通过合作提

---

⑩ 参见罗志敏:《我国大学治理的制度供给逻辑》,载《教育发展研究》2014 年第 5 期。

高制度创新效益的机会。

网络化主体结构中的主体关系应是独立、平等和相互合作的关系。这种合作关系关注的不是利益的冲突和此消彼长,而是通过合作带来的新增利益。主要实现路径是通过建立三元主体的合作关系,使三者就某一利益目标达成共识,相互配合协作共同参与制度创新决策和实施,提升制度创新的效果和总效益,使所有主体都能从中受益,获得多于原来的收益,即实现制度收益的多赢。

具体而言,三元主体的新增收益分别体现在以下几个方面:

第一,政府的收益。政府由单独推进制度创新转为与高校、教师合作推进制度创新,必然是以权力的部分下放和让渡为前提的。这种权力的部分下放虽然会在一定程度上削弱政府对资源的分配和掌握能力,但却与我国"让市场在资源配置中发挥决定性作用"的基本改革方向相一致,反而提高了资源的使用效益。政府的主要职能从直接制定规则和分配资源,改为重视对高校、教师的分类引导和绩效评价,更加有助于实现我国高等教育一直追求的"规模、结构和效益"相协调的目标。政府对高等教育的影响力、推动力不仅没有削弱,反而得到巩固、提高和增强。此外,在制度实施层面,由于有高校和教师的合作参与,政府推行新制度的成本和阻力都会减少,制度创新的实际效果增加,从而帮助政府获得额外的收益。

第二,高校的收益。高校在三元主体关系结构中处于最关键的位置,其目标函数呈现三方利益的聚合。其一,高校与政府是相互依存的关系。鉴于政府与高校之间存在的委托—代理关系,政府将部分权力下放后,高校是最直接的受益者。高校获得了更大的资源使用权,能够根据自身在高等教育系统中的定位和目标确定大学教师发展的重点,从而避免出现以往那种不停地模仿少数高水平大学,努力挤进政府的资源分配门槛,造成趋同发展、"千校一面"的现象。其二,高校与教师存在共性利益。教师积极参与制度创新,提升了自身的学术水平,必然会提升高校整体的学术生产力和在高等教育系统的竞争力。此外,高校在很大程度上是教师的代表,在制度创新的过程中代替教师向政府表达利益诉求,谋求政府支持,同时也能实现自身利益的最大化。

第三,教师的收益。教师是新制度的作用对象和最终实践者。一直以来,我国政府推行的主要是强制性制度创新,容易对教师的权利造成侵害。因此,基于多元主体合作的制度创新,有助于扩大教师在制度创新中的知情权和发言权,能够使政府的诱致性制度创新更加合理,覆盖更大的教师群体。此外,通过健全的利益表达渠道,教师在日常学术活动中自发形成的习惯、规范和惯例等非正式制度,能够从政府和高校那里得到更多的认可和迎合,从而扩大非正式制度的效应,使其利益诉求得到更大的满足。

(二) 大学教师发展的分工式协作

1. 基于多元学术理论的学术生产分工

大学教师发展的分工式协作是对学术职业内部结构的重新调整。这种分工既顺应了知识生产与再生产的现实分离,也是对偏重科研的经典学术观的反思。1990年,时任卡内基教学促进基金会主席的博耶指出:"具有讽刺意味的是,正当高等教育的社会责任不断扩展的时候,对大学教授的激励机制却更为狭窄;正当高等教育的任务多样化的时候,学术却朝着单一化的方向发展。"⑩基于这种反思和讨论,博耶认为应该给学术更丰富的理解。在《学术的反思——教授工作的重点领域》的研究报告中,他对"学术"进行了重新界定,将其分为发现的学术、综合的学术、应用的学术和教学的学术四个方面。⑪

博耶认为,发现的学术是学术生命的心脏,处于研究工作的中心,学术团体的每一个成员都应该显示他的研究能力。但是对整个学术来讲,研究只是开端。大学还应该把综合的学术摆在重要的位置,只有把

---

⑩ [美]欧内斯特·博耶:《关于美国教育改革的演讲》,涂艳国、方彤译,教育科学出版社2002年版,第72页。

⑪ Ernest L. Boyer, *Scholarship Reconsidered: Priorities of the Professoriate*, 42 Issues In Accounting Education 87(1992).

新的发现置于更大的背景下,形成不同学科之间的综合时,它们才能显示出意义。除了发现的学术和综合的学术,我们还需要给应用的学术以新的尊严和地位,寻求把研究的理论与生活的现实联系起来的方法。在实践过程中,学者并不仅是从理论到实践,且从实践返回理论。最后,学术还意味着知识的传播,博耶将其称为教学的学术。在他看来,教学支撑着学术,没有教学的支撑,学术的发展将难以为继。

博耶的多元学术观对于克服经典学术观的局限、促进学术的全面发展具有十分重要的意义。[312]在经典学术观的主导下,大学和大学教师长期陷入教学和科研孰轻孰重、哪个要多一些的无休止争论当中,这种争论导致大学及其教师对自己的学术定位缺乏清楚的认识和理论依据。普遍的情况是,越来越多的大学向着研究型大学的学术生产模式靠近,对教师的考核也只看重科研。整个高等教育系统原本应具有的合理分工和协作没有出现,模仿和"趋同"现象却愈加明显,导致学术范式变得日渐僵化,学术发展的潜力受到巨大限制。博耶的多元学术观的主要贡献,就在于跳出这种争论,根据学术的任务分工不同,将大学教师的学术工作分为四种类型。它们既有不同的性质和功能,又是一个相互依赖的整体,处于一种共生的关系当中。根据这种多元学术观,高校提倡高校科研"本身并不构成问题",问题在于将只对某些大学适用的研究使命泛化到其他的高校,同时将只对某些教师适用的学术要求也泛化到全体教师。面对类型多样、使命各不相同的大学和学院,需要赋予"学术"更加丰富、全面的意蕴,从而超越教学和科研孰轻孰重的过时争论,使高等院校既能以教学作为基本要求,又能继续成为学术研究中心,这正是博耶扩展"学术"概念的出发点。

根据扩展后的学术理论,不同层次和类型的大学以及有着不同发展旨趣的教师,都可以开展各类学术活动,且都是为学术的整体发展作出贡献。更为重要的是,多元学术理论将学术研究扩展到教学领域,使教学和科研在学术共同体的框架下再次整合到一起。在博耶提出教学

---

[312]　参见涂艳国:《多元学术观与大学学术发展》,载《高等教育研究》2011年第11期。

的学术,并将其与发现的学术、综合的学术和应用的学术并列后,教学活动就被赋予了更高的意义和价值。为了发展教学学术,使教学实践真正具备学术的核心价值理念和行为范式,教师的教学也必须发生变革。教学不仅是传播知识的活动,还是充满批判性和创造性的过程,并且通过这一过程还能实现教师自身的创造性发展。

2. 分工式协作中的大学教师发展——以学术性教学为例

受经典学术观的影响,学界对学术职业的研究虽然一直都有,但几乎都是从科学研究的视角进行切入。在高等教育精英化阶段,由于教学和科研的矛盾还没有十分突出,这种研究范式还不会产生太大的疑义。但进入高等教育大众化阶段后,教学和科研的矛盾不可避免地显现出来,社会对高等教育的关注度提高了,高等教育的教学质量问题开始成为社会问题。事实上,这些问题背后反映的是旧的学术职业分工和活动方式,与新的社会需求之间的紧张矛盾。各国大学教师发展运动之所以普遍兴起于高等教育由精英化阶段向大众化阶段的过渡时期,正是源自对这种紧张矛盾的觉察,始自对学术职业中教学问题的关注。从这个意义上讲,大学教师发展其实是一场学术生产活动的"供给侧改革"。因此,本部分将以多元学术观中的教学学术理论为依据,以学术性教学为例,揭示在学术职业分工式协作对教师教学发展提出的新要求。

在博耶提出教学学术理论后,教学被视为一种学术活动,对它的要求也相应地提高。诚如有学者所言,博耶提出教学学术的观点"并不是要大学学术低下高贵的头,去迎合那些浅薄的、照本宣科的、灌输式的所谓大学教学,而是强调大学应当且必须以学术的价值理念和实践方式,去实现大学人才培养的目标和功能"。[313]"好的教学需要艰巨的工作和严肃的钻研加以支持……教授自身也被推向新的创造性的方向。"[314]

为了发展教学学术,使教学实践真正具备学术的核心价值理念和

---

　　[313]　李金奇:《大学组织的再学术化与大学教师学术职业分化》,载《高等教育研究》2016年第2期。

　　[314]　吕达、周满生:《当代外国教育改革著名文献:美国卷:第三册》,人民教育出版社2003年版,第23页。

行为范式,发展学术性教学成为必然的选择。事实上,从洪堡扩展了教学的概念将学术研究引入其中,到博耶扩展了学术研究的概念将教学纳入其中,知识的生产与再生产活动经历了由合到分再到合的转变历程,实现了更加复杂的统一。放置在当前我国高等教育发展的阶段和使命下,审视这种学术观、教学观的变化,承载这种复杂统一的学术性教学变得更加迫切。一方面,由于高校类型的多样化,学术活动的类型也变得多样化,这就要求各类高校必须基于自身的学术职能定位,确立各自的教学观和教学模式。对于特定类型的高校而言,那些与其功能定位和人才培养职责密切相关的学术就具有教育意义,那些与其自身功能定位和人才培养职责无关的学术研究则没有多大的教育意义,甚至还存在空耗研究资源、低水平重复研究等负作用。另一方面,学术的概念被扩展后,学术的生产和发展成为一个相互支撑的系统工程,学术性教学成为维持学术自身持续发展的必要一环。因为想要维持学术的繁荣,就必须使大学的课堂具有学术禀赋和特征,以启迪未来的学者,促进主动性、创造力、团队协作能力的培养。

关于学术性教学的内涵及其与教学学术的关系,学者们的观点各有侧重。舒尔曼认为,学术性教学包含于教学学术之中,是教师有策略的基于本学科资源进行课程设计和实施的过程,并且提供了实现教学沟通与研讨的论坛和平台。⑮麦金尼(McKinney)对学术性教学的阐述更加具体,认为学术性教学与其他领域的学术活动相似,也是运用学术的方法来研究教学和学习。教师将教学视作一种专业,并且意识到必须在教与学的知识基础上来发展这一专业。教师在学术性教学中开展的活动包括:反思教学过程、使用课堂评价技术、与同事讨论教学问题、阅读和应用有关教学和学习的文献等。⑯艾兰(Allen)等人则将学术性

⑮ 参见王晓瑜:《大学教师发展教学学术的若干理论问题探究》,载《教师教育研究》2009年第5期。
⑯ 参见K.McKinney, *Attitudinal and structural factors contributing to challenges in the work of the scholarship of teaching and learning*, 129 New Directions For Institutional Research 37(2006)。

167

教学概括为基于"实践智慧"的教学,这些"实践智慧"是教师通过反思经验和研究成果而来的。㉗虽然学界对学术性教学的具体定义还存在分歧,但都承认这是一项基于一定的学科基础,对教学实践进行探究和反思并将探究结果公之于众的过程。

作为面向大学教师教学发展的一项基本途径,学术性教学在内涵上至少具备以下几条基本特征。

第一,学术性教学在教学理念上追求学术的理性精神。理性精神在教学价值体系中处于中心地位,体现为对求是、自主、批判和探究等精神的价值追求。㉘教学一旦缺失了理性精神,就会变成外在于师生的"理智的负担",使课堂这个原本应该充满理智欢乐的地方,变成了窒息师生理性的空间。实施学术性教学与重塑教学的理性精神在内在旨趣上是一致的,是借助严谨的学科知识和概念体系,对教学观念、制度和行为等进行系统分析、检验、批判和重构的过程,其目的是最大限度地减少教学认识和实践过程中的非理性成分。在学术性教学中,教师坚持一种动态、开放、建构的复杂教学观,基于真实的情境寻求"最适合"的教学;在学术性教学中,教师凭借作为专业人士的理性判断,主动掌握自己的课堂,真正成为教学的主体;在学术性教学中,教师不仅仅是在狭窄的学科专业领域里传授知识与技能,还重新彰显出理性的质疑精神和科学的批判态度,让教学成为审视、反思、评论的场所。

第二,学术性教学在教学模式上整合学术活动的过程和成果。在宽泛的学术概念下,教学学术与发现、应用和综合的学术处于连续的共同体中,相互支撑和相互促进。依据各类学术活动在教学中整合和互动的方式,学术性教学可以划分为学科前沿内容为主的学术性教学、研究能力训练为主的学术性教学以及研学教合一的学术性教学三种基本模式(见表6-1)。

㉗　参见 M.N.Allen & P.A.Field,*Scholarly teaching and scholarship of teaching*:*Noting the difference*. 1 International Journal of Nursing Education Scholarship 1 (2005)。

㉘　参见刘万海:《论教学的理性精神》,载《全球教育展望》2006 年第 6 期。

表6-1　学术性教学模式示例

模式类别	学术重点	教学特征
前沿内容主导模式	研究和传递学科专业的前沿领域和内容	教师重视研究和整理学科专业前沿成果,及时提供和介绍给大学生学习了解
能力训练主导模式	研究大学生参与学科专业活动的能力培养途径和训练方法	教师重视学生从事发现、综合、应用等学术活动的模拟和体验,建立专业规范和能力基础
研学教合一模式	研究带动学习和教学	教师作为研究共同体成员,在与学生合作研究和解决专业问题的过程中,同时培养学生的问题解决能力

第一种前沿内容主导模式的学术性教学,是在教学中直接引入学术成果,侧重于让学生了解、掌握学科专业的前沿领域和内容。这种教学依然保持信息传递的特征,教师处于主导地位。第二种能力训练主导模式的学术性教学,是在教学中模仿学术发现、综合或应用的过程,侧重于让学生掌握学术活动的精神和方法。这种教学以重现、模仿和体验学术过程为特征,教师基于研究经验以更加弥散的形式对学生产生影响。第三种研学教合一模式的学术性教学,是教学直接参与学术生产和应用,侧重于让学生自主开展探究,教师则是学生探究的指导者、参与者与合作者。这种教学以直接促进学术发展为特征,师生角色不再泾渭分明,成为研究共同体。三种学术性教学模式具有不同的特点和功能定位,分别适应于不同类型的高等院校,甚至在同一类别的高等院校内部,也会因为不同专业性质、不同阶段教学需要,而选择、运用和发展出不同的学术性教学模式。

第三,学术性教学在教学过程中强调持续的反思性实践。舍恩(Schön)在其《反映的实践者》一书中曾提出"严谨或适切"的两难问题,即专业实践者依据严谨的专业知识无法有效解决现实问题,而他们应对这些现实问题的艺术性方法,却又不符合专业知识的严谨标准。[319]这种根源于实证主义认识论的两难问题,存在于包括教育在内的各个专

业实践领域。正是为了解决这种两难困境,舍恩提出了新的实践认识论——反思性实践理论。学术性教学是这一实践认识论在大学教学领域的反映,其本质目的就是从教学活动的实际出发,通过适当的课程与教学设计来解决遇到的问题,从而改进教学和提高教学质量。

根据学术性教学的内在要求,大学教师是教学过程的实施者、研究者和反思者。他们必须不断对自己的教学实践进行审视,既不盲从于行政管理者和教育专家,也不满足于既有的教学经验框架,努力实现从"技术性实践"向"反思性实践"的跨越。这种以反思为核心的学术性教学,包含教学理论的运用和教学理论的创生两个方面的过程。教学理论的运用是教师基于个体经验和教学情境,对高等教育学、课程与教学论等具体学科知识的内化、整合和理性判断,在此基础上自觉地运用内化了的教学学术研究成果改善和丰富自己的教学。教学理论的创生是教师对教学实践的总结和反思,生成新的教学理论以扩展学科基础,其背后是学术性教学向教学学术的转化机制,在更高意义上运用教学学术研究成果改进教学,辐射和带动更大范围的教学变革。

当然,上述在教学理念、教学模式和教学过程等层面的分析,只是对学术性教学内涵特征的描述性表达,并不是对这一概念的明确界定。作为一种实践活动,大学教学远比中小学的教学复杂,具有更加多样性的表征。但这些多样性的表征背后有一个核心,就是其"学术"本性。学术性教学在理论和实践两个层面的发展原则,都是源自对其学术本性的理解。

二、"三元主体协作"制度创新的理论逻辑

无论是洪堡提出"教学与研究相统一"的原则,强调具体领域的教

学要基于学术研究,还是博耶提出"教学学术"的概念,强调教学本身就有学术的秉性和使命,都是高等教育和学术活动共同发展的历史产物,反映了知识生产与再生产对学术职业发展的内在要求。因此,大学教师发展的制度创新也必须是对当时知识生产与再生产活动发展需求的回应,必须从高等教育和学术发展的历史脉络及其内在规律出发,才能明确其前提、目标和策略,提高制度创新的针对性、有效性。

(一) 以高等教育体系及师资结构的有序分化为前提

"三元主体协作"制度创新以主体间在学术活动中的分工协作为逻辑起点,高等教育体系及其师资结构的分化都是基于这一逻辑起点延伸的结果。

就高等教育体系而言,各类大学作为一种学术组织,都是基于学术而存在的。大学主要是依据其学术传统和学术职能被分为不同的类型。根据我国一些学者的观点,随着我国高等教育步入大众化发展阶段,高等教育单一体系分化为学术性高等教育和应用性高等教育两大类。[320]前者以研究型大学为代表,侧重发现的学术和综合的学术,后者以应用型大学为代表,侧重应用的学术和教学的学术。

就师资结构而言,作为学术活动的主体,大学教师的学术职业也必然会随着学术的分化而分化,表现出不同的学术行为方式和发展路径。如果将教师在教学学术中的表现概括为教学专业能力,在其他学术(发现、综合、应用的学术)中的表现概括为学科专业能力,我们可以大致划分为四种基本的能力组合类型,进而在不同类型的大学中形成多种分布和发展需求(见表6-2)。

从学科专业能力和教学专业能力的组合类型与特征来看,强—强型教师是指学科科研和专业教学能力都很强的教师,主要分布在高水

---

⑳　参见张兄武、许庆豫:《关于地方本科院校转型发展的思考》,载《中国高教研究》2014年第10期。

表6-2 大学教师学术能力组合类型示例

学科专业能力—教学专业能力组合类型	大学类型	学术性教学特征	代表人群举例
强—强	研究型大学	发展最新的学科知识,并设计和引领本专业的教学	教学名师;学科带头人
强—平	研究型大学	发展最新的学科知识,完成教学基本任务	研究型教授;研究型"杰出青年"
平—强	应用型大学	熟知学科知识,运用适切的教学设计,实施有效教学	教学型教授;教学经验丰富的"老讲师"
平—平	应用型大学	熟知学科知识,完成基本的教学任务	普通型教师特别是初任普通型青年教师

平研究大学或专业,是大学科研和教学的引领性发展力量,是最具全面竞争力的师资队伍。强—平型教师和平—强型教师是指学科科研或者专业教学能力中有一项强,而另一项比较一般化,他们是大学科研或者教学的特色性发展力量,是具有专项竞争力的师资队伍。前者主要分布在研究性大学或专业,后者主要分布在应用性大学或专业。平—平型教师是指学科科研和专业教学能力都比较一般化的普通师资力量,这类教师在研究性大学或专业以及应用性大学或专业中都不同程度地有所分布。总的来说,高等教育的发展需要设法促进大学教师,从平—平型向强—平或平—强型再向强—强型流动。但由于不同大学的发展阶段及其师资能力组合的结构分布、力量对比和发展需要不同,能够和应当采取的大学教师发展制度也必然有所不同。

高等教育体系及其师资结构的有序分化,不仅体现在不同高校和大学教师之间,也体现在高校内部所实现的动态平衡上。一般而言,在高等院校追求卓越和声誉,实现"向上"流动的过程中,可以概括为两种循环道路。一种是"研究—研究"循环:大学教师通过研究获得高水平成果—大学取得良好的声誉—吸引最好的学生—学生获得良好的成就—增强学校的声誉—激励学校加强研究,进一步促进教师的专业发展。另一种是"教学—教学"循环:大学教师通过教学培养高质量人才—大学取得良好的声誉—吸引最好的学生—学生获得良好的成就—

增强学校的声誉—激励学校加强教学,进一步促进教师的教学发展。㉑
理论上看,大学发展的理想状态应是这两种循环同等着力、共同发展。
但从发达国家高等教育发展史及世界一流大学的发展历程来看,这种
"同等着力"并不存在,而是呈现出"研究—研究"循环主导下教学发展
与专业发展交替强化的动态平衡。

也就是说,总体来看,卓越的科学研究始终是现代大学所追求的目
标,促进教师的学科专业发展始终是制度建设的首要目标。但当大学
在偏重科研的道路上走得过远,甚至固守僵化的狭义学科专业学术,难
以应对迅速变化的社会发展需求时,"回归教学"会重新成为高等教育
政策制定者及大学举办者的关注重点,在大学发展规划中占据更加重
要的位置。正如曾任哈佛大学校长的德里克·博克(Derek Bok)所说:
"如果现在每15年或20年不对本科教育进行检查的话,大学的前途就
很危险。这种检查如果进行得适当,就是一种鼓励专家学者会聚一起
共同研讨本科生教育的有益方式。"㉒正是基于此,在20世纪50年代,
哈佛大学根据战后的社会发展状况和其对培养未来公民的理解,提出了
颇具影响力的通识教育计划,体现了哈佛大学作为美国领先的大学,所
承担的道义责任和本科培养目标上的高标准追求。在20世纪70年代,
在美国高等教育进入大众化时代,本科生教育质量却严重下滑的背景
下,哈佛大学又实施了旨在振兴本科教育的核心课程计划。与原有的通
识教育相比,这一计划不仅传授学科知识,更突出强调各学科的方法论;
不仅强调知识的广度,更加强调知识的横向联系和整合。核心课程计划
成为继通识教育计划之后的又一次重要改革,使哈佛大学的本科教育
达到了新高度,为其在美国大学中保持领先地位打下了坚实的基础。㉓

㉑　参见李明华:《挑战和机遇:研究型大学与未来的世界一流教学型跨国大学(公司)一体化模式》,载《清华大学教育研究》2004年第5期。

㉒　[美]德里克·博克:《美国高等教育》,乔佳义译,北京师范学院出版社1991年版,第34页。

㉓　参见陈利民:《办学理念与大学发展》,中国海洋大学出版社2006年版,第140—157页。

这正是多元学术协同发展的现实样态,是重视教学学术在本科教育教学改革中的意义和价值体现。那种无视多元学术的内在协同规律,忽视教学专业学术研究,仅仅重视学科专业学术研究的做法,是难以实现世界一流大学和一流学科的教育发展目标的。

从我国高等教育发展历程来看,自 20 世纪 90 年代先后实施"211""985"工程以来,教师的学科专业发展能力有了明显提升,在国际顶尖高水平学术期刊上发表的论文数量稳居世界前列。但与此同时,高等教育的质量问题在这一时期却受到质疑。我国大学的人才培养和办学声誉,在一定程度上并没有与其在科研领域取得的成就同步提升。正如有学者所言,"我国一些研究型大学轻视本科教学的程度,比 20 世纪 80 年代的美国研究型大学似有过之而无不及",我国的大学在追求世界一流的过程中,忽视了"加强本科教学是研究型大学发展的内在逻辑,也是研究型大学提升品质、追求卓越的基础工程"。㉔因此,对于处于我国高等院校金字塔顶端的学术性、研究型大学而言,应将促进教师的教学专业发展,置于当前建设世界一流大学的战略背景下加以规划,将培养一流的拔尖创新人才作为主要的建设任务。如同哈佛大学在历次教育改革中都会首先思考"作为美国顶尖的大学应该培养怎样的人才? 如何培养这类人才?"这一基本问题,我国的高水平大学在实施教学改革的过程中,可首先立足自身的培养目标和学科基础,就如何培养社会所需要的拔尖创新人才,如何以高水平科研支撑拔尖创新人才培养等关键问题做出回答。

与学术性、研究型大学已经具备了较高水平的"发现的学术"和"综合的学术",并在此基础上开展学术性教学以促进教师的教学专业发展不同,应用型大学主要侧重于应用的学术,其大学教师发展制度的构建也以此为依托进行一体化的开展,具备自身的特点。吉本斯(Gibbons)等人把通过基础研究获得的知识称为"知识类型 1"(Mode 1 knowl-

---

㉔ 潘金林、龚放:《本科教学:研究型大学的核心使命——"大学之道"在美国研究型大学的回归》,载《中国大学教学》2010 年第 2 期。

edge），把通过应用性研究获得的知识称为"知识类型 2"（Mode 2 knowledge），认为"知识类型 1"的重要性正在被"知识类型 2"所替代，这一转变对于应用型大学来说意义深远。㉕由于相较而言，"知识类型 2"产生于更为广泛的跨学科的社会经济背景中，因此它对应用型高校的教师学科专业发展提出了新的要求，即必须在制度设计中更加重视与大学以外机构的合作，让大学教师与实践人员保持更加频繁的互动。对于应用型大学的教学学术发展来说，也应与"应用的学术"这一定位保持一致。位于美国宾夕法尼亚州的卡内基—梅隆大学就是从一所小型职业院校，发展成为以"应用型"学术生产与人才培养为特色的世界知名大学的典型案例。该校以应用为主线，并将应用型人才的培养放大到"创造性"与"领导力"等高层次范畴，谋划以跨学科为核心的科学研究与人才培养工作，实施了"美国教育中构思最严谨、条理最清晰"的学术发展战略。㉖以此为启示，对我国的应用型大学而言，其实施学术性教学的目标和重点应在于将"应用型人才培养"超越"职业培训"的范畴，不囿于简单的知识传授或技能培养，而是将培养学生的工程素养、技术技能素养，以及基于工程技术技能素养的创新精神与责任感作为核心。在人才培养追求实际效用的同时，坚守大学的学术理想，从而获得长远发展。

（二）以实现有序分化基础上的协作发展为目标

强调网络化的主体结构和主体之间的有序分化，是为了更加有效的协作。美国高等教育研究专家伯顿·克拉克，在其 1983 年出版的专著《高等教育系统——学术组织的跨国研究》中，专门探讨了院校分工及学术系统划分问题。根据克拉克的院校分工理论，他在横向维度上将高等教育机构的类别称为"部门"，并认为这些部门在学术活动中的

㉕　参见［英］马尔科姆·泰特：《高等教育研究：进展与方法》，侯定凯译，北京大学出版社 2007 年版，第 189—190 页。

㉖　参见李家新：《卡内基—梅隆大学的战略规划及其对建设高水平"应用型大学"的启示》，载《职业技术教育》2015 年第 4 期。

分工,是有效处理高等教育系统关系问题的关键因素,决定了学术系统的性质和能力。世界上多数国家在高等教育中普遍存在多重部门(如"大学部门"和职业技术教育/师范教育等"非大学部门",州立大学、州立学院和社区学院等各类部门),这些部门从简单到复杂表现为多种划分形式。㉗

因此,高等教育体系和教师学术职业的分化,实质上反映了高等教育多样性的同质分类,是为了顺应学术活动的分工并实现其在更高水平上的融合发展,而不是为了割裂对立或等级排名。对于高等教育系统而言,其学术水平的提升首先有赖于内部的各类高校明确功能定位,形成学术活动分工合理的高等教育结构体系。以教师在教学学术上的合作为例,追求卓越教学的主要任务,是将各类高校的办学理念和功能定位落实到人才培养领域,实现教学和科研在共同的学校发展战略目标下的同向而行,实现各类高校之间在人才培养上的协同合作。

以美国加州的高等教育系统为例,通过1960年加州高等教育总体规划,该系统在高等教育史上迈出了分类定位的第一步,解决了高等教育在大众化时期所面临的规模与结构、竞争与合作等一系列问题。根据"功能分类、层次内竞争、层次间合作"的原则,不同类型的大学具有不同的定位,招收不同的学生,培养不同类型的人才。既鼓励同一类型内各院校之间的竞争,又鼓励不同类型院校之间的联系和合作。㉘具体而言,加州大学系统专注于涵盖学士学位、硕士学位和博士学位层次的高等教育,州立大学系统注重学士学位、硕士学位阶段的高等教育,社区学院则负责提供学士学位及以下的课程。同时,州立学院系统和加州大学系统可以合作进行博士培养,社区学院系统和其他两类系统可以进行转学和升学。在大学教师发展上,还实现了资源、人员和信息的

㉗ 参见[美]伯顿·克拉克:《高等教育系统——学术组织的跨国研究》,王承绪、徐辉、殷企平、蒋恒译,杭州大学出版社1993年版,第58—66、68页。

㉘ 参见刘小强:《美国加州1960年高等教育总体规划:一个成功范例》,载《清华大学教育研究》2006年第2期。

共享。加州州立大学的教学中心(ITL)为加州州立大学系统所属的23个校区提供教师专业发展的支持与合作。[329]正是通过这种有计划的院校分工和合作,各类高等教育机构都明确了各自的教育宗旨、教育任务和培养目标,在不同的类别内都达到了较高的办学质量、水平、声誉,从而实现了加州高等教育系统整体的杰出表现。

随着我国高等教育大众化阶段的到来和深化发展,通过合理的规划和分类评价,引导各类高校建立正常的竞争与合作机制,已经成为高等教育制度的主要目标。学术职业的分工协作,首先应以推动和服务高校间的良性竞争与合作为指向。例如,一方面,各类高校应依据不同的办学定位和培养目标,形成各具特色的课程体系和教学模式,共同满足学术系统对各类人才的需要,并实现本类型内的卓越教学。另一方面,不同类型的高校之间,在教学中应存在相应的"贯通"与"呼应",为学生向更高层次的发展提供通道。正如克拉克所说,"当层次较低的部门不能为层次较高的部门提供生源,而仅仅作为明确地将毕业生置于不同职业层次的密封分隔间而存在时,各个部门更可能被分成明确的声望等级。"[330]而这种情形很明显是与高等教育系统分类的初衷相违背的。

"三元主体协作"的制度创新除了指向不同类型、层次大学的相互合作,还指向不同学术职业类型的教师之间的合作。例如,当前课堂教学在很大程度上仍然是"个体作坊模式",从课程的设计、开发到课程实施、评价,教师几乎承担了所授课程的所有生产环节,教授的水平决定了教学质量。当最好的学者大多偏好科学研究,且其研究领域与教学内容越来越远时,这种课程生产的"作坊模式"就成为教学质量下降的隐患。高等教育领域的技术革命,则可以推动课程生产从"个体作坊模式"进入"社会分工模式"。课程的开发、设计、更新可以由本领域的教

---

[329] 参见 Mission Statement of the Institute for Teaching and Learning, http://www.calstate.edu/itl/。

[330] 同前注[327],[美]伯顿·克拉克,第68页。

学名师、优秀教学团队等专门研发推广,其他教师则致力于研发成果的调适实施。课程研发与实施的这种"社会分工模式"与学术性教学"基于一定的学科基础,对教学实践进行探究和反思并将探究结果公之于众"的内涵特征具有内在一致性。这种模式适应了大学教师的学术职业分化,使大学的教学活动成为"以研究和实验为基础的精心设计",课堂教学"从教授们的自由王国变为科学管理的新领域",在教育效率和质量方面都超过了"单枪匹马"的"个体作坊模式"。[31]

(三) 以学术场域的组织变革为核心

作为一种新的制度创新模式,"三元主体协作"制度创新的实施必然引起政府、高校、教师群体和教师个休等各类主体在角色、规则、行为方式等方面的重新调整。在市场因素的介入和各类利益相关者的推动下,以多元主体参与、权力运行中自上而下与自下而上双向互动,以及制度规则内生性为基本特征的大学治理现代化被提上更加紧迫的日程。[32]高校的自主权在不断扩大的同时,也将承担更加紧迫的教师发展制度创新任务。这些任务来自社会大众对高等教育质量提高的需求、对理想的学术制度的追求,以及教师对主体性发展的诉求。因此,为了适应"三元主体协作"的制度创新模式,适应多重制度逻辑的共存和整合式创新,高校层面必须进行相应的组织变革,改变传统的、与大学的学术本质相悖的行政和学术"二元权力渗透,行政权力主导"的组织模式[33],依据行政权力和学术权力相耦合的原则,在强化学术权力的同时,更好地发挥行政权力的服务和保障功能。特别是在"学术人"群体的离散性和流动性加剧的背景下,充分发挥院、系等基层一线学术组织、学术制度的聚合作用,有效激活院、系等基层学术组织的内生动力

[31]　同前注[20],李明华。

[32]　参见杨朔镔、杨颖秀:《"双一流"背景下大学院系治理现代化探论:自组织理论的视角》,载《教育发展研究》2018年第5期。

[33]　徐延宇:《高校教师发展——基于美国高等教育的经验》,教育科学出版社2009年版,第20—25页。

和活力,从而推动院、系或院、系中的"学术人",由"外生性"政策的被动约束向"内生性"制度的主动认同转变。[34]

强调学术场域的组织变革,还是弥补传统的制度创新模式的不足,推动文化—认知性制度创新的要求。前述关于高等教育体系的分类管理和学术活动的有效合作,主要以国家政策体系的强制实施和学术领域的约束性期待为基础,属于规制性制度和规范性制度的范畴,而如果想与学术场域内的各类主体真正形成共同的理解,真正内化和建构起自觉承担学术职责的认知框架,则不能忽视文化—认知性制度的建设。

在新制度主义者关于建构文化—认知性制度的研究中,提出了组织原型的概念,将其作为理解制度创新的核心要素之一。所谓组织原型,可以理解为个体和组织根据制度要求进行运行的模板。通过这种模板,"各种规则、行政管理系统与关于各种活动的说明被建构起来"。至于现实中的组织活动在多大程度上符合这种原型,则是另外的经验性问题。[35]新的组织原型,在本质上反映了人们参与经济、社会行动的认知框架与行为方式发生了改变,以活动方式的技术突破为核心。

在高等教育发展史上,每一次学术观及其活动方式的转变,都必然会催生新的学术组织形式,并基于这些组织形式重新建构学术活动的行为和意义系统。例如,洪堡基于教学与研究相统一原则,将教学实验室、讲座制和习明纳等新的教学形式引入了大学。在 19 世纪末 20 世纪初的美国,随着传统大学向研究型大学转型,又出现和强化了研究生院、学系和学科实验室等机构。第二次世界大战以后,由于研究动因从纯学术导向转为社会需求导向,欧美许多大学又出现了与企业联合设立的合作研发中心、独立于学系的跨学科研究室(所、中心)等组织。正是在这些新的组织形式中,大学实践了新的学术理念,重新界定了教学与科研之间的关系,创新了教师教学和科研的活动方式。作为一种新的学术观,多元学术理论及其支撑的"三元主体协作"制度创新,必然也

---

[34]　同前注[32],杨朔镔、杨颖秀。

[35]　同前注[34],〔美〕W·理查德·斯科特,第 58、197 页。

对我国大学传统的教研室、学系、实验室以及校外教育基地等各种教学、科研组织形式提出新的变革要求,需要基于新的学科专业组织形式,实现活动方式上的技术性突破。

我国学者周光礼从"双一流"的建设目标出发,提出将"坚持科教融合、产教融合,推进学科、专业、课程一体化建设",作为中国"双一流"建设政策在技术核心上的突破。㊳事实上,他的这种技术突破也可以看作是基于多元学术观重构学术组织形式的基本原则。同样以教学学术的发展为例,首先,教学学术需要高水平的学科建设作为平台。学科建设是一个组织概念,包括教师团队建设、学科内容体系建设和评价体系建设等。它不仅是科学研究的平台,也是教学的平台和服务社会的平台。正因为此,没有一流的学科,就没有一流的大学和一流的教学。其次,教学学术还需要重构学科与专业之间的关系。中华人民共和国成立以来,我国的专业教育受到"苏联模式"的影响,在当时强调行业需求逻辑下的专业对口,而忽视了学科基础。20 世纪 80 年代后,在教学改革中强调学科逻辑下的"厚基础、宽口径",专业数量大幅下降,变为事实上的"三级学科"。教学学术虽然以一定的学科为基础,但又以学生在未来学术活动中的角色和任务为指向,需要根据学校的办学定位,在行业和学科之间重新审视专业的育人目标。最后,教学学术需要优化课程的开发和设计模式。教学学术的实施以一定的课程为载体,一方面,课程的开发和设计来自学科,需要将学科中的前沿知识转化为教学内容;另一方面,课程的结构还需围绕专业的育人目标进行整体设计,采用课程群、课程模块等形式进行组织,避免课程内容的重复。

(四) 以制度实践的整体性发展为观照

大学教师发展的制度创新是一个域性过程,这一特征指向了制度实践中两个方面的整体性观照。一是对大学教师发展内容的整体观

㊳　参见周光礼:《"双一流"建设中的学术突破——论大学学科、专业、课程一体化建设》,载《教育研究》2016 年第 5 期。

照。强调教师学术职业的分工,与发展内容的协调发展并不矛盾。"三元主体协作"制度创新是以对每个主体相对独立的权力和地位的界定为前提的,教师作为有着完整需求的主体参与制度创新过程。因此,有效的大学教师发展制度创新一定要研究大学教师的需要、已有经验和偏好等,这些是制度创新的前提与基础。㊲以促进大学教师的全面发展为目标,从整体上观照大学教师发展的主要内容,要将教师看作"具有主体性并能把握自己命运的人,是作为人而非作为工具的人,是在精神和心理上整全的人而非残缺的人"。㊳从大学教师发展的历史实践来看,先后经历了"学者时代""教学者时代""发展者时代"和"全纳时代"㊴,大学教师发展观逐渐从片面发展向全面发展和职前在职一体化发展转变。特别是在博耶的多元学术观的推动下,大学教师发展的研究者和实践者都越来越清醒地认识到,必须同时关注教学发展、专业发展、个人发展和组织发展等四个方面的内容,才能适应大学教师不断变化的多元需要。可以说,当前的大学教师发展越来越关注教师的个人维度,越来越关注大学教师作为一个"完整的人"的发展。

二是对制度体系的整体关照。任何制度都是制度体系中的一个环节,只有构成一套完整的制度体系,才能够保证整个制度效率的最大化,并为这种制度下的利益递增提供条件。㊵围绕大学教师发展这一实践活动,政府、社会、高校,乃至高校内的院、系等共同构成了大学教师发展的空间与场域。这一场域中,各类制度要素、制度对象相互联系,形成了大学教师建构知识、建构意义的场所。以整体、"域性"的意义理解大学教师发展制度创新,就不能孤立地谈论某一项制度的作用,而是要关注一定场域内整体制度框架的设计,注重框架内各项制度之间的相互联系、相互作用,以更准确地把握、预测和优化改进各类主体的行

㊲　同前注㊿,吴振利。

㊳　吴立保、谢安邦:《全人教育理念下的大学教学改革》,载《现代大学教育》2008 年第 1 期。

㊴　同前注㊷,王立。

㊵　参见李福华、丁玉霞:《论我国大学学术制度创新》,载《教育研究》2012 年第 11 期。

为。因此,在大学教师发展的制度创新中,要注意制度的协同和整合。所谓协同,是各项制度要契合一致,服从大学教师发展的总体战略和定位。重点是调整不合理的制度要素,促进各种制度资源的合理分配,防止制度预期利益之间的冲突。所谓整合,通过政策规章、组织规范、文化、运行制度等调整手段来对大学组织制度进行重组,协调和引导大学组织的制度性要素朝良性方向发展。"三元主体协作"制度创新,并不是要推翻现有的制度进行重建,而是要改变现有制度中不合理的要素,重新明确各类学术活动在大学制度体系中的地位,协调大学中的各种关系,激发大学的学术生产力。

三、"三元主体协作"中制度要素的合法性构建

新制度主义者将制度分为规制性、规范性和文化—认知性三大基础要素,这三大基础要素同时也代表了制度发挥作用的三种途径。其中,规制性制度的功能在于以法律、规则等强制性手段改变人的行为;规范性制度的功能在于建立普遍认同的价值观和标准;文化—认知性制度的功能在于形成共同信仰和行为等社会共同认知的形式。㉝因此,"三元主体协作"制度创新必须综合发挥这三大制度要素的功能,在规制性、规范性和文化—认知性三个方面进行制度的合法性构建,这也是大学教师发展制度创新的基本要求。

(一) 政策规制:确立教师发展的基本规则

政策规制是以正式规则的形式,通过界定各方的权力和责任来实

㉝ 参见郭毅:《组织与战略管理中的新制度主义:理论评述与中国例证》,格致出版社 2009 年版,第 19 页。

现制度的约束功能。"在最广泛的意义上,所有的学者都强调制度的规制性层面:制度会制约、规制、调节行为。"[34]在构建规制性制度的过程中,核心内容是确立规则、监督他人遵守规则和实施必要的奖惩。从实施"三元主体协作"制度创新的内在要求出发,我国当下在大学教师发展中应重点围绕"主体""关系"和"协作"等关键词构建规制性制度,特别是要解决两个方面的议题:一是各方主体要"有权力",二是主体运用各自的权力"能参与"。

1. 界定主体的权力内涵和边界

界定制度创新各主体的权力内涵和边界,先要满足一个基本前提,就是各主体的权力要得到包括市场力量在内的社会认可。这要求作为正式制度供给者的政府和高校在制定有关大学教师发展的制度时,要尽可能地做到公开透明,必须善于听取各方意见和建议。同时,要保证各主体能相对独立地行使权力,并承担相应的责任。在当前大学教师发展制度的供给中,权力和责任存在部分混同不清的情况。一是政府、高校、教师之间的权力混同不清。二是对大学教师发展中的责任混同不清。因此,界定主体的权力内涵和边界,主要就是通过广泛的社会调查,研究确定某一主体在大学教师发展中所应拥有的具体权力,通过明确的规章制度,将权力配置到对应的主体手中。

2. 完善主体权力的行使渠道

美国学者罗伯特·伯恩鲍姆(Birnbaum)在其《大学运行模式》中提出:有效地制定政策=1/3的信息资料+2/3的相互作用。[34]这间接说明了完善主体权力行使渠道的主要任务,就是要解决主体之间能够相互交流信息、相互作用的问题,也就是如何给各主体(特别是相对弱势的主体)提供多渠道行使权力的机会和途径。

当前我国大学教师发展的现实情况是,各主体在面对大学教师发

---

[34]　同前注[34],[美]W·理查德·斯科特,第60页。

[34]　参见[美]罗伯特·伯恩鲍姆:《大学运行模式》,别敦荣主译,中国海洋大学出版社2003年版,第212页。

展活动采取行动时,尚未形成各自独立、规范的权力运作模式。包括政府如何通过合理的分类评价和考核,引导高校之间形成学术职业的分工？高校如何分别行使学术权力和行政权力,同时实现学术职能和组织职能？教师如何表达在教学发展、专业发展、组织发展和个人发展等各方面的诉求？甚至学生如何有效评价教师的教学和提出要求？等等。要解决这些问题,除了增强主体意识外,还要为其权力实现建立一个支持系统。㉞具体包括两个方面:一是拓展权力行使的渠道。每个主体若不能占有充足的行使权力的渠道,就不能有效维护其权利。例如,教师的个人发展问题更加容易被忽视,就是因为相对于其他发展内容,个人发展的诉求更加缺乏反映途径。二是建立权力能够得以有效实施的组织机构。权力的行使渠道必须要有相应的组织机构支撑才能畅通,从这个意义上讲,各高校的教师发展中心应该具有更加宽泛的职能。它不仅是教师发展的组织实施机构,还应该是教师发展的信息沟通和协调机构。

要实现上述各类制度创新主体"有权力""能参与"的问题,形成推动大学教师发展制度创新的内生动力,一个重要抓手就是优先供给若干教师发展的关键制度。这些关键制度既包括与大学教师发展直接相关的专业发展、教学发展制度,也包括与之有着密切联系的职称晋升制度、奖励制度等。通过关键制度的供给,可以促使一系列制度的改变,将其相关规则的变化传导到其他制度上,间接促进制度环境的整体改善。

此外,政府作为规制性制度的主要供给者和处于强势地位的一方,为了搭建支持大学教师发展的基本制度框架,还应该承担双重职责。一是"放权",将部分权力过渡给高校和教师,这是造就一个各主体力量都能得到释放,充满学术活力的大学的前提。二是发挥引导性作用,政府仅仅"放权"还不够,还需要帮助高校建立其自我学习和自我协调的支持系统。自我学习系统能够帮助高校增强主体意识,提升其参与制

㉞ 同前注㉛,罗志敏。

度创新的积极性,防止"搭便车"现象。自我协调系统则能帮助高校有效处理政府和高校两个方面的诉求,实现学术职能和组织职能两方面的发展。

(二) 规范引导:形成一致的约束性期待

单纯依靠规制性制度推行规则,不仅需要付出较大的成本,还会造成主体之间的紧张关系。正如韦伯所指出的,满足于将其政体建立在单一的强权暴力基础上的统治者,即使有也是很少见的。所有的统治者,都试图在民众中培育一种其统治也是合法的信念。[34]因此,在规制性制度之外,还需构建大学教师发展的规范性制度。各类主体的权力通过规范框架可以进一步增强合法性,使权力转化为权威。也就是说,规制性制度和规范性制度之间是可以相互强化的。

规范性制度更多地强调义务维度,包括价值观念、行为准则、职业规范以及虽不成文但被教师普遍接受的习俗、惯例等内容。在"三元主体协作"制度创新中,这种基于义务维度的规范系统,主要源自主体间基于权力和责任的相互作用。这是因为主体的权力和责任总是相对的,在网络化的主体结构中,一方主体的责任意味着另一方主体的权力。对于网络中的某个主体节点而言,只有当他从另一方主体履行责任的行为中获得某种收益时(包含物质性收益和地位、声誉等非物质性收益),他才会忠诚于这一主体。一般来讲,收益越大,忠诚度越高。换言之,规范性制度之所以表现为义务维度,就是因为这种基于收益而形成的忠诚度的外在表现。例如,大学教师获得某个学术团体的成员资格,就可以在学科专业发展的某些方面获取收益,同样的,就意味着他也要承担遵守该团体某些规范和标准的义务。从这个意义上讲,"三元主体协作"制度创新在规范性制度的构建上,仍然以各主体权力和责任的确认为前提。不管对于哪类主体,都既没有无权力的责任,也没有无责任的权力。

㉞　同前注㉞,[美]W·理查德·斯科特,第61页。

从主体及其主体之间关系的角度来看,规范性制度作为一种强调义务维度的规则系统,它的构建可以从"自律"和"互律"两个角度来进行。

1. 构建学术职业伦理的"自律"性规范

某些价值观和规范可能适用于所有成员,如基本的道德规范,但某些则只能适用于特定的行动者或职位类型,这就属于职业伦理范畴。职业伦理具有建构角色任务的功能,也就是能在观念上对特定的职业和群体应具备怎样的目标和活动提出规定和期待。这种期待聚焦到某一类行动者身上,会被内化并体现为一种外在的压力。对大学教师而言,当从"单位人"回归到"学术人"的本原角色时,意味着也必须具有与这一角色相对应的权力和责任。

以教师的教学发展为例,当提出教学学术以后,教师的教学专业发展和学科专业发展就被提到了同等重要的地位。相应的,教师就应遵循与教学专业相对应的行为规范体系。正如《关于教师地位的建议》报告中所说,"教学应被视为专门职业……它需要教师的专门知识和技能……还需要从事者个人和团队对学生的教育及其福祉具有一种责任感。"[346]依据这一界定,大学教师不仅应在知识和技能方面走出"教学平庸",不断地去研究、创新、交流教学知识以提升教学能力,还应在职业道德和价值观念方面有所内化,在追求卓越的教学目标、开展学术性教学、提高教学的有效性等方面形成理想和追求。

教师对学术职业伦理的认可水平,决定了他对学术职业的忠诚度和发展潜力。只有当教师普遍认同并内化了学术职业的各种行为规范,才能具备学术职业所要求的基本素养,驱动教师追求更卓越的学术目标。"对于教师来说,一种高度发达的专业伦理,可能有助于其专业的整体发展与提高……它标志着一种新的成熟,并且使教师专业与其他高地位的专业保持平齐。"[347]

---

[346] 宋文红等:《高校教师专业化发展及其组织模式:国际经验与本土实践》,山东人民出版社 2013 年版,第 8 页。

[347] Elizabeth Campbell, *Professional Ethics in Teaching: Towards the Development of a Code of Pranctice*, 2 Cambridge Journal of Education 203(2000).

2. 建设学术共同体的"互律"性规范

德国学者斐迪南·腾尼斯最早提出了共同体（Community）这一概念。他认为共同体并非社会分工的结果，而是指"凡是在人以有机的方式由他们的意志相互结合和相互肯定的地方，总是有这种方式的或那种方式的共同体"。[348]学术共同体的概念则由英国哲学家布朗最早提出。他把全社会从事科学研究的科学家作为一个具有共同信念、共同价值、共同规范的社会群体，以区别于一般的社会群体与社会组织。[349]

除了大学本身就是一个学术共同体外，大学教师还基于学术职业的分工成为各类学术共同体中的一员。建设学术共同体"互律"性规范的合法性，源自对学术共同体的契约精神的理解。学术共同体的契约精神是其内部成员之间的"一种默契、规则与约定"[350]，在同一契约的笼罩下的人们，拥有了"共同体的平等交往、心灵的自由释放、良知的合意、团结与责任的形成等特征"，"学术共同体中的个体，一旦违背契约精神，不仅会遭到契约精神的制裁，更会遭到学术共同体成员的唾弃"。[351]因此，建设学术共同体的"互律"性规范，本质上是对学术共同体契约精神的重塑或者说回归，它主要包括三个方面的内容：

第一，学术信仰的互律。学术共同体首先是信仰共同体，他要求内部成员共享对学术职业的敬畏、热爱与追求。出于这种热爱和追求，不管是从事教学、科研，还是社会服务，大学教师都能在一种和谐、共勉的关系导引下，获得各自精神上的满足与团体归属，从而能够自觉或不自觉地促进和维系共同体的发展。

第二，学术规范的互律。这是指学术共同体的成员之间，对学术活动的理论、原则和方法方面业已形成的共识。不管是发现的学术、综合

---

[348]　参见［德］腾尼斯：《共同体与社会——纯粹社会学的基本概念》，林荣远译，商务印书馆1999年版，第58—65页。

[349]　参见李力、杜芃蕊、于东红：《重塑大学学术共同休：基于大学学科发展的研究》，载《国家教育行政学院学报》2012年第8期。

[350]　唐松林、魏婷婷：《学术共同体的契约精神：本质、背离与回归》，载《教育发展研究》2015年第7期。

[351]　同前注[350]，唐松林、魏婷婷。

的学术、应用的学术还是教学的学术，都在共同体中形成了共同的研究范式和共同的知识体系。这些范式和体系一方面约束了学者的行为方式与准则，另一方面也支持共同体的成员之间较为容易地进行专业对话与学术交流。

第三，学术精神的互律。学术共同体既是信仰共同体、规范共同体，也是精神共同体。学术精神的互律与学术信仰的互律有相同之处，都是源自对学术职业的热爱和对真理的追求，但它更偏向于对冥想、严谨、平实、审慎、笃行等人格特征的追求。如果说学术信仰体现了追求真理的执着，学术精神则体现了严谨务实的人格。学术精神的互律，与其说是共同体成员之间的外在要求，不如说是双方当事人自由意志的合致而形成，是一种发自内心的表示一致。这样的互律，才可保证共同体的规范得到有效发挥，“避免意志的被迫与屈从，从而使人具有高度人格品性”。(352)

（三）文化培育：建构共同的信念体系和意义框架

文化本身不是制度，而是为人的“内在”理解提供了一种“外在”框架。文化作为客观的、外在于个体行动者的符号系统，是通过内化为人的认知维度来影响人的思考、情感和行为模式，从而发挥出相应的制度功能。因此，斯科特在表述此类制度要素时，使用了带有连字符的“文化—认知”一词。相对于规制性制度的强制机制和规范性制度的约束性期待机制，文化—认知性制度是通过一套内化的信念体系与认知图式来实现的，它让行动者认为这些做法是“理所当然”的，难以想到其他的行为类型，因而也难以觉察这类制度要素的影响。在大学教师的学术活动中，也同样存在类似的信念体系和认知图式，这些认知图式“使得不同的学校教师会以某种相似的形式去理解各种教育现象和事件，并得出许多相似的认识和结论”。(353)同时，斯科特还特意强调，

(352) 同前注(350)，唐松林、魏婷婷。

(353) 柯政：《中国大陆课程政策实施研究：以制度理论视角探讨“研究性学习”政策在A市的实施状况》，香港中文大学2008年博士学位论文，第147页。

"当我们谈及制度的认知—文化要素时,我们指的是这些更具嵌入性的文化形式"㉞,这一类文化形式相对其他较"柔软""鲜活"的文化而言,更加不需要通过仪式来巩固,不太需要用符号阐释。这一观点为我们思考制度创新中,文化要素的培育问题提供了切入点,也就是如何厚植文化土壤,将学术职业中原本还需要巩固和阐释的文化,强化为一种更凝结、更具嵌入性文化,并以形成共同的教师信念体系与认知图式为目标,减少相互冲突的文化。

1. 培育以学术性为核心的教师文化

学术性是大学教师文化之魂。优秀的大学教师文化必须是推动学术发展的文化,是捍卫学术尊严的文化。培育以学术性为核心的教师文化,核心是唤起教师职业的学术性本质,营造学术职业求真、求实的创新性氛围。依据对多元学术的理解,教师文化也是一种多元学术文化,蕴含于教师的各类学术活动当中,对大学发挥教学、科研和社会服务等功能产生影响。因此,从有效建构大学和教师的行为的角度,以学术性为核心的教师文化应体现以下两个方面的特征。

第一,重视多元学术文化的均衡发展,减少文化冲突。在我国的教师文化建设和研究中,教学文化始终处于弱势地位,这一弱势地位又加剧了正式制度的实施困境。因此,重视多元学术文化的均衡发展,首先是要重视教学文化的建设,将学术性引入教师的教学观念,引导教师投入教学、研究教学和创新教学。在这方面,增进教师的教学学术自信尤为重要。教学文化之所以在大学中处于弱势地位,固然有外部的价值判断、评价偏差造成的生存环境恶化等原因,但"大学教师的教学学术自信集体缺失也有不可推卸的责任"。㉟正如美国卡内基教学促进基金会主席李·舒尔曼所言,"并不是大学忽视了教学的重要性,而是教师们自己贬低了自己的教学行为"。㊱重塑青年教师教学学术的自信意

㉞　同前注㉞,〔美〕W·理查德·斯科特,第66页。

㉟　樊小杰、吴庆宪:《提升研究型大学青年教师教学能力:制度创新与文化重构并举》,载《高等教育研究》2014年第9期。

㊱　王玉衡:《试论大学教学学术运动》,载《外国教育研究》2005年第12期。

识，不仅是大学重构教学文化的前提，也是"给予教学的学术以新的尊严和新的地位，以促进学术之火不断燃烧"㊼的内在要求。重视多元学术文化的均衡发展，还需要重视减少不同学术文化中的冲突。以最为典型的教学文化与科研文化之间的冲突为例，教学文化认为只会科研不善教学的教师不是好教师，反对以论文数量为标准来评定职称。科研文化则强调学术职业的自由，在研究受到重视和奖励时极易表现为从事研究工作的优越感。这种文化冲突不仅会使大学教师个人的发展陷入困惑，也会影响大学整体功能的发挥。因此，多元学术文化的均衡发展，表现之一就是培育教学与研究共生型大学教师文化。这种文化以教学为基、研究为本，能够促进学生全面发展、教师专业发展以及学校的整体发展。㊽

第二，重视多元学术文化的特色发展，在不同的高校创造不同的多元学术文化。多元学术在不同高校具有不同的组合形式，也必然会形成不同的学术文化特色。在学术性大学，由于教师在"学科专业能力—教学专业能力"的组合类型上以"强—强"和"强—平"型为主，其教师发展目标是实现"强—平"型向"强—强"型的提升，以建设一支最具全面竞争力的队伍。因此，学术性大学应构建一种多元学术"均衡发展"型的教师文化。这种均衡发展型教师文化，就是要鼓励和展示知识生产、传播、推广与运用等方面齐头并进的态势，在基础研究和任务定向研究或应用研究之间，在学科专业研究与教学专业研究之间，在学术自由发展与服务教学、社会之间保持必要的均衡和内在的张力。㊾在应用性大学，由于教师在"学科专业能力—教学专业能力"的组合类型上以"平—强"和"平—平"型为主，其教师发展目标是实现"平—平"型向"平—强"型的提升，以形成一支具有专项竞争力的特色性教师队伍。因此，与学术性大学的"均衡发展"型教师文化相比，应用性大学应采用一种"非对

㊼　同前注㉚，[美]欧内斯特·博耶，第78页。

㊽　参见李燕：《教学与研究共生型大学教师文化探析》，载《当代教育科学》2011年第3期。

㊾　同前注㉝，朱炎军，第310页。

称战略",构建一种多元学术"动态平衡"的教师文化。所谓"动态平衡"的教师文化,就是不追求多元学术上的平等用力,而是根据学生培养和市场的需求,重点围绕教学学术、应用的学术等进行文化建设,并根据教学学术、应用的学术的需要适度开展基础研究。在这一过程中,高校动态的调配学术资源,在学生培养、应用型研究和服务社会等某一方面形成自己独具的特色。

2. 在与组织、制度的互构中厚植文化土壤

第一,教师组织与文化的互构。一方面,文化是组织建设的根基,离开了文化这一根基,组织建设就变成了单纯的机构设置问题,而不是与大学职能相适应的制度创新问题。例如,支撑大学教师教学发展中心的根基就是教学文化。"当教学文化在大学明显缺失的背景下,任何一种组织和制度形式都无法形成教育质量的提升。"[360]因此,文化的培育首先是组织建设的内在要求。在组织建设的过程中,需要通过师生互动、教师互动等多种形式培育组织文化,促进教师发展行为自觉意识的养成。另一方面,组织又为文化提供了支撑。组织建设能够为文化的形成提供支撑,促进大学教师文化的均衡和特色发展。这种组织建设既包括依据学术性的基本原则,对大学中的教研室、实验室等原有机构进行改革重建,也包括依据教师发展的要求新建教师发展中心、跨学科研究中心。

第二,教师制度与文化的互构。就文化对制度而言,如前所述,文化作为一种基于语言的概念框架,以人的认知图式为中介,影响和建构了行动者的行为。可以说,任何一种制度都存在于一定的文化氛围中,是文化意义的"沉淀"。以教学文化为例,教师的教学在受到正式制度的约束而采取相应行动的同时,"也承载着和表达着长期积淀、弥散在教学制度化场域中大学教师的共同信念和行动意向,比如教学的学术使命、教学和科研相互促进、学术职业的教学责任等一系列共享的知识体系和意义符号"[361]有了这套意义符号,有关教学的制度和规范要求

---

[360] 邬大光:《教学文化:大学教师发展的根基》,载《中国高等教育》2013年第8期。

[361] 同前注⑱,朱炎军,第190页。

会更加顺利地推进。就制度对文化而言,文化事实上也受到制度的建构,处于变化之中。制度建设都是在一定的场域内发生的,其思想碰撞和行为重塑必然影响并投射到场域及其氛围当中。因此,制度本身就可以理解为一种文化现象。大学教师发展制度在具体实施过程中,既要体现出教师在个人、专业、教学和组织等不同维度的要求,又要表现出关于教师"如何发展""发展得如何"等评价性因素。因此,以促进大学教师发展为目标的制度实施,会引导教师文化的价值取向和发展方向。教师文化在形成过程中,既是制度制定者价值观和思维方式的体现,又是所有教师在发展过程中所形成的价值观和思维方式的体现。从这个意义上来讲,文化可以看作是隐性化的制度,而制度则可以看作是显性化的文化。

四、"三元主体协作"制度创新的实现路径

探寻制度创新的可行路径,首先要聚焦和明确所要达到的目标,使其为三元主体的相互协作提供统一指向。依据前文大学教师发展收益结构分析,大学教师发展的最终目标是发挥大学的学术职能。但这一目标描述还不够聚焦,还不是大学教师发展活动的核心概念,不足以为各类主体的行动提供有效指引。

那么大学教师发展有没有核心概念呢?有本章在分析美国大学教师发展研究的主要特征时发现,虽然大学教师发展本身的概念至今尚未明确,但美国学者在这些文献中提出了一个对大学教师个人和大学组织都不可缺少的概念——活力(Vitality)。活力的重要性,就在于它支持着大学教师把自己的能力不断投入各自的职业生涯和实现大学使命当中。[362]关注到这一核心概念,我们就会发现,大学教师发展从早期

㊲　同前注㊸,[日]有本章,第95页。

关注教学发展,到后来关注多维发展,虽然发展的内容和方式在扩展,但核心目标都是为了激发教师个人、群体和大学的学术"活力"。初期的大学教师发展主要聚焦在教师的学术休假、研讨会等形式,以为只要降低教师的疲劳,提高他们的教学技术就能提高"活力"。但后来发现,组织制度的环境特征,市场机制的介入,高校为大学教师发展提供的"结构性机会",以及教师利益的损益情况等,才是影响"活力"的根源性因素。

因此,本书将围绕"活力"这一大学教师发展的核心概念构建"三元主体协作"制度创新的基本路径。思考政府、高校和大学教师在处理相互之间的"两两"关系,构建各类制度要素时,如何共同围绕"活力"这一目标选择行动策略和制定规则,以此实现正确的角色定位。

(一) 政府:构建外部支持保障体系

从更广阔的背景来看,由"单主体"制度创新转为"三元主体协作"制度创新,属于大学治理方式的转向。对政府而言,这不是一般意义的行为方式调整,也不是简单的放权,而是转变政府职能,从以前的直接管理改为引导和服务,为大学教师发展构建外部支持保障体系的过程。

1. 推动大学教师发展职前、职后一体化

在20世纪90年代之前,美国的大学教师发展还没有关注在职教师在职业生涯发展阶段上的区别,也没有在研究生教育中注重对未来大学教师的培养。即使有一些院校对研究生助教加以发展,也只是在教学技能方面的简单培训。但20世纪90年代之后,欧美国家开始将未来大学教师的发展作为一个新的重要领域。据美国全国未来教师发展办公室所言,未来教师发展计划不是一个美化了的研究生助教计划,而是面向所有研究生,关注他们作为未来大学教师的全面发展。[363]英国的大学教师发展也被划分为职前准备、入职培训和在职培训三个阶段。

③⑥③　同前注⑫,王立。

教师在职前准备阶段通过课程学习获得必备的教育理论、教学方法、学科专业知识和 12—19 周的教学实习，并最终取得从事教师职业的资格。[364]

当前，我国的研究生教育基本不涉及与未来大学教师发展相关的项目和内容。高校在招聘新教师时主要关注其学科专业背景，教学专业能力所占的比重极小。借鉴欧美国家经验，我国在构建大学教师发展外部保障体系时，可以将旨在推动未来大学教师发展的职前教育纳入其中进行一体化设计，在研究生教育质量标准中增加对未来大学教师的培养要求，以便为高校教师队伍提供"源头活水"，并减轻高校在教师入职时的培训和发展压力。

在将大学教师发展向职前前移的同时，还需深化在职教师的分层分类发展。改变现有的政府主导教师发展项目只关注新教师、只关注中青年骨干教师的情况，做到根据处于不同职业阶段教师的特点和需要，设计实施更加具有针对性的教师发展项目。既要关注处于职业生涯早期的新教师，适应学术生活的发展项目，也要关注处于职业生涯中期的教师，缓解职业倦怠的发展项目和更新学术活力的中年教师发展项目，从而使大学教师发展涵盖教师学术生涯的各个阶段，实现职前职后一体化发展。

2. 推进分权，构建多元共治的教师发展制度体系

科学的权力结构对大学教师发展的制度创新至关重要。但从现实来看，在我国的高校内部管理体制改革中，政府分权一直是呼吁最强烈、进展最缓慢的改革内容。[365]在政府分权成为制度创新基本前提的背景下，政府首先需要加大权力重心下移的力度，实现从"管制者"到"引导者"和"监督者"的角色转变，从而增强高校的自主性，形成政府、高校和大学教师权、责、利明确，共同参与的制度创新体系。大学在推进分

---

[364] 参见徐玲、张东鸣：《英国高校教师专业发展对我国教师发展的启示》，载《高等农业教育》2013 年第 12 期。

[365] 同前注㉓，张应强、程瑛。

权,实现角色转变后,应将重点放在两个方面,一是制定标准,在大学教师发展的关键节点发挥引导作用。例如,研制面向大学教师分类发展的绩效评价国家基本标准,从国家层面提供不同类型、不同类别学科、不同层次类型教师的绩效评价基本指标参照系。又如,在大学教师职前职后一体化发展方面,可以仿效日本,将"大学教师发展教育"纳入研究生教育的课程标准。二是承担权力下放之后的监督职能,建立多主体协作下的权力制衡监督机制。通过监督机制,既保证了大学和教师的合法权力,又把大学治理的权力关进制度的笼子,"以此实现大学治理各主体依据权责范围各谋其位、各司其职……防范侵权、越权和不作为、乱作为现象的发生"。㊌

3. 不断完善高校管理和指导的分类体系

高等教育的分类与高等教育大众化进程密切相关,其目的是实现政府的宏观管理与分类指导,确保各类高等院校准确定位、特色发展。离开科学合理、具有规划导向的高等教育分类体系,以高等教育体系及其师资结构有序分化为前提的制度创新,就难以获得政策指引和资源支撑。目前,我国在高等教育领域主要实施了"双一流"建设和"地方高校转型发展"两大战略,在国家层面确立了各类大学分类指导、分类考核的政策导向。但由于分类管理的实施过程中政府与大学尚未进行广泛协商,缺乏具体可行的绩效考核制度和政策权益导向,一定程度上造成高等教育分工体系不太明确,某些大学仍然存在发展规划不合理、普通院校盲目升格,高校之间招生、教学、科研无序竞争的现象。要构建"分类不分层"的科学合理的高校分类体系,需要发挥大学评价的作用,使大学的声誉和社会地位不再仅依靠科研,同时也取决于教学的学术水平。因此,在对大学的评价指标体系进行调整,合理分配教学、科研在评价指标体系中的比例的基础上,还需依据学校类型、使命和社会责任对评价结果进行分类解释,提高评价的针对性。㊌

㊌ 袁福:《多元共治参与大学治理的内涵、方向及路径保障》,载《内蒙古社会科学(汉文版)》2018 年第 1 期。

㊌ 同前注㊳,朱炎军,第 291 页。

4. 在大学教师发展中引入市场机制

理论上讲,高校与社会的关系存在两个媒介:政府和市场。[368]但在长期的计划经济体制主导下,"形成了以政府为主导的大学公共管理体制,政府不仅是大学制度的唯一供给者,而且控制着大学组织的运行"。[369]在这种体制下,政府几乎提供了高校所需的所有资源,高校也只需按照政府的指令行事。在政府逐步放权,由"管理者"变为"引导者"和"监督者"后,市场在高校和社会之间所发挥的媒介作用理应得到重视。当市场机制逐步在社会资源配置中发挥决定性作用的时候,它已经成为促进和保障大学教师发展的不可或缺的基本环境。把市场机制引入大学教师发展,是对高校和大学教师主体地位的真正落实。因为这意味着高校和教师不再完全依赖政府的资源分配,而是可以通过提升自身的学术生产力、竞争力,到市场上主动获取资源和利益。在政府作为高校和社会的媒介时,高校的信息交流主要满足上下沟通的需要,是一种单通道的纵向信息传播结构,信息来源非常单一且教师难以参与。当市场作为一种媒介参与高校与社会的交流时,让高校能够"更多地与社会多元利益主体发生关系,呈现出以信息广度为主的横向的传播结构,注重在众多的信息来源中进行决策与选择"。[370]在市场机制的调节下,面对日益多样化的学术发展需求和市场需求,大学、院系和大学教师都能够更加高效地采取措施,提高学术生产水平和教学质量。

5. 推动专业组织和机构的建设

通过推进专业协会、学会等外部组织机构的建设,在教师培训、研讨、提供项目、开发标准等方面开展一系列活动,能够有效地服务和引导大学教师发展。伯顿·克拉克认为,"对于学术研究而言,除非有一个全国性的专业学会,否则任何一个学术领域都将一事无成"。[371]特别

---

[368] 参见[日]金子元久:《教育中的市场机制》,涂兴国译,载《教育与经济》2003年第2期。

[369] 同前注[300],马廷奇,第161页。

[370] 康宁:《中国经济转型中高等教育资源配置的制度创新》,教育科学出版社2005年版,第302页。

[371] 转引自:同前注[38],朱炎军,第27页。

是对于大学教师的教学学术发展而言,只有成立了相关的协会或学会,才能表明它具有了专业属性,才能够形成相应的教师发展共同体。从西方国家的经验来看,大学教师发展的推动在很大程度上得益于各种专门化发展机构的支持与依托,包括大学的教师发展中心和跨区域的培训中心等。以美国为例,高等教育专业和组织发展网络(POD)、美国员工、专业和组织发展理事会(NCSPOD)、高等教育教学协会(STLHE)等专业协会始终在大学教师发展中发挥着主体性的引导作用。⑫这些协会通过制定规范和标准,也成为推动大学教师发展非正式制度创新的主要力量。

相较西方国家而言,我国的大学教师发展专业协会还没有发挥出应有的作用。特别是相对于学科专业学会的蓬勃发展而言,教学专业学会较为滞后。以中国物理学会为例,在其下属的 30 个分会、工作委员会中,仅有 1 个与教学相关,且主要面向中小学的物理教学。此外,根据中国高等教育学会的下属 63 个机构来看,仅有 17 个专业教育委员会,且这些专业教育委员会在推动大学教学改革中的作用也十分有限。⑬因此,当前我国有必要成立全国性的大学教师发展协会,作为具有广泛代表性的非正式组织,致力于大学教师发展,并参与国际合作。在新成立专业协会的同时,还可对目前的大学教师培训网络进行整合,将其纳入大学教师发展的体系当中。专门化的组织机构不仅是对传统师资工作的延续或转移,还全面系统地为大学教师的发展提供支持与服务,成为推动大学教师发展的决定性力量。

(二)高校:构建内部主体共生体系

在研究如何激发大学学术"活力"的问题上,高校越来越被关注。诚如鲍恩(Boewen)和舒斯特(Schuster)所指出的那样,现代的美国大

---

⑫　同前注㊹,[美]索尔奇内利等,第4—5页。
⑬　同前注㊳,朱炎军,第278页。

学正拥有史上最强素质的教师。相对于教师素质,大学机构对"活力"的影响力被认为远远超过一切个人因素。㉞也就是说,相对于大学教师的学术出身和经历、个人素质结构、工作负担等因素,大学组织所能提供的物质资源、组织环境、学术氛围、共同的价值和目标,以及领导力、决策力等各种因素,对大学教师的发展更具有重要意义。因此,在政府构建外部支持保障体系时,高校自身更应该进行一系列的资源整合和组织变革,构建适合大学教师发展的内部主体共生体系。

1. 将大学教师发展提升到战略规划的高度

凡事预则立,不预则废。大学教师发展作为大学追求卓越和声誉的主要途径之一,理应作为大学战略规划的主要内容进行提早谋划和顶层设计。制定战略规划的主要目的就是"把院校的前途和可预见的环境变化联系起来,使资源的获得……快于资源的消耗,从而能够成功地完成院校的使命"。㉟从世界一流大学的发展实践来看,战略规划在维护和推动大学发展中的重要性日益显现。20世纪90年代以来,众多一流大学纷纷出台了面向21世纪的发展战略规划,以维护自身作为知识创新来源、人才培养基地、社会公共事业重要参与者的角色和作用。

在将大学教师发展提升到战略规划高度的努力中,政府可以发挥推进和引导的作用。政府的推进引导不是直接指定"细化"的政策,提出直接的改革要求,而是借用"宏观调控"的手段,通过宏观要求,把规划与实施的责任交由各高校,并给予政策与制度的保证。例如,在推动大学将承担大学教师发展由"准义务"变为"义务"的过程中,日本政府就很好地运用了这种宏观调控的方式。2004年,日本中央教育委员会制定的新的大学评审制度,将检查大学教师发展进展的评价项目列入评价指南中。同年通过的法律条规《国立大学法人法》提出未来国立大

㉞ 同前注㊸,[日]有本章,第96页。

㉟ 王英杰、刘宝存:《世界一流大学的形成与发展》,山西教育出版社2007年版,第275、278页。

学将接受"竞争性经费",从而使大学不得不对自身质量以及与之相关的 FD(大学教师发展)制度,提出更高的要求来换取国家的资源。此外,日本新的《大学本科设置基准》中明确规定:"各个大学为改善本大学的教学内容及方法,必须进行有组织的研修、研究。"日本大学基准协会还提出,以往只是通过教师个人的努力来改善教育内容、方法,其成果也仅是教师的个人信息。今后不应只停留在教师个人的水平上,而是要在全校或者整个学部、学科中,包括兼职教师在内,根据各个大学的理念、目标以及教育内容、方法等,进行有组织的研究、研修。正是通过政府一系列相互支撑的宏观制度调控,日本在近十多年的时间里快速完善了大学教师发展制度在高校内的构建,大学教师发展已经成为日本高等教育改革的中心任务。

2. 大学内部组织机构的整合

当今的大学内部组织机构建设更善于做"加法",往往是强调什么工作,就增设什么机构,而相对于做"加法","减法"往往更具难度但更加重要,否则,"大学"必然也承担着更多的职能,必然也会派生出更多的机构。⑯在大学的组织机构中做"减法",基本途径是实现组织的整合。克拉克将复杂组织的内部整合分为两个基本维度:结构性的整合和规范性的整合。结构性整合通过个人或群体的互动实现,规范性的整合则通过组织成员共享信念态度和价值实现。⑰在大学内部,这两种整合依靠自上而下的科层管理是无法实现的,只能在学校的院系层面实现。因此,大学内部组织机构整合的一个基本途径是实行学院的实体化运作,将院系的角色从"学校计划的执行者转向积极与社会横向联系的教学、科研与社会服务的主体"。⑱除此之外,实现学院的实体化运作还有一个益处,就是有效增加教师表达利益诉求和参与学术决策的渠道。当前,如果将大学教师分为"学术管理者""杰出学者"和"普通教

---

⑯　同前注⑩,邬大光。

⑰　参见阎光才:《大学组织整合的文化视角扫描》,载《教育研究》2000 年第 11 期。

⑱　同前注⑩,马廷奇,第 226 页。

师"等不同群体,他们在参与学术管理和决策中的作用依次减弱。[379]实现重心在学院的实体化运作后,学术管理和决策的下移,能够有效解决这一问题。因此,赋予学院及其基层组织相应的权力,实施实体化运作,是促进大学教师发展的有效保障。

从国际经验来看,发挥院系在大学教师发展中的作用,也是激发大学内部活力的一大趋势,有学者将其与个人主导模式、政府主导模式、大学主导模式并列,称为院系主导模式。[380]无论是美国还是日本的大学教师发展,都在加强以校为本和以院系为本的促进教师专业发展模式建设,充分发挥院系在此方面的领导能力。因为如果院系不能给予重视,学校层面的教师发展活动就难以深入,教师参与的热情也大打折扣。

3. 重视和支持教师团队建设

大学教师是"专业人",而非普通的"职业人",其专业属性表现为由"教学专业"和"学科专业"共同构成的"双专业"特征。从个体发展的角度看,"职业人"的专门化水平较低,可以通过生产劳动过程中的观察、模仿、体验等进行学习,其成长体系是经验型的,主要依赖于个体的经验、悟性。"专业人"的专门化和规范化水平较高,其成长体系不能完全依赖个人经验的累积和自省(虽然很必要,但远远不够),而是需要特定的团队和组织机制为其提供支撑。大学教师对团队合作也有很强的现实需求,许多教师参加大学教师发展活动,主要目的也是想从别的同行那里获得经验和启发。

相对于"学科专业"而言,大学教师的"教学专业"地位一直没有得到确立,教学专业的发展体系更是没有得到重视和建立。在高校中,当教师以本专业的学者身份出现时,其发展基本上能够得到专业组织与专业训练的有效保证,也容易加入相应的团队。但当大学教师作为教师身份出现时,却难以找到一种特定的组织机制为教师提供专业训练

㉗⑨　同前注㉑⑥,李琳琳,第 169 页。

㉘⓪　同前注⑩,孟凡丽。

与专业发展的机会。"当教师走出自己特定学科领域的小天地,面对纯学术研究之外的教学、服务等各项工作时,通常只能依托教师个体,在个体良心和道义的驱使下,凭借个体的直觉与经验累积获得发展。"[38]

因此,随着教师发展理论的逐渐深入,团队在大学教师发展特别是教学发展中的作用已经被广泛提及,并且在各类高校中都开始受到重视。但这些团队大多被机械的分为教学团队、科研团队,反而加速了高校内教学文化与科研文化之间的冲突。通过团队建设,既能化解高校内的教学文化和科研文化之间的冲突,又能同时为教师的教学专业发展和学科专业发展提供支持,才是大学教师团队建设的意义所在。例如,在高校内可以围绕学科、专业或课程组建教学团队,同时发挥教学名师、学科带头人和骨干教师的作用。其中,教学名师确定团队的教学改革目标,制定教学发展规划和研究计划,组织实施教学改革;学科带头人利用在本学科领域的知名度和影响力,提升专业、课程的教学学术水平;其他教授、副教授等则作为教学骨干共同参与团队活动,在提升教学专业水平和学科专业水平的同时,形成并发表教学、科研成果;刚入职的新教师则在这种团队文化中,受到全方位的熏陶、培养,增强两种专业的意识和能力。此外,我国还有学者提出了建立类似教学研究共同体的设想,形成"课题+课程"的教学与研究共生团队模式。事实上,在高校的现实实践中并不缺乏教师自发形成的类似团队,团队成员在教学和科研中都形成了良好的合作。这种教学研究共同体不仅包含教师之间教学和科研的双向合作,还包括师生之间在教学和科研上的合作,通过将研究内容引入教学,推进学术的研究性学习,最终实现教学研究高度统一,研究"源"与教学"流"高度正相关,形成自激励机制。[382]

---

⑳ 李家新:《从"职业人"到"专业人":社会分工视角下的大学教师发展模式及其转型》,载《现代教育管理》2015 年第 4 期。

㉜ 同前注⑳,李燕。

4. 完善指向大学教师发展的管理、评价和奖励制度

大学教师的管理、评价和奖励制度严格来说不属于教师发展制度的范畴,但在相互依赖的制度网络中,这些制度所形成的"正反馈"能够传递到大学教师发展领域,产生"大量与日俱增的回报"。基于这些回报,能够增强大学教师在发展活动中的学习机制、模仿机制和协同机制,进而助推新制度的扩散。在完善大学教师的管理制度方面,重点是根据学术职业的分化推进对大学教师的分类管理。当前,我国大多数高校已经在制度上进行教师的分类管理改革,设置教学型、科研型、社会服务型等不同的岗位。从实践来看,这类改革虽然取得了一些经验和效果,但仍然存在岗位职责不够细化、岗位考核不完善、不同岗位的发展路径不明确等问题。这些问题能否得到有效解决,直接决定了教师能否真正按照自身的学术旨趣选择相适应的岗位类型,并且在这些岗位上真正实现发展。在大学教师的评价方面,除了依据不同的学术类型实现教师评价标准的多样化外,另一个突出问题是将评价主体真正从行政主体转向学术主体,注重发挥同行评价的作用。在大学教师的奖励制度方面,重点是在综合各类奖励的效果后,能够产生积极的"正反馈"效果,而不是效果上相互抵充。积极的"正反馈"作为一种制度的增量收益,是推动制度创新走出路径依赖的重要依据。同时,产生"正反馈"效果的奖励制度能够对特定教师产生示范效应。这种示范事实上起到了"行为模板"的作用,它的扩散过程也就是教师之间形成共同的信念体系,推动文化—认知性制度创新的过程。

(三) 大学教师:形成个人发展的内在动力机制

大学教师是发展的主体,是决定发展效果的内在因素。大学教师发展的制度和政策能否取得预期目标,最终取决于大学教师是否给予认同和参与,是否将这些制度内化到个人的角色认知和职业生涯发展当中,自主形成持续发展的内在动力机制。

1. 形成对学术职业角色的理性认知

大学教师所从事的学术职业是一个多重角色的综合体,每一重角色都有着相对独立的价值追求。因此对于大学教师来说,其发展的首要任务是明确对自身职业的理性认知,确定自己"从事怎样的角色"和"追求怎样的价值"。

明确对学术职业的理性认知,首先是要解决多重角色的平衡问题。大学教师的多重角色问题是博耶多元学术观在高校的实践和应用,也是大学教师发展的一个重要主题。在美国,大约40%的研究型大学、综合性大学和文理学院的大学教师发展者都把"教师工作平衡"视为教师面临的三大挑战之一。[83]我国的大学教师也同样存在这一问题。沈红等人在2014年关于中国大学教师发展状况的调查中发现,我国大学教师教学、研究偏好比例为2∶8,但在教学和研究上实际所占时间的比例是4∶6。也就是说,只有20%的教师偏好教学,但教师们花了40%的时间在教学上。同理,80%的教师偏好科研,但教师们只花了60%的时间在研究上。[84]可见,教师的偏好与行为之间虽在大方向上总体吻合,但还是存在差异。特别是相较于研究型大学和教学型的新建地方院校,处于"中等偏上"层次的所谓研究教学型和教学研究型大学,在多重角色的平衡问题上最为突出。他们希望能同时应对内外部的期望,既能维持大量的教学任务,又能提升科研产出。总体上,对教师工作量的要求、对科研的评价比重等,都对教师如何在多重角色间做好平衡产生了影响。

除了面临多重角色的平衡问题外,大学教师还面临角色的转换问题。随着大学服务社会功能的强化,以及大学直接介入经济社会发展的程度越来越深,大学教师卷入更加复杂多样的市场当中,其学术职业的角色在形态上也开始发生转换。这些转换包括从"学者"到"创业者"

㉜ 同前注㊹,〔美〕索尔奇内利等,第67页。

㉝ 参见沈红:《中国大学教师发展状况——基于"2014中国大学教师调查"的分析》,载《高等教育研究》2016年第2期。

的转换、从"基础研究者"到"应用研究者"、从"公共知识分子"到"专业知识分子"的转换,以及从"立法者"(精神、思想、价值观念层面)到"阐释者"的转换等。这些新旧角色之间不断产生各种价值张力,并在多数情况下产生矛盾和冲突。[385]一方面,大学教师要履行这些新角色的要求,因为他们在一定程度上代表了社会对大学的诉求或大学对教师的期待。但另一方面,大学教师还需保持其学术职业的本质属性和基本使命,避免其作为一个学术人核心角色的式微。

对于大学教师来说,在多重角色中找到平衡和在多样化的角色转换中守住学术职业的本质属性,是其明确对职业的理性认知,构建发展路径的价值原点。这种理性认知的形成,除了需要政府和高校提供适宜的外在制度环境以外,还要求大学教师"既然以学术为志业,就应该对学术精神和学术追求带有一分真诚和敬意"。[386]此外,还需要大学教师增强自我调适能力,在不断地发展活动和反思中形成工作上的整体感和综合感。例如,大学教师从个体发展模式转向共同体发展模式,就是增进对角色的理性认知,实现多重角色平衡的一个有效渠道。通过积极参加工作坊、培训项目和跨学科的教学科研项目,除了能获得传统意义上的进步外,也有助于大学教师多角度、整体性地看待自己的工作,缓解角色认知上的焦虑感和孤独感,并通过不断的反思和发展将对角色的感性认识上升到理性认识的层面。

2. 制定个人职业生涯发展规划

教师制定个人职业生涯发展规划的实质,是形成关于"卓越大学教师"的自我导向,其首要任务是提高教师的自我认识。自我认识的提升是增强职业认同,主动投入教师发展活动的内因。其所遵循的基本逻辑是:大学教师虽然在一定程度上不能改变职业环境,但通过不断提升自我意识,可以发挥更大的能动性去应对和适应外在环境,从而在职业

---

    [385] 参见杨超、张桂春:《"学术资本主义"与大学教师学术职业角色的转换》,载《教育科学》2016年第5期。

    [386] 同前注[17],阎光才,第230页。

认知和履职行动上获得更加良好的态势,进而提高职业认同的程度。职业认同作为个体对自己所从事职业角色的重要性、吸引力、与其他角色的融洽性等方面所作的总体评价,认同度越高,就越容易生成投入发展活动的内在动力。

从教师个体的角度来看,通过个人反思、同行评价、学生评价和上级部门评审反馈等多种途径了解自己的不足,科学制定职业发展规划,可以使自己有目标、有计划地不断提升综合素质,激发学习和工作的内在动力,为实现自己的职业目标而拼搏进取。[38]当教师对职业发展有明晰的规划,并能在规划的各个阶段逐步实现职业目标时,将会在完整意义上认识和不断深化对学术职业的理解,从而有利于职业认同感的强化和内在发展动力的生成。

从主体之间"两两合作"的角度来看,高校也应在教师的职业发展规划中发挥指导和支持作用,为教师制定和实施职业发展规划创造条件。特别是依据教师学科专业特点、现实起点、发展兴趣和潜力等多方面的实际因素,帮助教师做好职业发展类型和层次的定位,并提供"结构性机会"。例如,对善于课程教学的教师,鼓励其教学方面的研究与发展,成为教学型专家和教学名师;对于善于学术研究的教师,则为其潜心科研创造更好的条件,向学科专家方向发展。

3. 增进主体意识的觉醒和自我发展能力的提升

"三元主体协作"制度创新隐含了对大学教师主体性发展的价值取向。所谓大学教师的主体性发展,就是重视大学教师主体内生的价值需求,将大学教师发展看作教师个体从自身的内在需求出发,自主发展和自我实现的过程,从而避免把教师看作管理对象和实施客体,造成发展活动的机械性和形式化。从主体性的视角思考大学教师发展问题,意味着发展活动是一个教师"自我的改造"与"群体的共生"。所谓的"自我的改造",是指主体在发展中"一步步走出自在的自然状态,开始

---

⑧　参见张宁俊:《高校教师职业认同与组织认同:理论与实证研究》,西南财经大学出版社 2013 年版,第 255 页。

谋划自己的生活，并为此思考自己与对象世界的关系"。㊳大学教师要能够坚守学术职业所秉持的自由的思想和独立的判断力，真正做到发展必须是"我"的发展，是个人自由自觉意志的体现。所谓"群体的共生"，是指主体性发展并不等同于任性发展。因为随着从主体性到主体间性的认识深化，通过大学教师发展活动，不仅引导教师实现了自我知识结构的更新和实践智慧的增长，还会拓展教师主体的生存视野和发展空间，在与同伴、学生以及社会的互动中实现彼此助长的"共生世界"。

从实现主体性发展的目标出发，对大学教师的主体意识和自我发展能力都提出了更高的要求。大学教师作为发展的主体，想要回答好"向哪发展"的问题，要具备两个方面的了解：一是了解内在的自己，意即能正确理解自身的能力、责任、需求和发展目标；二是了解外在的活动对象，意即掌握了支撑自身发展的各种必要知识，包括学科知识、教学知识、学生心理的知识等，从而避免盲目发展和主观任意的发展。同时，大学教师作为发展的主体，更要回答将要"如何发展"的问题。也就是说，教师具备"能选择"的能力，能在复杂的、不确定的教育情境中做出最适合自己的决定，能够选择对自己最有价值的发展资源，采用最适合自己的发展方式，从而在实现发展目标的过程中能够少走（甚至不走）弯路。虽然教师在选择的过程中必须考虑学校整体的办学定位和发展目标，但最终的决定权必须体现教师个人的意志自由，体现选择结果对教师个人的价值。

㊳ 张曙光：《"人"、"我"、"心"、"身"——兼论哲学的性质与现代哲学的特点》，载《江海学刊》2010年第4期。

结　　语

大学教师发展制度创新是一个涵盖多个制度层次、多种制度形态和多维制度内容的复杂工程,任何一种研究都只是从某种视角出发,获取一些新的认识和实践启示。本书借用新制度主义,特别是新制度经济学的视角,从制度创新的主体进行切入,思考了在制度创新中各类主体因何而立、如何行动和何以可能实现等问题。在对传统的"单主体"制度创新困境进行分析的基础上,提出实施"三元主体协作"制度创新的内涵特征、实现逻辑和实践路径,形成了一些基本结论,但也存在一些不足。

一、基　本　结　论

(一) 政府、高校和大学教师共同推动制度创新

本书将制度创新的主体置于核心地位,认为制度创新都是特定的主体出于某种利益动机推动完成的。大学教师发展制度创新的主体主要是政府、高校和大学教师,分别处于宏观、中观和微观三个层面,且都

带着各自不同的利益诉求参与到制度创新的过程中。由于政府和高校之间长期以来形成的"行政隶属关系",高校在大学教师发展的制度创新中一直缺位,主要担任了政府制度的执行者的角色。因此,从中华人民共和国成立以来的历史梳理来看,我国的大学教师发展制度创新主要表现为政府主导型制度创新和教师主导型制度创新两种基本类型。长期以来,政府是主要的供给者,主要通过强制性的制度创新方式,决定了我国大学教师发展的正式制度和基本框架。但教师作为有着自身利益需求的主体,也从未缺席制度的创新过程。大学教师从来不是完全被动的制度执行者,而是在已有的约束条件下,有策略地采取相应行动以响应获利机会,从而形成一定时期以内的行为规范。此外,随着我国政府在高等教育管理中的"权力下放"和市场机制的影响,为了提升自身的学术生产力和竞争力,高校的主体意识和利益诉求也日益增强,成为大学教师发展制度创新中"衔接上下"的重要主体。因此,不管是从历史的角度分析,还是实践现状的角度分析,大学教师发展的制度创新都是由政府、高校和大学教师共同推动的。

(二)主体间关系决定制度创新的方向和效果

大学教师发展制度创新不是某个主体简单外部设计和安排的结果,而是政府、高校和教师共同推动的内生性的过程,是主体间相互博弈和作用的结果。但这种博弈和相互作用既可能是正面的,也可能是负面的,这主要取决于各主体之间在制度创新中所形成的关系形态。在一方主体作为"第一行动集团"发起制度创新后,另一方主体作为"第二行动集团"会基于利益相关度和意义理解度两个维度对这一制度创新作出反应,决定所采取的行动策略。两个行动集团之间所形成的或合作、或冲突的主体间关系,决定了制度创新的最终方向和效果。也就是说,只有当"自上而下"的制度创新能从教师那里得到"自下而上"的积极反应时,政府主导的制度创新才能取得快速而持久的效果,反之亦然。但从中华人民共和国成立以来的大学教师发展制度创新实践来看,我国的制度创新一直以来呈现出主体间背离多、合作少的"单主体"特征,从而使制度创新处于有效供给不足、实施成本高、无法走出路径依赖等困境中。因此,在大学教师发展的制度创新中,我们既要关注政府的制度逻辑和行为策略,也要关注大学教师的制度逻辑和行为策略,只有这样才能寻找二者利益的结合点和合作生长点,确保制度创新始终处于预期的发展轨道。

(三) 制度创新具有"域性"特征

大学教师发展制度创新的"域性"特征主要表现在三个方面:一是制度创新的目标追求双重"收益",需要兼顾大学组织的学术职能和组织职能。从学术职能来看,大学教师发展致力于发现、整合、应用和传播等多元学术的发展;从组织职能来看,大学教师发展也是大学组织实现对学术的调和、控制等目标的手段。二是制度创新的实践要秉承"整体性"原则。不仅在大学教师发展内容上实现对教学发展、专业发展、组织发展和个人发展的整体性观照,还要在制度体系上做到整体性关照,要关注一定场域内整体制度框架的设计,注重框架内各项制度之间的相互联系、相互作用,而不是孤立的推行某项制度。三是注重多维制度要素的共同变革。制度包含规制性制度、规范性制度和文化—认知性制度,这是本书开展研究的逻辑起点。因此,在制度创新中,要兼顾这三类制度要素的协调、配合和合法性构建。通过规制性制度创新,以法律、规则等强制性手段改变和引导教师的行为;通过规范性制度创新,建立教师普遍认同的价值观和标准;通过文化—认知性制度创新形成共同的信念体系和认知图式,做到综合发挥这三大制度要素的功能。

(四) 制度创新依托主体网络结构的自主协作而实现

为了突破"单主体"制度创新的困境,本书提出了实施"三元主体协作"制度创新的理论设想和实践策略。这一制度创新模式具有两方面的内涵特征:一是将制度创新的主体置于网络化结构当中。在这种网络化结构,主体之间是一种三元主体主导的多层复合关系。二是注重学术职业的分工协作。这种协作以多元学术理论为依据,不仅体现在不同类型的高校之间,也体现在不同类型的教师之间。为了在实践中确保实现"三元主体协作"制度创新,需要在高校内外同时建设学术生态系统。在高校内部,构建主体共生体系,在将大学教师发展提升到高校战略规划的高度的同时,推动高校内部组织机构的整合、教师团队的建设和教师分类管理、分类评价制度。在高校外部,构建支撑保障体系,包括通过政府放权构建多元共治的教师发展制度体系,不断完善高校管理和指导的分类体系,发挥市场机制的媒介作用和推动建设专业协会组织等。

二、需要进一步探讨的问题

(一) 需要弥补的研究局限

1. 研究内容的局限

在制度分析中,对以下两对关系的矛盾和张力解释还不够。

第一,关于制度的有意设计与意外结果之间的关系。大学教师发展制度是内生性过程,是场域内主体相互作用和博弈的结果。但由于制度创新是一个"域性"的过程,涉及太多的变量,因此制度创新的内生性结果未必就是各主体协作后的预期结果。换言之,即使三元主体相互协作,有意图地进行选择和构建,也未必就一定能产生预期的效果。本书在研究中,对于三元主体之外的变量尚未涉及。

第二,关于制度创新回归学术本原与加强科层制之间的关系。本书基于新制度主义的研究视角,强调了两个在以往的制度创新中容易被忽视的因素,一是回归大学教师职业的学术性,以学术性为核心推进制度创新;二是重视教师自下而上的制度创新,重视教师自发形成的习俗、惯例等非正式制度的影响。但同时,我国高等教育体制的历史传统和现状都表明,制度创新的过程中还必须充分发挥政府和行政权力的作用。特别是在社会转型期,大学组织内部的"无序"和"学术失范"都需要正式制度的建设。如何在制度创新中正确处理行政权力与学术权力、学术组织与科层体制之间的关系,本书还缺少探究。

2. 研究视角的局限

本书借助新制度主义的视角,发现了一些大学教师发展制度创新中存在的问题,但"理论视角的功用具有双刃剑的特征,它在一方面说明你能够看到一些新东西的同时,也在另一方面遮蔽了一些东西"[389]。特别是本书借用新制度经济学中关于制度创新的解释模型,将获取潜在收益作为制度创新的源动力。尽管也将收益分为物质性收益和荣誉、地位等非物质性收益,但总体上是采纳了主体的"理性人"假设,对教师发展的情感维度关注不够。事实上,教师的情感因素是在大学教师发展中发挥重要作用,但又在研究和实践中经常被忽视的内容。大学是一个充满"价值世界"和情感色彩的事业,"情感"和"人性因素"在大学教师发展中扮演着不可忽视的角色。正如哈格里夫(Hargreaves)所言,"教育改革者对教育变革的情感向度置之不理,但情绪和感情又会从后门进入变革之流程中"[390]。因此,大学教师发展在制度设计中不应仅仅关注理性的转变,还应重视大学教师的情感之维,更多地考虑大学教师的心理情感、健康、人际交往、专业规划、专业提升和职业倦怠等个体生存和发展需求。

(二)对"三元主体协作"制度创新的展望

1. 实现"三元主体协作"制度创新的关键是权力的下放和让渡

各类主体在网络化结构中能否成为权、责、利独立的主体节点,能

---

[389]　同前注[353],柯政,第241页。

[390]　操太圣、卢乃桂:《伙伴协作与教师赋权》,教育科学出版社2007年版,第74页。

否基于自身的利益诉求积极参与主体间在制度创新中的合作，关键问题还是权力能否配置到主体身上。因此，政府能否从习惯性的单主体主导制度创新转为支持三元主体间相互协作的制度创新，核心问题就是能否摆脱对权力的片面依赖，从与高校、教师的利益纠结中先撤离出来，把高校真正建设成依法办学的法人实体，让教师真正成为享受学术自由的"学术人"。除此以外，高校内部也存在权力的让渡问题，就是高校在学术领域将行政权让渡给学术权，让学术人员真正成为学术生产和学术评议的主体，政府的重点从直接介入转为构建校内学术生态系统。

2. 实现"三元主体协作"制度创新的重点是主体能力的提升

赋权的同时，必须要增能，也就是要提高相关行动者的主体意识和行动能力，以避免"搭便车"现象。事实上，政府之所以在权力下放的问题进展缓慢，除了长期以来形成的集权制管理理念外，还源自对高校自治的"不信任"。在实践中，高校在获得"权力"的同时，也的确还没有形成履行"义务"的力量和相应的监督机制，这使得政府在权力下放上始终心存疑虑，教师也同样存在赋权增能的问题。大学教师如何理解多元学术观念下学术职业的分化和协作，如何确认在高等教育大众化、信息化背景下自身发展中面临的重点和难点问题，如何实现自身角色的重构等问题，都会影响制度创新中的主体协作效果，影响制度创新能否体现其原本所应遵循的内在逻辑。

参 考 文 献

一

［1］《简明不列颠百科全书》(第 8 卷)，中国大百科全书出版社 1986 年版，第 726 页。

［2］《中华人民共和国教育大事记(1949—1982)》，教育科学出版社 1984 年版，第 4 页。

［3］博雅：《北大激进变革》，华夏出版社 2003 年版，第 3—4 页。

［4］操太圣、卢乃桂：《伙伴协作与教师赋权》，教育科学出版社 2007 年版，第 74 页。

［5］陈利民：《办学理念与大学发展》，中国海洋大学出版社 2006 年版，第 140—157 页。

［6］歌耶：《世纪末的浪潮——"92·93"中国下海大回眸》，青海文艺出版社 1993 年版，第 120 页。

［7］郭毅：《组织与战略管理中的新制度主义：理论评述与中国例证》，格致出版社 2009 年版，第 19 页。

［8］胡建华：《现代中国大学制度的原点：50 年代初期的大学改

革》,南京师范大学出版社 2001 年版,第 283 页。

[9] 康宁:《中国经济转型中高等教育资源配置的制度创新》,教育科学出版社 2005 年版,第 302 页。

[10] 李汉林、渠敬东:《中国单位组织变迁过程中的失范效应》,上海人民出版社 2005 年版,第 24 页。

[11] 李琳琳:《成为学者:大学教师学术工作的变革与坚守》,华东师范大学出版社 2016 年版,第 122 页。

[12] 李路路、李汉林:《中国的单位组织:资源、权力与交换》,浙江人民出版社 2000 年版,第 95 页。

[13] 卢现祥:《新制度经济学》,武汉大学出版社 2004 年版,第 144 页。

[14] 吕达、周满生:《当代外国教育改革著名文献:美国卷:第三册》,人民教育出版社 2003 年版,第 23 页。

[15] 马廷奇:《大学转型:以制度建设为中心》,社会科学文献出版社 2007 年版,第 160 页。

[16] 缪榕楠:《学术组织中的人:大学教师任用的新制度主义分析》,南京师范大学出版社 2008 年版,第 23 页。

[17] 宋文红等:《高校教师专业化发展及其组织模式:国际经验与本土实践》,山东人民出版社 2013 年版,第 8 页。

[18] 王英杰、刘宝存:《世界一流大学的形成与发展》,山西教育出版社 2007 年版,第 275、278 页。

[19] 魏姝:《政策中的制度逻辑——美国高等教育政策的制度基础》,南京大学出版社 2007 年版,第 28 页。

[20] 吴艳茹:《寻路——制度规约下的大学教师职业生涯研究》,中国社会科学出版社 2013 年版,第 40 页。

[21] 辛鸣:《制度论:关于制度哲学的理论建构》,人民出版社 2005 年版,第 11 页。

[22] 徐延宇:《高校教师发展——基于美国高等教育的经验》,教

育科学出版社 2009 年版,第 20—25 页。

[23] 阎光才:《精神的牧放与规训:学术活动的制度化与学术人的生态》,教育科学出版社 2011 年版,第 89 页。

[24] 张宁俊:《高校教师职业认同与组织认同:理论与实证研究》,西南财经大学出版社 2013 年版,第 255 页。

[25] 张焱:《诱惑、变革与守望:我国学术场域中的大学教师行为研究》,南京大学出版社 2014 年版,第 18 页。

[26] 赵敏:《教师制度伦理研究》,社会科学文献出版社 2016 年版,第 29 页。

[27] 中国教育年鉴编辑部:《中国教育年鉴(1949—1981)》,中国大百科全书出版社 1984 年版,第 688 页。

[28] 周海涛、李虔、年智英、杜翔云:《大学教师发展:理论与实践》,教育科学出版社 2015 年版,第 32—38 页。

[29] 朱国云:《组织理论:历史与流派》,南京大学出版社 1997 年版,第 248 页。

[30] 朱炎军:《大学教师的教学学术——理论逻辑与制度路径》,上海大学出版社 2017 年版,第 12 页。

二

[1] [德]柯武刚、史漫飞:《制度经济学》,韩朝华译,商务印书馆 2000 年版,第 35 页。

[2] [德]马克斯·韦伯:《学术与政治》,冯克利译,外文出版社 1997 年版,第 4 页。

[3] [德]腾尼斯:《共同体与社会——纯粹社会学的基本概念》,林荣远译,商务印书馆 1999 年版,第 58—65 页。

［4］［法］埃哈尔·费埃德伯格：《权力与规则——组织行动的动力》，张月等译，格致出版社2008年版，第244页。

［5］［美］B.盖伊·彼得斯：《政治科学中的制度理论："新制度主义"》，王向民、段红伟译，上海人民出版社2011年版，第2页。

［6］［美］D.P.约翰逊：《社会学理论》，南开大学社会学系译，国际文化出版公司1988年版，第292页。

［7］［美］R·科斯、A·阿尔钦、D·诺斯：《财产权利与制度变迁——产权学派与新制度学派译文集》，上海三联书店1991年版，第371—403页。

［8］［美］W·理查德·斯科特、杰拉尔德·F·戴维斯：《组织理论》(第四版)，高俊山译，中国人民大学出版社2011年版，第170页。

［9］［美］W·理查德·斯科特：《制度与组织——思想观念与物质利益》，姚伟、王黎芳译，中国人民大学出版社2010年版，第59页。

［10］［美］露丝·本尼迪克特：《文化模式》，王炜等译，生活·读书·新知三联书店1988年版，第5页。

［11］［美］伯顿·克拉克：《高等教育系统——学术组织的跨国研究》，王承绪、徐辉、殷企平、蒋恒译，杭州大学出版社1993年版，第58—66、68页。

［12］［美］伯顿·克拉克：《高等教育新论——多学科的研究》，王承绪等译，浙江教育出版社2001年版，第105页。

［13］［美］布罗姆利：《经济利益与经济制度——公共政策的理论基础》，陈郁、郭宇峰、汪春译，上海三联书店1996年版，第51页。

［14］［美］道格拉斯·C.诺思：《制度、制度变迁与经济绩效》，杭行译，格致出版社2014年版，第43—44页。

［15］［美］德里克·博克：《美国高等教育》，乔佳义译，北京师范学院出版社1991年版，第34页。

［16］［美］菲利普·G.阿特巴赫：《比较高等教育：知识、大学与发展》，人民教育出版社教研室译，人民教育出版社2001年版，第29页。

〔17〕〔美〕冯·贝塔朗菲:《一般系统论:基础、发展和应用》,秋同、袁嘉新译,清华大学出版社 1987 年版,第 243 页。

〔18〕〔美〕罗伯特·伯恩鲍姆:《大学运行模式》,别敦荣主译,中国海洋大学出版社 2003 年版,第 212 页。

〔19〕〔美〕莫里斯·迈斯纳:《毛泽东的中国及后毛泽东的中国》,杜蒲、李玉玲译,四川人民出版社 1989 年版,第 361 页。

〔20〕〔美〕道格拉斯·C.诺思:《经济史中的结构与变迁》,陈郁、罗华平等译,上海三联书店 1991 年版,第 24—25 页。

〔21〕〔美〕欧内斯特·博耶:《关于美国教育改革的演讲》,涂艳国、方彤译,教育科学出版社 2002 年版,第 72 页。

〔22〕〔美〕索尔奇内利:《大学教师发展:从历史迈向未来》,周军强译,北京师范大学出版社 2016 年版,第 1 页。

〔23〕〔美〕唐纳德·A.舍恩:《反映的实践者——专业工作者如何在行动中思考》,夏林清译,教育科学出版社 2007 年版,第 35 页。

〔24〕〔美〕唐纳德·肯尼迪:《学术责任》,阎凤桥等译,新华出版社 2002 年版,第 31 页。

〔25〕〔美〕沃尔特·W.鲍威尔、保罗·J.迪马吉奥:《组织分析的新制度主义》,姚伟译,上海人民出版社 2008 年版,中文版序言。

〔26〕〔美〕希拉·斯劳特、拉里·莱斯利:《学术资本主义——政治、政策和创业型大学》,梁晓、黎丽译,北京大学出版社 2008 年版,第 8 页。

〔27〕〔美〕辛德曼:《赢在科学——科学游戏面面观》,柳士强译,上海科学技术出版社 2001 年版,前言。

〔28〕〔美〕亚伯拉罕·弗莱克斯纳:《现代大学论——美英德大学研究》,徐辉、陈晓菲译,浙江教育出版社 2001 年版,第 22 页。

〔29〕〔美〕约翰·迈耶、布莱恩·罗恩:《制度化的组织:作为神话和仪式的正式结构》,载张永宏主编:《组织社会学的新制度主义学派》,上海人民出版社 2007 年版,第 9 页。

[30] [美]约翰·N·德勒巴克、约翰·V·C·奈:《新制度经济学前沿》,张宇燕等译,经济科学出版社 2003 年版,第 13—15 页。

[31] [日]金子元久:《教育中的市场机制》,涂兴国译,载《教育与经济》2003 年第 2 期。

[32] [日]青木昌彦:《比较制度分析》,周黎安译,上海远东出版社 2001 年版,第 11 页。

[33] [日]有本章:《大学学术职业与教师发展(FD)——美日两国透视》,丁妍译,复旦大学出版社 2012 年版,第 110 页。

[34] [西班牙]奥尔特加·加塞特:《大学的使命》,徐小洲、陈军译,浙江教育出版社 2001 年版,第 46 页。

[35] [英]阿什比:《科技发达时代的大学教育》,滕大春、滕大生译,人民教育出版社 1983 年版,第 7 页。

[36] [英]马尔科姆·卢瑟福:《经济学中的制度:老制度主义和新制度主义》,陈建波,郁仲莉译,中国社会科学出版社 1999 年版,第 33 页。

[37] [英]约翰·齐曼:《真科学:它是什么,它指什么》,曾国屏、匡辉、张成岗译,上海科技教育出版社 2002 年版,第 85 页。

[38] [英]马尔科姆·泰特:《高等教育研究:进展与方法》,侯定凯译,北京大学出版社 2007 年版,第 189—190 页。

三

[1] Bradley A. Boucher etc, A Comprehensive Approach to Faculty Development, 70 American Journal of Pharmaceutical Education 2(2006).

[2] Donald Jr. Light, Introduction: The Structure of the

Academic Professions, 47 Sociology of Education 2—28(1974).

〔3〕 Elizabeth Campbell, Professional Ethics in Teaching: Towards the Development of a Code of Pranctice, 2 Cambridge Journal of Education 203(2000).

〔4〕 Ernest L. Boyer, Scholarship Reconsidered: Priorities of the Professoriate, 42 Issues In Accounting Education 87(1992).

〔5〕 Festervand, et al., Short-term study abroad programs: A professional development tool for international business faculty, 77 Journal of Education for Business 106(2001).

〔6〕 Florence B. Brawer, Faculty Development: The Literature. An Eric Review, 18 Community College Review 50(1990).

〔7〕 Francis John Bruce, How Do we Get there From Here?: Program Design for Faculty Development, 46 The Journal of Higher Education 719(1975).

〔8〕 Georgea Sparks, Systhesis of research on staff development for effective teaching, 41 Educational Leadership 65(1983).

〔9〕 J. Meyer & B. Rowan, insititutionalizing organizations: formal structure as myth and ceremony, 83 American Journal of Sociology 340(1977).

〔10〕 Jerry G. Gaff & Ronald D. Simpson, Faculty Development in the United States, 18 Innovative Higher Education 167(1994).

〔11〕 Jerry G. Gaff, Toward Faculty Renewal: Advances in Faculty, Institutional, and Organizational Development, San Francisco: Jossey-Bass, 1975, p.2.

〔12〕 John A. Centra, Types of Faculty Development Programs, 49 The Journal of Higher Education 151(1978).

〔13〕 K. McKinney, Attitudinal and structural factors contributing to challenges in the work of the scholarship of teaching and learning,

129 New Directions For Institutional Research 37(2006).

[14] K.T. Centra, Faculty evaluation and faculty development in higher education. In J.C. Smart eds., Higher Education: Handbook of Theory and Research, New York: Agathon Press, 1989.

[15] L.E. Davis & Douglass C. North. Constitutional Change and American Economic Growth, Cambridge University Press, 1971, p.10.

[16] Leonardo Legorreta, Craig A. Kelley & Chris J. Sablynski, Linking Faculty Development to the Business School's Mission, 82 Journal of Education for Business 3(2006).

[17] M.N. Allen & P.A. Field, Scholarly teaching and scholarship of teaching: Noting the difference. 1 International Journal of Nursing Education Scholarship 1(2005).

[18] Mary Henkel, Academic Identity and Academic in a Changing Policy Environment, 49 Higher Education 155—176(2005).

[19] Michael W. Apple, Comparing Neo-liberal Projects and Inequality in Education, 37 Comparative Education 409—423(2001).

[20] Mission Statement of the Institute for Teaching and Learning, http://www.calstate.edu/itl/.

[21] National Education Association, Faculty Development in Higher Education: Enhancing a National Resource, Washington, D.C. 1991.

[22] Pat Hutchings, Mary Taylor Huber & Anthony Ciccone. Scholarship of Teaching and Learning Reconsidered, Jossery-Bass Publishers, 2010, p.48.

[23] Paul J. DiMaggio & Walter W. Powell, The Iron Cage Revisited: Institutional Isomorphism and Collective Rationality in Organizational Fields, 48 American Sociological Review 147(1983).

[24] POD NetWork, Faculty Development Definitions, POD

NETWORK（Nov.30，2011），http：//www.podnetwork.org/faculty_development/definitions.htm.

［25］R.G. Carroll，Implications of adult learning theories for medical school faculty development programs，15 Medical Teacher 163（1993）.

［26］R.G. Carroll，Implications of adult learning theories for medical school faculty development programs，15 Medical Teacher 163（1993）.

［27］Rosemary S. Caffarella & Lynn F. Zinn，Professional Development for Faculty：A Conceptual Framework of Barriers and supports，23 Innovative Higher Education 241（1999）.

［28］Shirley M. Clark，The Academic Profession and Career：Perspectives and Problems，14 Teaching Sociology 24（1986）.

［29］Thomas M. Dilorenzo & P. Paul Heppner，The Role of an Academic Department in Promoting Faculty Development：Recognizing Diversity and Leading to Excellence，72 Journal of Counseling & Development 485（1994）.

［30］William C. Nelsen，Faculty who stay：Renewing our most important resource，1983 New Directions for Institutional Research 67（1983）.

四

［1］《湖南省人民委员会转发"国务院关于高等学校教师职务名称及其确定与提升办法的暂行规定"的通知》，载《湖南政报》1960 年第5 期。

［2］操太圣：《最后堡垒的失守？——研究型大学基层学术共同体的发展困境审思》，载《苏州大学学报（教育科学版）》2018年第2期。

［3］曾绍元：《新中国高校教师队伍建设和发展五十年与展望》，载《国家高级教育行政学院学报》1999年第5期。

［4］陈仕华：《我国高校教师专业化发展的策略——来自制度、高校和教师个人三个层面的分析》，载《当代经济》2011年第10期。

［5］陈先哲、黎辉文：《广东省高校教师岗前培训课程实施情况的调查》，载《教师教育研究》2008年第6期。

［6］陈先哲：《大学教师发展：研究进路与研究展望》，载《复旦教育论坛》2017年第3期。

［7］陈勇勤：《"经济—制度—意识形态"与经济原则》，载《南都学坛》2015年第2期。

［8］陈至立：《在第三届中外大学校长论坛开幕式上的演讲》，载《国家教育行政学院学报》2006年第9期。

［9］储凡静：《高校新入职教师岗前培训的发展瓶颈和改革的探索》，载《继续教育研究》2013年第4期。

［10］崔大伟：《留学与海归背后的制度变迁》，澎湃新闻，2018年5月25日，https://www.thepaper.cn/newsDetail_forward_2119827。

［11］杜娟、王颖：《高校新入职教师培训课程设计及实施效果研究——基于北京理工大学的个案分析》，载《高校教育管理》2018年第4期。

［12］樊小杰、吴庆宪：《提升研究型大学青年教师教学能力：制度创新与文化重构并举》，载《高等教育研究》2014年第9期。

［13］方学礼：《基于教学学术的大学教师职务评聘制度重构》，载《教师教育研究》2010年第4期。

［14］傅大友、芮国强：《地方政府制度创新动因分析》，载《江海学刊》2003年第4期。

［15］傅大友、宋典：《地方政府制度创新的动力机制研究》，载《苏

州大学学报》2004 年第 1 期。

[16] 龚春芬、李志峰:《学术职业专业化视角下大学教师发展制度的缺失与构建》,载《教育发展研究》2008 年第 4 期。

[17] 顾建民、王爱国:《我国高校科研体制改革 30 年——成就与经验、问题与展望》,载《中国高教研究》2008 年第 9 期。

[18] 管培俊、吕杰、徐金明:《我国高校教师培训工作及其评价——新时期中国高等学校教师培训工作之二》,载《中国高等教育》2001 年第 3 期。

[19] 郭婧:《英国大学教师发展的经验及启示——以诺丁汉大学为例》,载《黑龙江高教研究》2013 年第 11 期。

[20] 郭俊、孙钰、黄鑫:《中国大学校长教育学术背景研究——以 115 所"211 工程"大学校长为例》,载《中国高教研究》2012 年第 8 期。

[21] 郭元婕:《教师质量:美国教改的下一个重心》,载《中国教育报》,2007 年 3 月 12 日,第 8 版。

[22] 国家教委印发的《高等学校教师培训工作规程》,教人〔1996〕29 号,1996 年 4 月 8 日发布。

[23] 韩建华:《教学学术观念及其对大学教师专业发展的启示》,载《江西社会科学》2009 年第 8 期。

[24] 胡炳仙:《中国重点大学政策:历史演变与未来走向》,华中科技大学 2006 年博士论文。

[25] 黄少安:《制度变迁主体角色转换假说及其对中国制度变革的解释——兼评杨瑞龙的"中间扩散型假说"和"三阶段论"》,载《经济研究》1999 年第 1 期。

[26] 蒋达勇、王金红:《现代国家建构中的大学治理——中国大学治理历史演进与实践逻辑的整体性考察》,载《高等教育研究》2014 年第 1 期。

[27] 教育部印发的《关于新时期加强高等学校教师队伍建设的意见》,教人[1999]10 号,1999 年 9 月 16 日发布。

［28］解德渤：《再概念化：大学教师发展的历史与逻辑》，载《教育学术月刊》2015 年第 10 期。

［29］康永久：《教育制度的生成与变革——新制度教育学论纲》，华中师范大学 2001 年博士学位论文。

［30］李斌琴：《寻求合法性：我国大学趋同化机制解析——从重点大学政策说起》，载《高教探索》2012 年第 1 期。

［31］李福华、丁玉霞：《论我国大学学术制度创新》，载《教育研究》2012 年第 11 期。

［32］李福华：《利益相关者理论与大学管理体制创新》，载《教育研究》2007 年第 7 期。

［33］李怀、邓韬：《制度变迁的主体理论创新及其相关反应研究》，载《经济学家》2013 年第 9 期。

［34］李怀、时晓虹：《制度变迁主体的网络结构及合作问题研究》，载《社会科学论坛》2014 年第 3 期。

［35］李家新：《从"职业人"到"专业人"：社会分工视角下的大学教师发展模式及其转型》，载《现代教育管理》2015 年第 4 期。

［36］李家新：《卡内基—梅隆大学的战略规划及其对建设高水平"应用型大学"的启示》，载《职业技术教育》2015 年第 4 期。

［37］李金奇：《大学组织的再学术化与大学教师学术职业分化》，载《高等教育研究》2016 年第 2 期。

［38］李力、杜芃蕊、于东红：《重塑大学学术共同体：基于大学学科发展的研究》，载《国家教育行政学院学报》2012 年第 8 期。

［39］李明华：《挑战和机遇：研究型大学与未来的世界一流教学型跨国大学（公司）一体化模式》，载《清华大学教育研究》2004 年第 5 期。

［40］李文英、陈君：《日本大学教师发展制度化探析》，载《保定学院学报》2010 年第 1 期。

［41］李小娃：《高校教师发展中心建设的制度逻辑与理论内涵》，载《中国高教研究》2013 年第 12 期。

［42］李燕:《教学与研究共生型大学教师文化探析》,载《当代教育科学》2011 年第 3 期。

［43］连进军:《韩国的世界一流大学建设:BK21 工程述评》,载《大学教育科学》2011 年第 2 期。

［44］林杰、李玲:《美国大学教师发展的三种理论模型》,载《现代大学教育》2007 年第 1 期。

［45］林义:《制度分析及其方法论意义》,载《经济学家》2001 年第 4 期。

［46］刘海洋、郭路、孔祥贞:《学术锦标赛机制下的激励与扭曲——是什么导致了中国学术界的高数量与低质量?》,载《南开经济研究》2012 年第 1 期。

［47］刘进:《大学教师流动与学术劳动力市场》,商务印书馆 2015 年版,第 210 页。

［48］刘万海:《论教学的理性精神》,载《全球教育展望》2006 年第 6 期。

［49］刘小强:《美国加州 1960 年高等教育总体规划:一个成功范例》,载《清华大学教育研究》2006 年第 2 期。

［50］刘晓清:《五十年代初思想改造运动中知识分子心理变迁及原因》,载《浙江学刊》1998 年第 5 期。

［51］刘艳:《当代中国出国留学政策变迁的动因分析》,载《清华大学教育研究》2016 年第 2 期。

［52］刘之远:《治理视角下的美国研究型大学教师发展组织变革:路径与借鉴》,载《现代教育管理》2018 年第 3 期。

［53］卢辉炬:《中美日大学教师发展之比较》,载《改革开放与中国高等教育——2008 年高等教育国际论坛论文汇编》。

［54］罗志敏:《我国大学治理的制度供给逻辑》,载《教育发展研究》2014 年第 5 期。

［55］骆方金、卜祥云:《创新型科研团队成员间的工作关系与激励

有效性》,载《科技管理研究》2009 年第 8 期。

[56] 吕林海:《大学教学学术的机制及其教师发展意蕴》,载《高等教育研究》2009 年第 8 期。

[57] 吕世伦、宋光明:《权利与权力关系研究》,载《学习与探索》2007 年第 4 期。

[58] [德]玛格雷特·比洛-施拉姆、刘杰、秦琳:《德国大学教师发展:培训与继续教育》,载《北京大学教育评论》2014 年第 2 期。

[59] 毛亚庆、蔡宗模:《建国以来高校教师专业发展的制度审视》,载《清华大学教育研究》2010 年第 6 期。

[60] 毛益民:《制度逻辑冲突:场域约束与管理实践》,载《广东社会科学》2014 年第 6 期。

[61] 孟凡丽:《日本促进大学教师专业发展的 FD 制度及其启示》,载《高等教育研究》2007 年第 3 期。

[62] 苗丹国:《出国留学教育的政策目标——我国吸引在外留学人员的基本状况及对策研究》,载《清华大学教育研究》2003 年第 2 期。

[63] 牛风蕊、沈红:《建国以来我国高校教师发展制度的变迁逻辑——基于历史制度主义的分析》,载《中国高教研究》2015 年第 5 期。

[64] 潘金林、龚放:《本科教学:研究型大学的核心使命——"大学之道"在美国研究型大学的回归》,载《中国大学教学》2010 年第 2 期。

[65] 潘懋元、罗丹:《高校教师发展简论》,载《中国大学教学》2007 年第 1 期。

[66] 齐泽旭:《新制度经济学视野下美国高等学校教师管理制度研究》,东北师范大学 2008 年博士学位论文。

[67] 乔连全、吴薇:《大学教师发展与高等教育质量——第四次高等教育质量国际学术研讨会综述》,载《高等教育研究》2006 年第 11 期。

[68] 沈红:《中国大学教师发展状况——基于"2014 中国大学教师调查"的分析》,载《高等教育研究》2016 年第 2 期。

［69］盛冰：《高等教育的治理：重构政府、高校、社会之间的关系》，载《高等教育研究》2003 年第 2 期。

［70］施晓光、夏目达也：《日本"大学教师发展"的经验及对中国的启示：基于名古屋大学的个案》，载《清华大学教育研究》2011 年第 4 期。

［71］时伟：《大学教学的学术性及其强化策》，载《高等教育研究》2007 年第 5 期。

［72］苏永建、李冲：《"双一流"背景下中国特色现代大学制度的挑战与应对》，载《教育发展研究》2017 年第 13—14 期。

［73］孙传钊：《恶的平庸》，载《书屋》2005 年第 4 期。

［74］孙敬霞：《中美高校教师发展制度的比较及启示》，载《河南教育学院学报（哲学社会科学版）》2013 年第 2 期。

［75］孙立平：《社会主义研究中的新制度主义理论》，载《战略与管理》1997 年第 5 期。

［76］谭园喜、廖湘阳：《我国大学教师管理政策的文本分析》，载《现代教育科学》2009 年第 1 期。

［77］檀传宝：《制度缺失与制度伦理——兼议教育制度建设》，载《中国教育学刊》2005 年第 10 期。

［78］唐松林、魏婷婷：《学术共同体的契约精神：本质、背离与回归》，载《教育发展研究》2015 年第 7 期。

［79］涂文记：《剑桥大学教师发展政策及其对我国的启示》，载《集美大学学报（教育科学版）》2012 年第 1 期。

［80］涂艳国：《多元学术观与大学学术发展》，载《高等教育研究》2011 年第 11 期。

［81］王春玲、高益民：《美国高校教师发展的兴起及组织化》，载《比较教育研究》2006 年第 9 期。

［82］王符：《日本大学教师发展的制度化及其启示》，载《现代教育论丛》2014 年第 4 期。

［83］王和平：《学术规范建设二十年：综观与反思》，载《广西民族大学学报（哲学社会科学版）》2009 年第 2 期。

［84］王立：《美国大学教师发展研究：历史的视角》，华东师范大学 2012 年博士学位论文。

［85］王晓瑜：《大学教师发展教学学术的若干理论问题探究》，载《教师教育研究》2009 年第 5 期。

［86］王玉衡：《试论大学教学学术运动》，载《外国教育研究》2005 年第 12 期。

［87］魏红、赵彬：《我国高校教师发展中心的现状分析与未来展望——基于 69 所高校教师发展中心工作报告文本的研究》，载《中国高教研究》2017 年第 7 期。

［88］文魁、徐则荣：《制度创新理论的生成与发展》，载《当代经济研究》2013 年第 7 期。

［89］邬大光：《教学文化：大学教师发展的根基》，载《中国高等教育》2013 年第 8 期。

［90］吴立保、谢安邦：《全人教育理念下的大学教学改革》，载《现代大学教育》2008 年第 1 期。

［91］吴振利：《美国大学教师教学发展研究》，东北师范大学 2010 年博士学位论文。

［92］谢安邦：《自我发展规范管理——国外高校"教师发展"的经验和启示》，载《中国高校师资研究》2003 年第 3 期。

［93］熊华军、丁艳：《当前美国大学教师专业发展类型》，载《比较教育研究》2012 年第 9 期。

［94］徐玲、张东鸣：《英国高校教师专业发展对我国教师发展的启示》，载《高等农业教育》2013 年第 12 期。

［95］徐巍：《美国宪法关于教育权力归属的政治哲学分析》，载《河北学刊》2013 年第 5 期。

［96］徐延宇、李政云：《美国高校教师发展：概念、变迁与理论探

析》,载《黑龙江高教研究》2010 年第 12 期。

[97] 许庆豫:《高等教育制度创新模式:美国的案例分析》,载《高等教育研究》2009 年第 12 期。

[98] 严月娟:《对我国高校教师评价体系的反思——从晏才宏现象谈起》,载《黑龙江教育(高教研究与评估)》2006 年第 3 期。

[99] 阎光才:《大学组织整合的文化视角扫描》,载《教育研究》2000 年第 11 期。

[100] 阎光才:《我国学术职业环境的现状与问题分析》,载《高等教育研究》2011 年第 11 期。

[101] 杨超、张桂春:《"学术资本主义"与大学教师学术职业角色的转换》,载《教育科学》2016 年第 5 期。

[102] 杨凤云:《大学教师发展的制度规约与心理契约》,载《现代教育科学》2012 年第 1 期。

[103] 杨瑞龙:《论制度供给》,载《经济研究》1993 年第 8 期。

[104] 杨朔镔、杨颖秀:《"双一流"背景下大学院系治理现代化探论:自组织理论的视角》,载《教育发展研究》2018 年第 5 期。

[105] 杨晓波:《责任与自治:美国公立高校和政府的关系》,载《高等教育研究》2003 年第 3 期。

[106] 姚秀群、叶厚顺:《关于高校教师专业发展制度的思考》,载《现代教育科学》2009 年第 11 期。

[107] 叶敏:《从政治运动到运动式治理——改革前后的动员政治及其理论解读》,载《华中科技大学学报(社会科学版)》2013 年第 2 期。

[108] 尤伟:《我国高校教师发展制度的演变与优化》,载《扬州大学学报(高教研究版)》2016 年第 6 期。

[109] 于建嵘:《精英主义束缚底层政治》,载《人民论坛》2010 年第 21 期。

[110] 于显洋:《单位意识的社会学分析》,载《社会学研究》1991 年第 5 期。

[111] 袁福:《多元共治参与大学治理的内涵、方向及路径保障》，载《内蒙古社会科学(汉文版)》2018年第1期。

[112] 张德良、贾秀敏:《高校教师发展制度变迁与重建——基于新制度经济学的视角》，载《现代教育科学》2009年第11期。

[113] 张德良:《从线性到域性:高校教师发展制度意义理解的新视角》，载《现代教育科学》2010年第3期。

[114] 张德良:《高校教师发展的制度变迁与路径选择——基于课程与教学的视角》，载《现代教育科学》2013年第11期。

[115] 张德良:《关于高校教师发展新范式制度体系重建的思考》，载《教育与职业》2009年第30期。

[116] 张昊:《价值引导:高校教师发展制度的核心理念》，载《黑龙江教育(高教研究与评估)》2009年第9期。

[117] 张雷生:《韩国高等教育政策改革最新动向》，载《现代教育管理》2010年第8期。

[118] 张其志、刘范美、赖永凯、穆湘兰、张成林:《教学型教授评聘调查研究》，载《高教发展与评估》2017年第4期。

[119] 张曙光:《"人"、"我"、"心"、"身"——兼论哲学的性质与现代哲学的特点》，载《江海学刊》2010年第4期。

[120] 张兄武、许庆豫:《关于地方本科院校转型发展的思考》，载《中国高教研究》2014年第10期。

[121] 张洋磊、张应强:《大学跨学科学术组织发展的冲突及其治理》，载《教育研究》2017年第9期。

[122] 张应强、程瑛:《高校内部管理体制改革:30年的回顾与展望》，载《高等工程教育研究》2008年第6期。

[123] 张应强:《新中国大学制度建设的艰难选择》，载《清华大学教育研究》2012年第6期。

[124] 周川:《从洪堡到博耶:高校科研观的转变》，载《教育研究》2005年第6期。

［125］周光礼:《"双一流"建设中的学术突破——论大学学科、专业、课程一体化建设》,载《教育研究》2016 年第 5 期。

［126］周海涛、李虔:《大学教师发展:内涵和外延》,载《大学教育科学》2012 年第 6 期。

［127］周金虎:《高校新任教师培训的现实困境与路径选择》,载《国家教育行政学院学报》2012 年第 7 期。

［128］周尚文:《新中国成立初期"留苏潮"述评》,载《毛泽东邓小平理论研究》2012 年第 10 期。

［129］周雪光、艾云:《多重逻辑下的制度变迁:一个分析框架》,载《中国社会科学》2010 年第 4 期。

［130］朱国仁:《高等学校发展知识职能的产生与演变》,载《清华大学教育研究》1998 年第 3 期。

［131］朱九思:《文革后中国第一所实行改革的大学》,载《高等教育研究》2003 年第 5 期。

［132］朱薇:《中国共产党在新中国成立初期对知识分子的思想改造——对历史文献的解读与思考》,载《当代中国史研究》2011 年第 4 期。

后　记

在《大学教师发展制度创新研究》一书即将正式出版之际，纠结再三，我决定还是写下此篇后记，以此为一段时间的学习和研究经历做一个注脚，也借此机会向鼓励和帮助过我的人道一声感谢。

本书是在我博士论文的基础上修改而成的。早在博士即将毕业时，导师吴刚平教授就嘱咐我尽快将其修改后出版成书。遗憾的是，我又一次将老师的良苦用心抛之脑后，觉得自己千辛万苦终于博士毕业了，可以停下来，歇一歇了。不成想，这一歇就是数年之久。就像一个长期急行军的人一旦坐下，就很难再重新站起来一样。加之本人近年来将较多精力放在了大学课程评价和大中小学思想政治教育一体化等方向的研究上，兼以日常从事的教学管理工作和近几年新冠疫情带来的恍惚，想要出版此书的目标变得越来越模糊。只是在此期间，心中每每会涌出此事，并有一丝惭愧和焦急。

我硕士和博士都是在华东师范大学课程与教学研究所度过的，这里是推动基础教育课程与教学研究改革和实践的重镇，也塑造了我的思维方式和学术品性。由于毕业后长期在高校从事教学管理工作和教育教学改革研究，我一直有着将课程与教学基本原理、教师专业发展基本理论与大学课程教学改革、教师发展相结合的朴素想法和研究冲动。因此，在攻读博士学位期间，我选择了将大学教师发展作为研究领域。

当时,在教育部的推动下,各高等学校都成立了教师发展中心或教师教学发展中心,使之成为开展大学教师发展活动的组织部门,关于大学教师发展的理论研究也日益增多。原以为,凭借一直以来的学习经历和工作经历,大学教师发展应是一个我相对熟悉、能够驾驭的话题。但随着写作的深入,却愈加觉得自己对这一领域其实很陌生。既没有足够的理论储备,也缺少对现实的敏锐感知。以致到了写作的后期,反而感觉有太多的遗憾,甚至开始怀疑当初的选题。但无论如何,经历了论文的写作、答辩和此次修改出版,整个过程让我感受了众多思想的启迪,往前走的每一步都是新认识、新收获。

能够顺利完成博士论文和书稿的出版,衷心感谢一路走来鼓励和扶持我的人们。特别是我的导师吴刚平教授,他所给予我的已经远远超出了学业的范围,从硕士到博士乃至个人婚姻生活,我对他几乎已经形成了一种"路径依赖"。每每读及先生的文章,总会有新的启发和收获;每每听到先生的声音,总会感到温暖和智慧。此次,我又腼颜请他为本书作序,因为我知道他大概率是不会拒绝的。

感谢我在上海应用技术大学的领导和同事们,他们总是关心我的学业进展和成长进步,并经常因我的各种"缺席"而默默承担了更多额外的工作。尤其是教务处处长王宇红教授不仅在我写作期间"一路绿灯",还亲自帮我联系出版社,促成了此书的出版。此外,还要感谢上海人民出版社能够出版此书,特别是编辑冯静老师耐心、专业的指导。

大学教师发展的理论和实践都还在寻路历程之中,希望拙著面世后能够得到读者的理解、关注和批评指正。

姜　超
写于教师节来临之际
2023 年 9 月

图书在版编目(CIP)数据

大学教师发展制度创新研究/姜超著.—上海：
上海人民出版社,2024
ISBN 978-7-208-18568-5

Ⅰ.①大… Ⅱ.①姜… Ⅲ.①高等学校-师资培养-
研究 Ⅳ.①G645.12

中国国家版本馆 CIP 数据核字(2023)第 185954 号

责任编辑 冯 静 宋子莹
封面设计 一本好书

大学教师发展制度创新研究
姜 超 著

出　　版　上海人人出版社
　　　　　（201101　上海市闵行区号景路 159 弄 C 座）
发　　行　上海人民出版社发行中心
印　　刷　上海商务联西印刷有限公司
开　　本　635×965　1/16
印　　张　15.5
插　　页　2
字　　数　199,000
版　　次　2024 年 1 月第 1 版
印　　次　2024 年 1 月第 1 次印刷
ISBN 978-7-208-18568-5/G·2170
定　　价　70.00 元